U0534513

中南民族大学民族学文库

当代美孚方言黎族经济变迁研究

基于海南西方村的田野调查

张 鹏 著

中国社会科学出版社

图书在版编目(CIP)数据

当代美孚方言黎族经济变迁研究：基于海南西方村的田野调查 / 张鹏著. —北京：中国社会科学出版社，2021.6

（中南民族大学民族学文库）

ISBN 978-7-5203-7588-7

Ⅰ.①当… Ⅱ.①张… Ⅲ.①黎族—少数民族经济—经济史—研究—海南—现代 Ⅳ.①F127.66

中国版本图书馆 CIP 数据核字（2020）第 245887 号

出 版 人	赵剑英
责任编辑	宫京蕾　周怡冰
特约编辑	李晓丽
责任校对	秦　婵
责任印制	郝美娜

出　　版	中国社会科学出版社
社　　址	北京鼓楼西大街甲 158 号
邮　　编	100720
网　　址	http://www.csspw.cn
发 行 部	010-84083685
门 市 部	010-84029450
经　　销	新华书店及其他书店
印　　刷	北京君升印刷有限公司
装　　订	廊坊市广阳区广增装订厂
版　　次	2021 年 6 月第 1 版
印　　次	2021 年 6 月第 1 次印刷
开　　本	710×1000　1/16
印　　张	14
插　　页	2
字　　数	237 千字
定　　价	88.00 元

凡购买中国社会科学出版社图书，如有质量问题请与本社营销中心联系调换
电话：010-84083683
版权所有　侵权必究

《中南民族大学民族学文库》编委会

编委会主任　段　超
编委会成员　段　超　李俊杰　田　敏　许宪隆
　　　　　　　李吉和　柏贵喜　康翠萍　向柏松
　　　　　　　潘弘祥
主　　编　田　敏

总　序

民族学是中南民族大学的特色学科、优势学科，曾先后被评为国家民委重点学科、湖北省重点学科、湖北省优势学科。中南民族大学民族学学科形成了从预科、本科到硕士、博士、博士后完整的人才培养链条。民族学本科专业是教育部特色品牌专业、湖北省特色优势专业，马克思主义民族理论与政策是国家级精品课程、国家精品资源共享课程。拥有民族学一级学科博士点、一级学科硕士点。其中，一级学科博士点下设民族学、马克思主义民族理论与政策、中国少数民族史、中国少数民族经济、中国少数民族艺术、民族教育、民族法学和少数民族语言文学8个二级学科博士点，一级学科硕士点下设民族学等5个二级学科硕士点，还设有民族学专业博士后科研流动站。在2013年教育部公布的学科评估中，中南民族大学民族学在全国同类学科中排名第四，保持了在该学科中的领先水平。

中南民族大学民族学历史悠久，底蕴深厚。早在1951年，由我国著名民族学家岑家梧教授领衔，学校创建了民族研究室。20世纪五六十年代，以岑家梧、严学宭、容观琼、刘孝瑜等先生为代表的一批学者，积极开展民族研究工作，参与了新中国成立初期的全国民族大调查，并为京族、毛南族、土家族、黎族等中南、东南地区的民族识别做出了突出贡献。1983年，著名民族学家、社会学家吴泽霖先生在中南民族学院创建了国家民委直属重点研究机构——民族研究所，由此民族学学科发展迅速。20世纪八九十年代，在吴泽霖先生的带领下，涌现了彭英明、吴永章、吴永明、答振益、李干、张雄、刘美崧、杨清震等一批具有全国影响的专家，在南方少数民族历史与文化、马克思主义民族理论与政策、少数民族经济等研究领域取得了一大批突出的成果。

近十余年来，中南民族大学大力开展民族学学科群建设，在进一步突出民族学传统学科方向和研究领域的同时，以民族学一级学科为平台，形成了民族教育、民族法学、民族语言文学、民族艺术、民族药学等多个特色交叉学科，学科覆盖面日益扩大。学科发展支撑条件优势明显，现有湖北省南方少数民族研究中心、国家民委南方少数民族非物质文化遗产研究中心、国家民委中国城市民族与宗教事务治理研究中心、国家民委少数民族教育发展研究基地、国家民委民族团结进步创建活动研究中心、湖北省中国少数民族审美文化研究中心、湖北省民族地区经济社会发展研究中心、湖北少数民族非物质文化遗产保护基地、湖北省民族立法研究中心、湖北区域历史文化研究基地和中国人类学民族学研究会散杂居民族问题研究专业委员会等十余个省级研究中心和研究基地。2016年，获批国家民委"武陵山片区减贫与发展协同创新中心"，同时，中国武陵山减贫与发展研究院、中南民族大学与湖北恩施州共建的"恩施发展研究院"也依托该一级学科。

该学科条件优良，设施完备，团队实力雄厚。建有藏书十万余册的"民族学人类学文献资料中心"、设施完备的"民族学人类学田野调查实验室"，拥有国内第一家民族学博物馆，馆藏民族文物2万余件。学科还打造了国家民委创新团队"民族文化传承与发展创新团队"，以及南方少数民族历史文化研究、散杂居民族研究、南方少数民族非物质文化遗产、民族社会发展研究、中国边疆民族与宗教问题研究、民族地区减贫与发展等校级资助的研究团队。

学科现有专职研究人员79人，其中教授33人，副教授38人，博士生导师20余人。学科团队结构合理，具有雄厚的教学科研实力。学科带头人雷振扬、段超、许宪隆、田敏、柏贵喜、李吉和、李俊杰、李忠斌、康翠萍、哈正利、闫天灵等学者表现突出，在中国特色民族理论与民族政策、南方民族历史文化、散杂居民族问题、城市民族问题、少数民族非物质文化遗产保护、民族地区社会发展、民族地区减贫与区域发展、民族教育与管理等研究领域取得一大批最新成果，形成新的研究特色和学科优势。高层次学科专家发挥重要影响，有国务院学位委员会学科评议组专家1人、国家"万人计划"1人、国家社科基金评委2人、国家出版基金评委2人、"新世纪百千万人才工程"人才3人、享受国务院津贴专家5人、国家民委领军人才1人、国家民委突出贡献专家4人、教育部新世纪优秀人才计划支持人选4人，另有湖北省突出贡献专家、国家民委民族问题优秀青年专家、国家民委中青年英才等多人。近20余人次担任国家级学会及省部级学会的会长、副会长、秘书长和常务理事。

中南民族大学民族学学术研究成果丰硕，近5年就累计主持完成国家级和省部级科研课题140余项，承担国家社科基金重大项目、教育部哲学社科重大攻关项目5项，主持国家社科基金63项；发表核心期刊论文和出版专著230篇（部），40余项成果获教育部及省部级奖，其中教育部人文社科优秀成果奖5项，省部级一、二等奖20余项。部分成果为国家级及省部级领导批示或地方政府采纳，在服务民族地区经济社会发展方面做出了突出贡献。

当前，国家正在统筹推进以建设一流大学和一流学科为主旨的"双一流"建设，我们将以此为契机，以建设一流师资队伍、培养拔尖创新人才、取得标志性科研成果、传承创新优秀文化、切实服务民族社会为抓手，不懈努力，开拓创新，争创一流民族学学科。为及时推出中南民族大学民族学学科建设的最新成果，特编辑出版《中南民族大学民族学文库》，以期为中国民族学学科发展做出新的贡献。

目 录

导 论 …………………………………………………………… (1)
  一 选题意义 ……………………………………………… (1)
  二 研究综述 ……………………………………………… (3)
    （一）少数民族村落经济变迁研究 …………………… (3)
    （二）黎族经济研究 …………………………………… (7)
    （三）理论范式 ………………………………………… (13)
  三 研究内容及基本思路 ………………………………… (17)
    （一）研究内容 ………………………………………… (17)
    （二）基本思路 ………………………………………… (19)
  四 研究方法与创新之处 ………………………………… (20)
    （一）研究方法 ………………………………………… (20)
    （二）创新之处 ………………………………………… (21)
  五 田野调查情况 ………………………………………… (21)

第一章 西方村美孚方言黎族 ……………………………… (24)
  一 黎族历史与文化 ……………………………………… (24)
    （一）族源族称 ………………………………………… (24)
    （二）支系与分布 ……………………………………… (26)
    （三）建制沿革 ………………………………………… (27)
  二 美孚方言黎族 ………………………………………… (32)
    （一）称谓及由来 ……………………………………… (33)
    （二）体质特征 ………………………………………… (34)
    （三）民族服饰 ………………………………………… (35)
    （四）民风民俗 ………………………………………… (36)
  三 西方村介绍 …………………………………………… (37)

（一）自然环境 …………………………………………（39）
　　（二）人口状况 …………………………………………（40）
　　（三）生计方式 …………………………………………（41）
　　（四）生活状况 …………………………………………（42）
　　（五）教育状况 …………………………………………（45）
　　（六）社区组织 …………………………………………（46）

第二章　经济生产：从"计划"走向"市场" …………（48）
　一　计划经济时期农业经济初步发展 ……………………（48）
　　（一）黎族传统稻作农业的生产方式 …………………（49）
　　（二）计划经济时期解决了温饱问题 …………………（54）
　　（三）社会主义改造实现了集体化生产 ………………（56）
　　（四）生产技术推广提高了农业生产效率 ……………（58）
　　（五）水利设施建设改善了农业生产条件 ……………（59）
　二　市场经济时期经济结构实现调整 ……………………（61）
　　（一）市场化改革推动了第一产业多元化 ……………（61）
　　（二）市场化改革促进了第三产业发展 ………………（74）
　　（三）市场化改革催生了打工经济 ……………………（78）
　小结 …………………………………………………………（82）

第三章　经济交换：从"内"走向"外" ………………（84）
　一　经济内部交换发挥了整合作用 ………………………（84）
　　（一）互惠 ………………………………………………（85）
　　（二）互惠对个体整合的作用 …………………………（87）
　　（三）再分配 ……………………………………………（90）
　　（四）再分配对群体整合的作用 ………………………（94）
　二　经济外部交换改变了消费结构 ………………………（95）
　　（一）市场交换增加了生产、生活消费支出 …………（95）
　　（二）市场交换丰富了娱乐消费 ………………………（99）
　　（三）市场交换改变了仪式消费方式 …………………（102）
　　（四）市场交换对消费观念产生影响 …………………（104）
　小结 …………………………………………………………（106）

第四章 经济角色：从"生产者"走向"经济人" (107)

一 "生产者"适应了市场体制 (107)
（一）"生产者"市场意识增强 (107)
（二）"生产者"产权意识提高 (109)
（三）"生产者"重视生产技术应用 (113)

二 "中间人"发现了生财之道 (117)
（一）"中间人"原是民间宗教信仰的代言人 (117)
（二）"中间人"成为土地租赁的代理人 (118)

三 "经济人"实现了价值投资 (121)
（一）"经济人"的政治（宗族）背景为资本积累提供了便利 (122)
（二）"经济人"的合伙人为资本发展提供了帮助 (123)
（三）"经济人"的市场历练为投资方向提供了经验 (124)

小结 (127)

第五章 经济生活：从"传统"走向"现代" (128)

一 衣着服饰在模仿借鉴中变革、传承 (128)
（一）衣着方式普通化 (128)
（二）文身习俗基本摒弃 (130)
（三）黎锦技艺继续传承 (132)

二 饮食方式传统与现代结合 (138)
（一）饮食结构多样化 (138)
（二）饮食器具现代化 (140)
（三）饮食习俗变迁体现的观念变化 (142)

三 居住方式以现代建筑为主 (145)
（一）传统建筑方式逐渐成为历史 (145)
（二）砖瓦房、楼房成为主要建筑方式 (149)
（三）附属建筑结构变迁中的观念变化 (153)

四 交通与通信方式基本现代化 (155)
（一）外部交通环境的改善带来更大便利 (155)
（二）内部交通环境的建设仍然需要努力 (157)
（三）现代交通、通信工具成为生活必备品 (160)

小结 (163)

第六章　西方村经济变迁的影响因素 ……………………（164）
一　制度因素主导了经济变迁 ………………………………（164）
（一）土地制度改革为经济发展奠定了基础 ……………（165）
（二）农垦制度为经济发展带来双重影响 ………………（169）
二　环境因素制约了经济发展 ………………………………（171）
（一）自然生态不利于农业生产 …………………………（171）
（二）宗族社会限制了对外交往 …………………………（174）
（三）人口增长过快造成资源匮乏 ………………………（176）
三　教育因素限制了劳动力素质提升 ………………………（178）
（一）教育基础薄弱 ………………………………………（179）
（二）学生受教育意识不强 ………………………………（180）
（三）家庭对待子女受教育持放任自流的态度 …………（182）
小结 ……………………………………………………………（183）

总结与讨论 ………………………………………………………（185）
一　西方村经济变迁的特征 …………………………………（185）
（一）变迁过程符合海南岛少数民族地区经济变迁的
　　　一般规律 …………………………………………（185）
（二）变迁过程主要源自外部政策推动 …………………（186）
（三）变迁过程体现出由被动接受到主动适应 …………（187）
二　西方村经济变迁的启示 …………………………………（188）
（一）经济发展既需要外源推动也需要内源自觉 ………（188）
（二）经济发展需要发挥生产组织的作用 ………………（189）
（三）经济发展需要重视村落人际关系的重构 …………（190）
三　西方村经济变迁的对策建议 ……………………………（192）
（一）加强民生工程项目的监督和落实 …………………（192）
（二）切实解决村落土地权属纠纷 ………………………（193）
（三）加大金融惠民政策支持力度 ………………………（194）
（四）引导村民克服经济生产的依赖心理 ………………（195）

参考文献 …………………………………………………………（196）

导　论

一　选题意义

　　南方少数民族研究，是中南民族大学民族学传统、具有特色的研究领域。吴泽霖、岑家梧等老一批民族研究学者，为南方少数民族的研究奠定了坚实的基础。吴泽霖先生对贵州苗族、布依族、水族、侗族以及云南白族、彝族、纳西族的研究，[1] 岑家梧先生对云南、贵州等地的苗族、瑶族、布依族等少数民族的研究，以及海南黎族、西南少数民族文化的研究，都为南方少数民族的研究留下了宝贵的学术资料[2]。此后，刘孝瑜、吴永章、彭英明、刘美崧等一批民族学者陆续对土家族、苗族、瑶族、黎族等南方少数民族开展了学术研究。在南方少数民族的诸多研究中，海南黎族研究尤显突出。作为海南本土出生的学者，岑家梧先生于1932年，即与同乡王兴瑞合著了《琼崖岛民俗志及其他》一书。江应樑先生在《忆家梧》一文中，还曾特别提到"他曾参加全国人大民委主办的少数民族社会历史调查工作。任广东组组长，到海南岛调查黎族合亩制，有特异的收获"。[3] 那次的田野调查成果于1992年付梓成书，《海南岛黎族社会调查》奠定了中南民族大学在黎族研究方面的学术地位。但是，由于历史原因，中南民族大学对海南黎族的研究曾一度中止。自20世纪80年代中南民族大学复办至20世纪90年代，除吴永章先生的著作《黎族史》及文章《黎族史散论》出版或发表外，再无任何相关著述。2000年以后，

---

[1]　李然：《吴泽霖与中国人类学的发展》，《贵州民族研究》2009年第1期。

[2]　徐杰舜、彭英明：《岑家梧先生的治学经历及人类学民族学研究述评》，《中南民族学院学报》（人文社会科学版）2001年第6期。

[3]　江应樑：《忆家梧》，《中南民族学院学报》1985年第1期。

为了重振学术传统，中南民族大学重启了对海南黎族的研究。60年后，作为对《海南岛黎族社会调查》的追踪调查，作者再次涉足黎族研究，既是向先辈学者的致敬，也是对这一研究领域的后继。

立足发展的视角呈现中华人民共和国成立后黎族经济建设取得的成就。黎族，海南岛的土著民族，在中华民族发展的历史长河中，作为其中的一个支系，涓流不息。黎族同胞创造出的独具特色的民族文化，也成为中华大地最南端的一颗璀璨明珠。自1954年的海南黎族社会调查始，至今已过60余年，其间中国社会经历了生产"大跃进"、"文化大革命"、改革开放，发生了翻天覆地的变化。身在其中的黎族社会发生了哪些变迁，如何改变，变迁的广度与深度如何？黎族同胞现今的生活状况怎样？他们的现实需要与发展中的问题有哪些？这些问题在一经确定了研究领域后，都萦绕在脑海。这些问题亦是人类学（民族学）研究的重要课题——文化（社会）变迁研究的组成部分。对于徘徊在现代化门前的黎族同胞，他们一方面渴望发展进步，享受物质文明，一方面其精神信仰又面临外部世界的解构。到底是坚守，还是迈步前行，是全面接受，还是有所选择，如何传承优秀的民族文化，如何融入浩浩荡荡的现代化潮流，太多问题困扰着现代化、市场化、城镇化过程中的他们。透过纷繁复杂的各种表象，客观地揭示并把握民族地区社会与文化变迁的过程，分析其变迁的原因和动力，探究其存在的问题与不足，研讨黎族文化变迁的内在本质、运行规律及发展趋势，是本书的出发点和落脚点。

马克思曾经说过："人们为了能够'创造历史'，必须能够生活。但是为了生活，首先就需要吃喝住穿以及其他一些东西。因此第一个历史活动就是生产满足这些需要的资料，即生产物质生活本身。"[1]同时，"物质生活的生产方式制约着整个社会生活、政治生活和精神生活的过程。不是人们的意识决定着人们的存在，相反，是人们的社会存在决定人们的意识"[2]。人类（族群）经济行为和经济制度自人类学（民族学）诞生之日起就是最早进入人类学家（民族学家）研究视野的内容之一，或者可以毫不夸张地说，人类学家（民族学家）的研究起点即是对人类（族群）的经济分析。有鉴于此，对于黎族经济变迁的研究即是本书的逻辑起点。

---

[1] 《马克思恩格斯文集》第1卷，人民出版社2009年版，第531页。
[2] 《马克思恩格斯选集》第2卷，人民出版社1995年版，第32页。

二 研究综述

（一）少数民族村落经济变迁研究

在经济人类学家看来，村落经济变迁是本学术领域应该重点关注的内容。美国著名经济人类学家乔治·多尔顿认为："对于经济人类学而言，最重要的也是最具现实意义的研究目的之一就是深刻理解遍布非洲、亚洲、拉丁美洲和大洋洲的小型社区中的经济生活与经济行为，而这种理解或认识应当从长期深入实际的人类学田野调查研究中获取。"[①] 西方人类学关于社区研究的理论传入中国后，我国人类学、社会学的先驱学者吴文藻、费孝通、林耀华等开始将这些理论运用于中国村落的研究。在这一学术风气的引领下，20世纪30—40年代，江应樑的《摆夷的经济生活》、芮逸夫的《拉祜族的经济生活》、马长寿的《凉山罗彝考察报告》、林耀华的《凉山夷家》等都对西南地区的傣族、拉祜族、彝族等少数民族的经济生活进行了记录、研究。[②]

20世纪50年代中期开始，全国人民代表大会民族委员会根据毛泽东主席"抢救落后"的指示，在全国范围内启动了民族识别和民族调查的"国家工程"，组织了超过千人的调查组深入少数民族地区进行了大规模少数民族社会历史调查，整理了大量的田野调查材料和调查报告，《使用驯鹿的鄂温克人的社会情况》等5篇调查报告公开发表。20世纪90年代后，陆续出版《中国少数民族》（1本）、《中国少数民族简史丛书》（55本）、《中国少数民族简志丛书》（57本）、《中国少数民族自治地方概况丛书》（140本）、《中国少数民族社会历史调查资料丛刊》（148本），共计400多本。[③] 进入21世纪以来，少数民族村寨调查研究在规模和内容上都有了新的突破。云南大学于2000年和2003年先后两次组织多学科调

---

① 转引自施琳《经济人类学》，中央民族大学出版社2002年版，第2页。
② 王建民：《中国人类学西南田野工作与著述的早期实践》，《西南民族大学学报》（人文社科版）2007年第12期。
③ 马玉华：《20世纪中国人类学研究评述》，《江苏大学学报》（社会科学版）2007年第11期。

查组，分别对云南25个少数民族以及全国15个省区32个少数民族，各选取一个典型村寨进行综合性田野调查，前后共出版了60余部民族村寨调查资料及专题研究报告。① 这些少数民族村落的调查多以民族志的方法对各少数民族及民族村落展开全方位的记录，其中经济作为民族调查中的一部分，亦多有呈现。对于村落经济的记述多从农业产业结构、经济结构、生活方式、消费方式等入手。

少数民族村落经济变迁的宏观视角。张跃等在对全国54个少数民族（除高山族）各选取一个村落进行广泛调研的基础上，出版了《中国少数民族农村30年变迁》。通过对调查资料的总结整理，认为市场化是中国改革开放30年来制度变迁的一条主线，其基本路径为从农村家庭副业向整个农业推进、由农村向城市推进、由农业向各经济领域全面推进。市场化的经济体制对少数民族经济发展和生活方式变迁起到了诱导和拉动作用。少数民族农村对市场经济的反应存在时间的"迟发性"、空间的"依附性"、参与的"被动性"、主体的"边缘性"、产业的"资源性"等特征。② 在《中国民族村寨经济转型的特征与动力》中，陈庆德等认为改革开放后的少数民族村寨经济变迁具有社会层面上的稳定性、经济层面上的多样性、运行机制上的活性特征，并强调资源约束的强制性在中国民族村寨的经济转型中日益突出。同时，还指出中国民族村寨的诸多经济问题，其症结不在于"传统"与"现代"，而在于它们在市场参与中的地位和方式，在于它们对市场的边缘性参与的基本事实。③ 郑宇通过对改革开放前后少数民族村寨经济的转型发展，认为中国少数民族村寨经济的现代转型存在两大阶段，第一阶段是以国家政治为主导的，第二阶段是以市场为主导的，但是在国家和市场的外生性因素的推动下，少数民族村寨经济的变迁还受到以互惠为核心的内生性社会制度的阻滞。④ 覃雪梅依据云南大学组织的少数民族村寨调查资料，分析了少数民族村寨经济变迁的过程，对中国少数民族村寨经济当代变迁的基础、原因、动力、特征、途径进行了探讨，认为"在60年的发展过程中，中国少数民族村寨经济经历了从多

---

① 张跃：《中国民族村寨研究》，云南大学出版社2004年版。
② 张跃、何明主编：《中国少数民族农村30年变迁》，民族出版社2009年版。
③ 陈庆德、潘盛之、覃雪梅：《中国民族村寨经济转型的特征与动力》，《民族研究》2004年第4期。
④ 郑宇：《中国少数民族村寨经济的结构转型与社会约束》，《民族研究》2011年第5期。

元异质向整齐划一整合，从僵化缺乏生机的统一模式走向多样化发展道路的艰难历程"，并且变迁的路径和转型的过程都与国家的政治、社会、经济的变迁紧密相连。① 姚增顺在分析云南少数民族村寨经济发展过程中，将比较有代表性的村寨经济总结为"经济型"、"社会型"和"全面型"三类，其中回族村寨的经商传统使得他们利用传统发展乡镇企业，傣族村寨则将传统文化、人文环境与旅游经济相结合，白族村寨则是把发展经济、旅游和全面建设相统一，对村寨经济发展提供了可供借鉴的经验。②

上述研究，通过对少数民族村落经济变迁进行宏观分析，将中华人民共和国成立后少数民族村落变迁划分为1950—1980年和1980年至今两个阶段。第一个阶段少数民族村落经济变迁的基点在于国家政治的主导，表现出整齐划一、缺乏生机的统一模式；第二阶段少数民族村落经济变迁的基点在于市场化改革的主导，使得村落经济重新走向多样化的发展。虽然变迁以外生性的因素推动为主，但是内生性因素在变迁的速度、效果及多样化的过程中的作用同样不可忽略。正如陈庆德指出的那样，少数民族村落经济变迁的关键在于参与市场化的程度。

少数民族村落经济变迁的微观视角。云南大学于2000年初组织了大规模的云南民族村寨调查，对云南5000人以上的彝族、白族、哈尼族等25个有代表性的少数民族村寨进行了深入细致的调查。2003年，又对全国30个少数民族村寨开展调查。这些对民族村寨的调查涉及人口、经济、政治、社会、文化、风俗习惯、法律、婚姻家庭、宗教、科技、卫生、教育、生态等诸多方面。③ 其中，2003年的调查显示，仅有1个少数民族村寨不再从事农业生产（吉林省磐石市吉昌镇烧锅朝鲜族村），其余29个村寨均还处于以农为主，兼营牧、渔、林、菜或从事工商、打工的经济。④ 2008年，中央民族大学经济学院开始对全国56个民族，每个民族选取1—2个典型村寨开展调查，预计调查典型村寨百余个，截至目前调

---

① 覃雪梅：《少数民族村寨经济的当代变迁》，博士学位论文，云南大学，2010年。
② 姚顺增：《云南少数民族村寨向"经济型、社会型、全面型"发展》，《云南民族大学学报》（哲学社会科学版）2010年第1期。
③ 张跃、周大鸣主编：《黎族：海南五指山市福关村调查》，云南大学出版社2004年版，第3页。
④ 陈庆德、潘盛之、覃雪梅：《中国民族村寨经济转型的特征与动力》，《民族研究》2004年第4期。

查的成果结集出版了《中国民族经济村庄调查丛书》,涵盖了包括汉族在内的 37 个民族 41 个村寨,其中少数民族村寨 38 个。此次调查,目的在于通过对典型村寨的专注系统调查,为中国民族经济三个层次的研究提供基础资料,为政府行政提供决策参考。同一时期,中国社会科学院中国边疆史地研究中心组织编写的《当代中国边疆·民族地区典型百村调查》,对新疆、西藏、内蒙古、宁夏、广西五个民族自治区和云南、吉林、黑龙江三省的 100 个边疆村落的调查丛书也相继出版。上述开展的民族村寨调查,或对村落的政治、社会、经济、民族、宗教、文化等的变迁及现状进行全面调查,村落经济仅作为其中很小的一部分;或集中针对民族村寨经济调查进行调查,涉及农业产业、经济结构、生产方式、生活方式等,但调查记录都是以民族志的方式对少数民族经济发展的现状、过程以及个案等进行的记录,对现象的分析较少。不可否认的是,这些民族村落调查为今后开展追踪研究留下了宝贵的历史资料。

除此之外,还有很多学者立足个案研究的视角,有的通过村寨的全方位调查,分析变迁的程度、变迁的原因;有的深入挖掘村落经济变迁的主要因素予以展开论述。其中,张晓琼关于云南布朗族村落的调查,通过对布朗族社会政治、生计方式、观念文化、村社经济、扶贫开发等全方位变迁历程的考察,认为新中国成立后布朗族社会政治与生计文化的变迁在很大程度上是一种国家和政府行为,而非现代化影响的自我发展结果,在变迁过程中使民族传统文化与外来植入文化的对接和整合出现了障碍,造成一定程度和部分群体中对变迁结果的排拒[①]。王逍通过对福建景宁县畲族村落的调查,选取了茶叶这一农作物的发展,认为村落的经济变迁过程中通过与市场接轨,依托当地资源禀赋进行茶叶种植,从而实现了改造传统农业的结果。内因是村民的文化自觉,外因是政府职能的有效发挥[②]。陈志勇等通过对贵州乌东苗寨经济变迁的总结,认为在民族贫困地区发展经济还有赖于政府支持、引导当地农民有效组织起来,建立经济发展生态化、经济结构多元化、产业链本土化、农民行为组织化、政府和农民参与

---

① 张晓琼:《变迁与发展:云南布朗山布朗族社会研究》,民族出版社 2005 年版。
② 王逍:《走向市场:一个畲族村落的农作物种植与经济变迁》,博士学位论文,厦门大学,2007 年。

平衡化的经济体系。① 高登荣通过对云南坎村彝族的考察,认为国家实施的计划变迁是少数民族村寨变迁的主要方式,其成功与否的关键在于是否充分考虑民族传统、变迁主体的自觉。② 此外,郝翔和朱炳祥对白族"周城"③、翁乃群对"南昆八村"④、萧亮中对"车轴"⑤、吴浩对"侗族村寨"⑥、彭兆荣对苗族"摆贝"⑦ 等少数民族村寨的田野调查成果,也相继以著作形式公开出版。

(二) 黎族经济研究

长期以来,黎族研究主要集中于黎族传统文化、"合亩制"生产组织、宗教信仰等方面,对于黎族经济的研究多以史料、民族志、简史等的记载、描述为主,散见于《桂海虞衡志》(范成大,南宋)、《正德琼台志》(唐胄,明)、《黎岐纪闻》(张庆长,清)、《民国感恩县志》(周文海等,民国) 等历史资料,《海南岛民族志》(史图博,1931、1932)、《海南岛黎族的经济组织》(尾高邦雄,1939) 等国外学者的文字记载,以及中华人民共和国成立后的《海南岛黎族社会调查》(1954)、《黎族社会历史调查》(1957),《黎族简史》(1982)、《黎族风情》(王国全,1985)、《海南岛少数民族人类学考察》(吴汝康等,1993) 等著作中。中华人民共和国成立后,中南民族学院于1954 年7 月至1955 年1 月曾对海南岛黎族社会开展了广泛的民族调查,后联合中山大学人类学系、广东省民族研究所、海南省民委等单位在前期民族调查的基础上,编辑出版了《海南岛黎族社会调查》。书中记录了海南岛22 个黎族村落的人口、历史来源、经济结构、社会组织、物质文化、精神文化等社会材料的各个侧面,反映了20 世纪50 年代海南黎族社会的横断面和社会状况,保存了

---

① 陈志永、陈继军、盖媛瑾:《民族贫困地区村寨经济发展模式变迁及启示——贵州雷山县乌东苗寨经济发展模式变迁引发的思考》,《凯里学院学报》2011 年第4 期。
② 高登荣:《经济生活与社会文化变迁——对云南坎村彝族的考察》,《贵州民族学院学报》(哲学社会科学版) 2002 年第1 期。
③ 郝翔、朱炳祥:《周城文化:中国白族名村的田野调查》,中央民族大学出版社2002 年版。
④ 翁乃群主编:《南昆铁路建设与沿线村落社会文化变迁》,民族出版社2001 年版。
⑤ 萧亮中:《车轴:一个遥远村落的新民族志》,广西人民出版社2004 年版。
⑥ 吴浩主编:《中国侗族村寨文化》,民族出版社2004 年版。
⑦ 彭兆荣、潘年英:《摆贝》,生活·读书·新知三联书店2004 年版。

大量的珍贵资料，并且首次提出"黎学"的概念。[1] 中国少数民族社会历史调查广东省课题组于1956—1957年对海南黎族村落调查，出版了《黎族社会历史调查》。书中对实行合亩制的6个乡63个自然村，从经济、社会、宗教、经验知识等方面进行了介绍，重点对合亩类型及经济特征进行了阐述。根据调查，当时黎族"合亩"制地区的人口有13000人，大约占全部黎族人口的4%，生产水平极为低下，生产工具以传统的木质生产工具为主，兼有部分铁器，生产方式以刀耕火种的耕作方式和"牛踩田"的犁地方式为主。水稻种植过程中没有选种除草的习惯，产量极低。[2] 此后，有关黎族村落的调查研究陷入停滞。改革开放后，关于黎族的研究重新启动，《黎族简史》（1982）、《黎族风情》（王国全，1985）、《黎族社会历史调查》（1986）、《海南民族研究论集》（1992）、《黎族文化初探》（王养民等，1993）、《黎族史》（吴永章，1997）等著作相继出版。1984—1985年，中山大学人类学系的黄新美也曾在乐东番阳区开展体质人类学的田野调查。[3] 进入21世纪后，对于黎族的研究重新出现了高潮，先后出版了《黎族传统文化》（王雪萍，2001）、《中国黎族》（王雪萍，2004）、《首届黎族文化论坛文集》（王建成，2008）、《海南黎族研究》（高泽强等，2008）、《中国黎学大观》（陈立浩等，2010）、《黎族的历史与文化》（王献军等，2012）、《符号与记忆：黎族织锦文化研究》（孙海兰等，2012）、《"治黎"与"黎治"：黎族政治文化研究》（安华涛等，2012）、《"凡俗"与"神圣"：海南黎峒习俗考略》（唐玲玲等，2014）、《传统与现代：美孚黎祖先崇拜文化研究》（谢东莉，2014）、《不落夫家：黎族传统亲属习惯法》（韩立收，2015）、《黎族现代历史资料选编》（王献军，2016）、《黎族文身：海南岛黎族的敦煌壁画》（王献军，2016）、《西方村美孚方言黎族宗族文化研究》（孟凡云，2017）等著作，这些著作有的专门研究黎族文身、织锦、习惯法、宗族、祖先崇拜等，有的涵盖黎族文化的各个部分，有的则是收录选编了对黎族研究具有重要影响力的期刊论文。关于黎族的田野调查，海南省民族学会在对黎族五大方言支系

---

[1] 中南民族学院本书编辑组：《海南岛黎族社会调查》，广西民族出版社1992年版。

[2] 中国少数民族社会历史调查广东省课题组：《黎族社会历史调查》，民族出版社1986年版。

[3] 黄新美、韦贵耀：《海南岛乐东县番阳区黎族体质特征的调查》，《中山大学学报》（社会科学版）1986年第3期。

选点调查的基础上，编印了《黎族田野调查》一书①，记录了 21 世纪初的黎族各个方言支系的社会经济断面。《黎族：海南五指山市福关村调查》（张跃等，2004）中，对福关村的经济状况进行了记录。《黎族·美孚方言》（符兴恩，2007）是对美孚方言地区的黎族社会的一个全面扫描，也有涉及经济生活的记载。这些著作中，涉及黎族经济的部分往往与社会、文化等内容交相出现，或者仅仅止于文字记载，或者未做过多评述。但是，其中记录收集的大量黎族生产生活资料，包括黎族不同时期的居住、农业、狩猎、饮食、工具、服饰等方方面面，为后续研究提供了宝贵的资料。

长期以来，对于黎族经济的专门研究并不多见，研究视角主要集中于以下三个方面：

1. 历史视角。岑家梧、刘美崧在分析历史资料的基础上认为海南黎族在唐宋时期完成了从奴隶制向封建制的过渡，受汉族移民的影响，黎汉杂居区出现贫富分化和阶级对立，海南腹地的"生黎"刀耕火种生产落后；黎汉贸易通过物物交换的方式，将黎族的沉香、槟榔、黎单等换以汉族的盐、铁、帛等；黎汉之间的经济交流改变了黎族尤其是"生黎"的生产技术，传播了封建统治思想。② 陈诚则认为近代鸦片战争后外国资本在海南地区的商品倾销和资源掠夺，对黎族经济造成影响，一方面刺激了商品经济的发展，另一方面提高了农业生产水平，并列举了黎汉贸易出现货币、黎族地区农业商品化生产和外国企业开展资本经营，指出黎族经济对外国资本的依附关系，这种依附和侵略也助推了黎族经济贫困的状况。③ 陈光良在对海南经济史的研究基础上，特别是集众多学者对"合亩制"经济形态的分析基础上，提出海南岛少数民族地区经济演变的一般规律，他认为海南独特的地理环境，加之历代的民族迁徙，黎族经济在与汉族的互动中

---

① 海南省民族学会编印：《黎族田野调查》（内部资料），2006 年。
② 岑家梧：《宋代海南黎族和汉族的联系及黎族社会经济的发展》，《中南民族学院学报》（哲学社会科学版）1981 年第 1 期；刘美崧：《唐、宋对海南的经营及黎族社会经济的发展》，《中国社会经济史研究》2010 年第 2 期。
③ 陈诚：《试析近代海南黎族地区社会经济快速发展的情况及其原因》，《琼州学院学报》2010 年第 4 期；陈诚：《略论外国资本主义对海南黎族地区的经济侵略及其影响》，《新乡学院学报》（社会科学版）2010 年第 4 期。

进步，同时在地理上表现为沿海地区发展快、山区腹地落后的格局。①

通过对黎族经济的历史研究，可以发现黎族经济历史上就长期受外部环境的影响，包括汉族移民、外来资本等因素，其中历代以来的汉族移民对黎族经济的影响最为深远和广泛；同时，地理环境是主要的外部环境因素，汉族从大陆迁徙的路径是从北向南、从沿海到中心，黎族经济随之呈现出黎汉杂居地区经济优于黎族聚居的特点。

2. 区域视角。黎族经济的区域研究主要包括海南黎族地区或黎族自治县。朱洪通过对20世纪80年代海南黎族苗族自治州的区域经济发展研究，指出计划经济时期出现的冒进、"以粮为纲"忽视了民族地区的特点，造成经济单一、结构不合理，国营农场的经营在一定程度上忽视了少数民族的利益，后续的经济发展要通过发展热带经济作物、开展对口支援等方式进行调整。② 陈立浩指出中华人民共和国成立后，黎族苗族地区虽然生产力有了一定程度的发展，在经济开发中曾出现过"橡胶热""垦荒热""育种热"等几个热潮，但是计划经济体制束缚了生产力的发展。改革开放后，伴随经济制度的变革，黎族群众的思想、观念、心理都发生了改变，农业开发、工业兴办和民房改造等使得黎族经济生活面貌出现大变样，精神文明建设为振兴民族经济提供了思想保障和智力支持。③ 谭泲莎认为黎族地区的经济与汉族地区相比仍然有较大差距，问题具体表现为：工农业底子薄，现代化程度低，生产效率不高，黎族资源利用率有限，黎族人民受益少。改变这种状况的手段是黎族地区经济要融入"一区一圈"④，发挥教育作用，提高劳动者的素质。⑤ 范士陈等在对海南建省办特区以后黎族地区社会变迁的研究中指出，2008年的调查数据显示黎族地区与汉族地区的经济差距在缩小，黎族地区经济发展呈现出的非均衡性，是区位、资源和环境造成的。⑥ 此外，对于黎族县域经济发展的研究，以

---

① 陈光良：《海南经济史研究》，中山大学出版社2004年版，第466页。

② 朱洪：《加速广东少数民族地区经济发展的几个问题》，《中央民族学院学报》1984年第1期。

③ 陈立浩：《精神文明建设与振兴民族经济——从海南黎族苗族山区的深刻变革看精神文明建设的巨大作用》，《中央民族大学学报》1997年第1期。

④ 此处指"中国—东盟自由贸易区"和"环北部湾经济圈"。

⑤ 谭泲莎：《黎族经济发展的新契机》，《中国民族》2008年第2期。

⑥ 范士陈、陈思莲：《建省办特区以来海南岛黎族地区社会变迁研究》，《海南大学学报》（人文社会科学版）2010年第5期。

昌江、陵水、白沙为主。陈志荣在1998年撰文指出白沙县的经济发展面临的经济结构单一、农村市场开发和培育力低、农业基础设施薄弱、农业产业链条不长等问题，需要通过抓好市场建设，培育商品市场体系，深化农村体制改革，优化产业结构等予以解决。①满都尔图的研究进一步印证了陈志荣对白沙县域经济的判断，同时他还指出农业、农垦制度、教育、科技队伍等是白沙经济发展应该注重的方面。②邓春在对陵水县发展特色旅游产业的研究中，指出陵水县域经济发展要充分发挥紧邻三亚旅游圈的区位优势、旅游资源优势和民族文化优势，着力发展特色旅游经济。③

上述有关黎族经济的区域研究，立足宏观层面，对改革开放以来的经济情况进行了不同方位、不同角度的分析，指出了改革开放以后、建省办特区后等不同时期黎族经济发展的状况以及存在的问题，提出了解决问题的方案和路径，对于进一步研究黎族经济的发展提供了有益参考。

3. 个案视角。王承权于1987年通过对保亭县、白沙县等6个村落的调查，认为十一届三中全会以后，海南黎族苗族地区，改变过去"农场种胶、农民种粮"的局面，发展多种热带经济作物种植、畜牧养殖，改变了经济结构，商品经济的发展虽然部分的改变了黎族传统，但是受到传统文化的惯性制约，落后的生产方式仍然限制着商品经济的发展，婚丧嫁娶、宗教迷信的耗费习俗，重农轻商、靠天吃饭的生产观念，原始平均主义思想等都对经济发展产生了不好的影响。对于发展商品经济，他的建议是引进先进的生产技术、发挥黎族吃苦耐劳的优良传统，特别是要注重黎族同胞有集团道德精神的性格特点并加以引导。④2002年，海南省民族学会组织了一次对五指山、琼中、保亭、三亚、乐东、白沙、东方等市县的8个自然村较大规模的田野调查，编印了《黎族田野调查》一书⑤，从微观层面记录了21世纪初的黎族社会经济现象。书中调查的8个自然村分别属于黎族的哈、杞、润、赛、美孚五大方言支系，同时也是对20世纪

---

① 陈志荣：《白沙经济发展现状及其对策》，《琼州大学学报》1998年第1期。
② 满都尔图：《白沙黎族自治县经济社会发展现状与前景的探索》，《云南社会科学》2002年第6期。
③ 邓春：《民族地区特色旅游经济发展策略研究——以陵水黎族自治县为例》，《贵州民族研究》2017年第4期。
④ 王承权：《海南岛黎族的传统文化与商品经济》，《广西民族研究》1988年第3期。
⑤ 海南省民族学会编印：《黎族田野调查》，2006年版。

50年代中南民族学院黎族调查点的再研究。2003年张跃、周大鸣等对五指山市"福关村"[①]和2011年王玉芬等对五指山市"番茅村"的调查[②]，都对黎族村寨的经济生产和生活方式进行了详细记录，认为黎族经济的发展受到人多地少、劳动力闲置、教育和人口基本素质等因素的制约。李利2008年对海南保亭县毛感乡的杞方言黎族研究，将黎族经济用丰裕生活和低度生产两个特征进行概括，生活上的丰裕指黎族群众的经济来源多元、生活闲适，与大陆和岛上经济发达地区相比的贫困感，是生产上的低度直接体现，在当地政府干部看来源于群众的"等、靠、要"主观思想，在黎族群众看来源于交通不便、人多地少等客观原因，加之不重视教育、语言不通等造成经济发展缓慢。对于当地黎族经济的发展，李利认为应该注重发挥群众的主体作用，否则市场经济下，群众永远无法富裕。[③] 乔淑英通过对海南槟榔谷黎苗文化旅游景区、社区的调查，认为旅游经济使得黎族生存空间发生拓展，民族身份的自觉和文化认同得到加强，价值观重构内化，文化经济包容变通。[④] 王敏认为，黎族社会经济经历了从传统到现代、从单一性到多样化的变革，具体表现在：生产工具日益丰富、生产技术不断改进、经济方式日渐多元化、人均收入大幅增长。[⑤] 改革开放后，黎族经济的个案研究，反映了十一届三中全会后黎族村落经济的变化，以及进入21世纪以来，黎族村落经济的发展情况。对比之后，可以发现黎族经济的发展在20多年间并不迅速，造成发展缓慢的原因既有习俗、观念等主观因素，也有土地、交通等客观原因。

综上，关于黎族经济的研究既有基于历史分析的研究，也有基于田野调查的研究，还有部分学者尝试运用定量分析的方式进行论证。但是，这些研究多为共时性的，缺乏对黎族经济发展的历时性记录与分析，缺乏以一种历史纵深和长景的眼光来审视其"变迁"过程，研究黎族经济如何从传统走向现代。特别是国家实行改革开放政策以后，对制度变迁而引发

[①] 张跃、周大鸣主编：《黎族：海南五指山市福关村调查》，云南大学出版社2004年版。
[②] 王玉芬主编：《番茅村调查（黎族）》，中国经济出版社2012年版。
[③] 李利：《海南毛感高地黎族的经济生活分析》，《改革与开放》2011年第24期。
[④] 乔淑英：《旅游开发背景下海南黎族社会文化变迁研究——以海南槟榔谷黎苗文化旅游景区、社区访谈透视》，《青海民族研究》2017年第4期。
[⑤] 王敏：《海南黎族村寨社会变迁及其动因分析——基于海南省乐东县头塘村的田野调查》，《北华大学学报》（社会科学版）2017年第3期。

的经济变革、经济市场化以及经济行为变化等关注度不够，没有能够全方位立体展现黎族经济发展的成就。因此，胡彩娟亦认为，黎族村落研究应该重点围绕"变迁"这一关键词，对具有典型代表意义的黎族村落，进行经济社会变迁的全景式、长景式的描述与分析。①

（三）理论范式

1. 文化变迁理论

"文化变迁，就是指或由于民族社会内部的发展，或由于不同民族之间的接触，因而引起一个民族的文化的改变"，"人类学家们认为文化的变迁是一切文化的永存现象"。② 克莱德·伍兹对文化变迁的定义是："文化变迁通常是指一个民族的生活方式所发生的任何变更，不论这种变更是因为内部的发展所引起，或者是由于不同生活方式的民族之间的相互交往而产生，归因于内部发展的变迁往往追溯到发明或发现，而归因于外部发展或交往的变迁则常常追溯到借取或传播。"③ 由此可见，文化变迁的外部特征是从生产生活方式的角度进行展现。文化变迁的载体既可以是社会、个人，也可以是习俗或观念，也可以是节日或服饰等任何一个文化因子。同时他也指出了促进文化变迁的原因来自于内部和外部两个方面。

从人类学不同流派对于文化变迁的观点看，功能学派着重从文化功能的变化、消失或替代中阐述文化变迁的现象。拉德克利夫·布朗在《社会人类学方法》中论述了文化接触产生的相互作用，提出要找出文化变迁的规律必须共时性研究与历时性研究并重。④ 此外，他与马凌诺夫斯基都认为社会文化变迁即是不同文化间的接触的结果，尤其是强势文化对弱势文化的传播与渗透的结果。正如人类学家怀特在其《文化科学》一书中将文化分为技术系统、社会系统和思想意识系统，并指出在作为整体的文化过程中，技术系统起着主导作用，社会系统依附于技术系统并为技

---

① 胡彩娟：《黎族村落研究的演进历程与新趋势》，《新东方》2012年第5期。
② 黄淑聘、龚佩华：《文化人类学理论方法研究》，广东高等教育出版社2004年版，第216页。
③ ［美］克莱德·伍兹：《文化变迁》，施惟达、胡华生译，云南教育出版社1989年版，第1页。
④ ［英］拉德克利夫·布朗：《社会人类学方法》，夏建中译，山东人民出版社1988年版。

系统所决定，而思想意识系统是受技术的有力制约的。[①] 文化唯物主义认为，人类生活中价值观、宗教和艺术等方面的心理或精神方面的多样性源自生产事物、住所、工具等物质性强制因素的多样性，文化的演化正是通过物质性强制因素的尝试、失误而逐渐积累造成的。[②] 此外，马克思主义学派认为社会文化变迁的根本原因是社会生产力的发展以及生产关系的矛盾冲突。

正如恩格斯所说，一切社会变迁和政治变革的终极原因，都"应当到生产方式和交换方式的变革中去寻找"[③]。文化冲突理论正是基于马克思关于社会阶级划分和经济因素对社会运行的重要性的思想，从分析生产力的发展以及生产关系的矛盾冲突入手，阐述社会文化的变化的动力因素。在马克思主义看来，文化属于社会意识的范畴，它依赖于社会存在，又具有相对独立性。从总体上讲，一定社会的文化水平与经济政治水平是相适应的，但从具体国家与民族的一定历史阶段来看，文化发展与经济政治发展又存在着不平衡性，这就必然产生文化与经济、政治之间的冲突；其次，由于社会基本矛盾是社会发展的根本动力，因此，社会基本矛盾也是推动文化进步与发展的根本动力，但文化对经济政治具有能动的反作用，因此，文化冲突也是社会进步与发展的重要推动力。[④] 本书研究的主题是少数民族村落的经济变迁，文化人类学将经济看作文化的一个重要因子，适用于文化变迁的理论指导。

2. 现代化理论

现代化理论诞生于20世纪50—60年代，分为经典现代化理论和新现代化理论。对"现代化"的解释，主要有三种：一是当社会沿着一定的被认可的进展尺度向前推进时，现代化与各种各样进步性的社会变迁同义；二是指16世纪以来西方发生的复杂多样的社会、政治、经济、文化及思想转型，包括工业化、城市化、合理化、科层化和民主化的进程，资本主义的昌盛，个人主义和成就动机的传播，理性和科学的主张，以及许

---

① ［美］莱斯利·A. 怀特：《文化科学》，曹锦清等译，浙江人民出版社1988年版。
② ［美］马文·哈里斯：《文化人类学》，李培茱、高地译，东方出版社1988年版，第531页。
③ 《马克思恩格斯文集》第3卷，人民出版社2009年版，第547页。
④ 黄昕、周晓阳：《论马克思主义文化冲突理论及其现代价值》，《湖南商学院学报》2010年第2期。

多其他进程；三是指欠发达社会努力追赶全球社会中与它们处于同一历史时期最发达国家的过程。① 也有学者总结经典现代化理论的"现代化"包含两个基本内涵：一是指发达国家工业革命以来发生的深刻变化，从传统社会向现代社会的转变；二是指发展中国家追赶世界先进水平的发展过程。② 新现代化理论认为现代化就是传播民主、市场、教育、合理行政管理、自律、工作伦理等现代性的制度和价值观，并使其合法化的过程。

从马克思物质决定论的角度，"经济现代化是现代化的核心和关键"③，人类历史上的三次现代化浪潮也印证了这一论断。因此，罗荣渠认为广义的现代化是以工业化为动力，从传统的农业社会向现代工业社会的全球性大转变过程，它使工业主义渗透到经济、政治、文化、思想各个领域，引起深刻的相应变化。④ 斯梅尔瑟在对现代化进行结构分析时，将现代化描述为一个包含经济、政治、教育、宗教、家庭生活和分层六个领域的多维转型。其中，经济领域转型是指：（1）技术根植于科学知识，（2）由自给农业向商品农业转变，（3）无生命的动力和机械生产取代人力和畜力，（4）城市扩展和劳动力集中。政治领域转型是指从部落权威到选举制、代表制、政党和民主制的转变。教育领域转型涉及消除文盲和日益重视知识、技能和能力的训练。宗教转型领域指世俗化。家庭生活领域转型是亲属关系弱化，家庭功能分化增强。分层领域转型是指重视流动和个人成就，不再强调先赋性。⑤ 乔臣认为工业化与信息化、市场化是经济现代化研究的重要支柱，并将经济现代化的研究范式总结为以下三种：一是"多元化非线性"的道路选择范式，二是"多因内外影响"环境因素范式，三是"三维立体互动"的结构范式。⑥

本书研究的内容是经济变迁，站在发展的角度，现代化是经济变迁尤其是少数民族经济发展的落脚点，并且变迁的整个过程也是从传统向现代

---

① ［波］彼得·什托姆普卡：《社会变迁的社会学》，林聚任等译，北京大学出版社 2011 年版，第 122 页。
② 何传启：《现代化研究的十种理论》，《中国社会科学报》2015 年 5 月 29 日。
③ 乔臣：《经济现代化范式理论及其模型建构》，《湖北经济学院学报》2006 年第 3 期。
④ 罗荣渠：《现代化新论》，北京大学出版社 1993 年版，第 16—17 页。
⑤ ［波］彼得·什托姆普卡：《社会变迁的社会学》，林聚任等译，北京大学出版社 2011 年版，第 125 页。
⑥ 乔臣：《经济现代化范式理论及其模型建构》，《湖北经济学院学报》2006 年第 3 期。

的转变,现代化理论对本书的研究有重要指导和借鉴意义。

3. 市场过渡（转型）理论

市场过渡理论（market transition theory）或称市场转型理论,由经济社会学家维克多·倪和撒列尼提出,旨在研究社会主义国家的市场取向改革对利益关系、收入分配和社会分层等的影响。市场过渡（转型）指社会主义国家的资源配置由中央集权的再分配方式向市场经济体制的过渡或者转型过程。市场过渡理论包括三个论题,市场权力论题、市场激励论题和市场机会论题。市场权力论题关注的是资源控制方式和社会经济获得过程中的权力转移;市场激励论题关注不同社会群体所拥有的不同类型个人资本的市场激励情况;市场机会论题关注作为社会经济流动渠道的社会成就方式的变化。①

市场过渡（转型）理论认为社会主义经济从等级制向市场的转换改变了经济整合的过程,市场越来越多地进行资源配置,因此产生了权力和特权从掌握资源分配权力的政府官员向直接生产者的转移,市场经济相比计划经济而言,对直接生产者产生了激励。向市场过渡过程中,市场交换力量在整个经济生活中的广泛性,改变了计划分配中央集权对一般利益的过度强调,人们的利益观念逐渐关注特殊利益,随之相伴的是新的社会群体和经济组织的不断出现,并在市场经济中获益。同时,政府与经济、国家与社会的边界进行重新划定,政府在经济中的角色得到重新定位,最终实现经济的自组织。此外,市场过渡过程中不同群体拥有的个人资本类型差异,导致可以利用的市场机会结构出现极大的不同。

市场过渡（转型）理论提出的权力让渡问题,后续学者进行了修正,无论是东欧的市场经济变革还是中国的社会主义市场经济改革都表明,权力不会一下消失,那些再分配经济中的权力资本要么转化为经济资本（例如匈牙利）,要么在主导过渡中没有完全让渡（例如中国）。② 对于市场过渡理论提出的人力资本回报假设,曹璇等的研究进一步验证了理论假设的正确性。③ 对于市场过渡理论有一种批评,认为市场过渡理论中涉及社会分层影响研究,其视角是"自上而下"的,其焦点是"精英循环或

---

① 张群群、陈尊厚:《市场过渡的理论分析及其启示》,《教学与研究》1999年第7期。
② 孙立平:《市场过渡理论及其存在的问题》,《战略与管理》1994年第2期。
③ 曹璇、张擎:《市场转型的再验证:2008年中国社会结构的变化》,《经济研究导刊》2015年第7期。

精英再生"，而对非精英群体的利益表达机制、行为逻辑、行为策略与行为机制却很少关注，因此无法全面揭示社会主义独特的制度逻辑和发展动力。① 孙立平基于政治连续性的观察，强调在研究中国市场转型时，必须对非正式因素，特别是对体制的运作过程，给予足够的关注。②

本书研究内容正是从计划经济向市场经济的转型过程中，黎族村落的经济变迁，市场过渡（转型）理论对于制度、结构、组织、精英转变过程的关注可以为全书的分析提供理论指导，同时，也希望对于村落社会的市场化转型为该理论在非精英群体的研究盲区，提供假设验证。

三　研究内容及基本思路

（一）研究内容

1. 概念释义

市场化，指社会再生产过程中的各种经济活动，特别是资源配置向以市场作为基本联结方式发展与转化的过程。③ 通常认为，从经济过程的角度看，市场化即是价格规则、竞争规则等市场规则嵌入经济制度、组织、交换、行为等，并在经济发展中发挥主导作用的过程。我国经济体制改革的目标是建立社会主义市场经济体制，因此也称为"市场化取向的改革"。市场化不同于私有化，它不涉及生产资料的占有性质，而是经济体制的转型和经济机制的调整。

经济，《辞海》对"经济"的释义为"经济活动，包括产品的生产、分配、交换或消费等活动"④。文化人类学认为"经济是一组制度化的活动，这些活动把自然资源、人的劳动和技术结合在一起，从而有组织地和反复地去获取、生产和分配物品及专门人员的服务"⑤。民族经济学认为，

---

① 田北海：《市场转型与社会分层：理论争辩的不同视野及反思》，《求索》2008年第7期。
② 孙立平：《实践社会学与市场转型过程分析》，《中国社会科学》2002年第5期。
③ 刘树成编：《现代经济词典》，凤凰出版社、江苏人民出版社2005年版。
④ 《辞海》（第六版），上海辞书出版社2009年版，第1144页。
⑤ 石奕龙：《文化人类学导论》，首都经济贸易大学出版社2010年版，第77页。

"我国的民族经济,是指我国的少数民族经济,即除汉族以外的少数民族的经济生活,它包括少数民族的生产方式、交换方式、分配方式、消费方式及生产水平和生活水平"。① 经济人类学对"经济"的研究拓展到了生产方式、交换体系、消费文化、经济社会制度、生态、贫困、发展、社会性别、食物、传统文化的保护与发展、旅游、文化产业等领域②。

2. "变迁时间"界定

本书属于对黎族村落的追踪调查研究。中华人民共和国成立后,出于国家民族政策的需要,在民族识别过程中,对海南岛黎族社会具有代表性的调查点曾做过细致的调查,记录了20世纪50年代黎族社会的经济状况,反映出黎族社会仍然保留着传统的生产生活方式,社会经济发展较为缓慢。经过60多年的发展,特别是改革开放后,黎族社会的经济状况发生了重大变化。本书主要的研究内容就是西方村美孚方言黎族村落在1954年后的经济发展情况,重点是改革开放后的经济发展情况。

3. 论文章节

全书除导论及结语外,主体内容分为三个部分:第一部分为田野点的介绍;第二部分围绕经济生产、经济交换、经济角色、经济生活四个方面,展现了西方村经济变迁的过程及市场化对人们经济行为的影响;第三部分对经济变迁的影响因素进行了分析,总结了经济变迁的特征及启示,并对今后的经济发展提出了对策建议。

第一章,在介绍黎族历史、美孚方言黎族特征的基础上,对田野调查点——西方村的自然环境、人口状况、生计方式、生活状况、教育情况和社区组织的情况进行了梳理。西方村作为海南省美孚黎族的大型聚居村落,在人口规模上具有典型代表性,在语言、风俗、观念等方面还保留着民族性。

第二章,从经济生产的视角,对计划经济和市场经济两种经济体制下西方村经济发展的情况进行对比分析。一方面阐述了计划经济在社会主义改造和建设过程中的积极和消极作用;另一方面也指出了改革开放后,西方村的社会分工和打工经济是市场化作用的重要体现。

第三章,从经济交换的视角,分析了西方村的内部经济交往和外部经

---

① 高言弘:《民族发展经济学》,复旦大学出版社1990年版,第5页。
② 陈庆德、潘春梅、郑宇:《经济人类学》,人民出版社2012年版,第135页。

济交往产生的不同作用。一方面，内部经济交往体现了对传统的继承，发挥了社会整合的作用；另一方面，外部经济交往对消费结构和消费观念的改变，体现出市场化在社会生活中的嵌入程度。

第四章，从经济角色的视角，对西方村不同群体的角色变化进行描述分析，体现出不同群体对市场观念的接受程度，影响了他们的经济行为。

第五章，从经济生活的视角，展现市场化给黎族的衣食住行带来的变化，在这些行为、现象变化的背后，是市场化对习俗、观念等的影响。

第六章，分析了影响西方村经济变迁的制度因素、环境因素和教育因素，这些因素对经济变迁的影响有正面的、有负面的，有的甚或是双方面的。

结语部分，总结了西方村经济变迁的特征和启示，并对经济发展中的问题提出了对策建议。

（二）基本思路

从中国经济发展的历史进程看，中华人民共和国成立后，在计划经济体制的主导下，经历了土地改革、农村生产合作化、人民公社运动等，中国农村的经济发展取得了一定成绩，同时"一大二公"的生产关系也严重束缚了生产力的发展。十一届三中全会后，家庭联产承包责任制的普及，以及随后的社会主义市场经济建设，对农村经济的发展产生了深刻的影响。海南黎族经济的发展正是在这样一种时代背景和经济制度变革下，与国家同步开启了经济市场化的步伐。市场化成为经济发展的重要推动力。

从中国经济发展的实践过程看，市场化程度是经济发展水平的重要参考。黎族经济发展的质量如何，从经济学的角度有宏观的经济指标可以度量，本书作为民族学的研究，更加关心的是经济发展背后的变迁过程、经济行为变化中暗含的思想观念的变迁，以及市场如何嵌入和影响人们的经济行为，黎族的经济市场化过程中受到哪些因素的影响等方面。

从西方村美孚方言黎族经济的变迁过程看，西方村地处昌化江的下游，历史上属于黎汉杂居区，经济、文化受到汉族影响较多。中华人民共和国成立初期，西方村的经济还是传统的农业经济，在国家统一计划经济的体制下，经济发生了变化，但产业结构仍然以农业为主，只是解决了温饱。经济发生深刻变化，始自改革开放，特别是进入21世纪，随着国家对市场经济体制改革的进一步深化，市场化在经济发展中起到了主导作用。因此，在西方村美孚方言黎族近60年经济发展的历时性变化中，以改革开放后经济体制变革为分界，对比前后两个时期的情况经济，重点考察市场化对经济变迁带来的影响。

四　研究方法与创新之处

（一）研究方法

1. 历史文献法：对历史文献中有关黎族、美孚方言黎族的记载进行搜集，特别是对有关以西方村为中心的包括东河镇、东方市的记载和介绍进行搜集。同时，对西方村所隶属的行政机构中有关村子的历史档案或实物资料进行搜集。以此作为研究西方村的文献基础。

2. 参与观察法：通过参与西方村村民的农业生产、家庭生活、商业贸易、日常交流等活动，了解村民的行为、风俗、心理等惯习，找寻能够体现发展历程的现象、事件。

3. 个案访谈法：在对西方村经济变迁的研究中，虽然文献记载保留了某个时期的历史印记，但是这些片段化、碎片化的文字仅仅为后续研究提供了一个方向性的指引或者可供参考的资料。特别是关于计划经济时期和改革开放初期历史资料的欠缺，需要通过个案访谈的方式加以完善补充。个案访谈中，着重访谈20世纪50—60年代的村民，他们对计划经济时期和市场经济时期有着切身的经历，其中作为当时的村干部或者村内宗族代表人物，他们的记忆更加具有可信性。另外，个案访谈中，还特别注意通过不同个案访谈之间的互相印证，确保调查的真实性、可靠性。

4. 调查问卷法：鉴于村民的文化水平普遍不高，尤其是妇女存在语言交流障碍等问题，问卷仅仅作为调查的辅助手段。通过问卷调查，快速地获得有关生产生活的第一手资料，进而了解西方村经济发展的宏观数据，确立个案访谈中的调查重点。

5. 统计分析法：以历史文献、问卷调查中获得数据为基础，统计分析人口、经济收入、家庭消费等定量指标，直观地反映出经济生活的变化轨迹和趋势。

(二) 创新之处

1. 对研究领域的拓展。目前学界对海南黎族经济的研究较少，尤其缺乏历时性的变迁研究。本书重点关注美孚方言黎族的经济变迁，对中华人民共和国成立以后，特别是改革开放以来的黎族经济发展发生的变化和取得的成就进行总结。为今后深入研究黎族村落经济变迁提供实证资料。

2. 对研究框架的创新。人类学（民族学）关于村落经济变迁的微观研究，往往作为社会变迁研究的一个组成部分，或者通过某项具体事物建立与经济的关联分析。本书尝试通过构建经济生产、经济交换、经济角色、经济生活的四要素框架，使"经济变迁"概念进一步明确化和可操作化。经济生产是经济变迁的基础，生产水平的高低决定了经济层次的高低；经济交换是经济变迁的核心，交换范围的大小决定了经济发展的快慢；经济角色是经济变迁的关键，经济变迁的实现最终是由人来推动的，同时经济角色在变迁的过程中也有一个适应的过程；经济生活是经济变迁的直观体现，衣食住行等基本生活条件的改善直观体现了经济变迁带来的变化。在经济变迁的过程中，经济生产为经济交换提供了物质基础，经济交换将经济生产和经济角色编织进了社会网络之中，经济角色的经济意识在经济生产和经济交换中发生改变，并对经济生产和经济交换产生影响，最终将经济变迁的结果展现在了经济生活之中。

五 田野调查情况

中南民族大学海南黎族研究始于1954年的黎族情况调查，当时通过对22个自然村（调查点）的实地调查研究，整理收录了关于黎族人口情况、历史来源、经济结构、社会组织、物质文化、精神文化等社会各个侧面的材料，并公开出版《海南岛黎族社会调查》一书。该书客观反映了20世纪50年代中期海南黎族的社会风貌，记录和保存了珍贵的历史材料。60年后，中南民族大学联合海南省民委决定对20世纪50年代黎族调查点进行追踪回访。2011年1月19日，笔者作为"海南黎族村落变迁"调查组的成员，走入了西方村这个号称海南最大的黎族聚居村落。初次调查历时10天，主要对西方村的整体情况有了直观了解，同时通过调查问卷、入户走访等方式接触到了村子里的黎族群众。虽然通过海南省民委王建成处长的介绍以及阅读有关资料、书籍，对于黎族村落有了初步的了解，但是当踏入西方村的刹那，这里的一切还是让作者产生了无所适从的感觉。孩子们好奇的眼神，使作者更加确认了外来人的身份；青年人的态度，使作者感受到还没有被接纳和认可；与中老年人在语言上的交流障碍，使作者意识到后期调查的艰辛。在走访中，作者一行没有见到黎族传统的船型屋，房前屋后的羊肠小道使得整个村落犹如迷宫，仅有的几栋二层小楼矗立在密集的砖瓦房中有种鹤立鸡群的感觉，其间废弃的茅草房、地上的垃圾、水沟中的污水凸显出村落治理的混乱，紧挨村中主干道的院落围墙体现了人们私有意识的逐渐增强。村民们的衣着服饰表明，现代服饰已经代替传统的民族服饰被人们广泛的接受，只是中老年妇女还保留着一些黎族传统服饰的元素，例如头巾和筒裙。农业耕作工具的现代化也在改变着传统的耕作方式，人们对水稻种植依赖程度的减少，说明这里的经济结构正在发生改变。对上述事项的观察、关注，以及对上述事项发生变化的原因、趋势的思考，促使作者想要对西方村的经济变迁进行更加深入的研究。

　　结合首次调查进度，在对初步调查搜集到的资料进行分析的基础上，2011年7—8月，作者跟随调查组对西方村的经济社会进行了细致的田野调查。此次调查是在中南民族大学民族学与社会学学院孟凡云教授的带领下，谢东莉、何孝辉、陈晓伟、沈宏娜以及作者等人组成的调查组驻点西方村，作者的调查任务主要是西方村的经济发展变迁，主要从农副业生产、家庭生活、人口发展、教育医疗卫生等方面开展了调查工作。因为调查涉及西方村60余年的发展变迁，在历史资料的搜集方面，不仅仅局限于村内的走访调查，同时通过对东河镇政府、东方市统计局、档案馆、文史办、民政局、民宗局等政府部门的调查，进行了资料的搜集和补充工作，在上述调查过程中，东河镇党委书记文臻、西方村村主任符才利、村支书符文官等给予了许多帮助。在得知打算驻点调查后，符主任主动提出帮助解决住宿问题，文书记将镇政府值班备用的三张单人床借予使用。在村民们疑惑和好奇的眼光中，调查组住进了西方村，开始了历时一个半月的调查生活，通过几天的适应，在初步克服了语言沟通障碍，解除了村民们最初疑虑的同时，调查组逐步被村民们所接纳，调查工作得以按部就班地进行。

为了更加全面地了解美孚方言黎族的民风民俗，2012年1月调查组在农历新年再次来到西方村，开始了第三次调查工作。相比前两次调查，对于调查组的到来，西方村村民的举动令人备感温暖，无论是在村口下车时的主动招呼，还是像对待自家亲戚那样帮忙提行李、打扫卫生，村民们的热情在那一刻感动了我们，冲淡了作者第一次离开父母妻儿在他乡过年的失落和思乡之情。此次重点对西方村岁时年节的各种民俗活动进行了调查，同时利用村民过年农闲、返乡的机会，对第二次调查过程中的有些问题进行了补充调查和资料充实。此后，多次通过电话方式与村民联系，对最新情况和调研存疑的地方进行材料补充，无论是村干部还是村民每次都会热情地邀请我们"回家看看"。

第一章

西方村美孚方言黎族

一 黎族历史与文化

黎族，是祖国南端的明珠——海南岛的世居民族，有着悠久的历史和优秀的文化。据考证，黎族从我国古代南方的越族发展而来，史书文献记载，其与"百越"的一支——"骆越"有着密切的联系。《汉书·贾捐之传》记载，西汉时海南岛上的原著居民被称为"骆越之人"。[①] 通过对黎族社会的考察，民族学研究者认为海南黎族的稻作文化、纺织文化、儋耳文化、文身文化、铜鼓铜锣文化以及干栏建筑文化等，从各个方面都与我国古代百越文化的特征相一致，也从一个侧面印证了黎族的发展源头。黎族在海南岛经历了漫长的原始社会，其先民从采集生活进入渔猎时代，再到刀耕火种的原始农业生产，走过了漫长而艰辛的历程。直至1949年中华人民共和国成立后，通过对海南岛黎族社会的调查，我们的民族学先辈还曾经在海南岛的腹地，考察到了带有原始农业生产方式"合亩制"共耕，并且还记录下了"刀耕火种"在海南黎族的这一普遍耕作方式。以上这些不仅表明黎族历史的久远，同时也说明了黎族社会发展的缓慢进程。

（一）族源族称

前文提到，黎族起源于我国古代南方越族"骆越"支系。通过文献记载、语言资料、生活方式、风俗习惯等可以得到印证。从以上各个方面，可以说明"黎族的远古祖先与古代生活在两广地区的古越人以至后

[①] 《黎族简史》编写组：《黎族简史》，民族出版社2009年版，第8页。

来的俚人、僚人都有密切的关系"①。上述结论已为人们所普遍接受，并成为学术界的共识。陈凤贤对学术界有关黎族族源的讨论，归纳为俚人说、越人说、马来人说。②练铭志则概括为"有关黎族族源的争论，归纳起来大致有三说，即南来说、北来说及两源和多源说"。③黎族源于"骆越"的说法即为"越人说"或"北来说"，由林惠祥提出，罗香林、刘耀荃等学者加以更多的阐述、论证。④德国人史图博提出，"黎族与印度尼西亚的古代马来民族，同样与印度支那的大陆各民族之间，可以看出更加显著的类似"。⑤刘咸通过体质人类学的统计数据，同样认为"黎族体质之构造，至少有两种不同的形态"，"黎族所具之体性及测量数值与掸族及正马来族最称近似，意者岐黎、美孚黎渊源于掸族；而本地黎与侾黎则与正马来族有血统之关系"⑥，此为"马来人说"或"南来说"。在查阅有关资料后，发现对于两源说和多源说，史图博、刘咸亦有论述。史图博在书中的结论部分，提出"海南岛是被数次的民族移动的浪潮——即由本地黎（土著居民）、美孚黎、岐黎、侾黎——冲击过来的民族所开发的，这些迁移到海南岛的民族，很明显是由阿乌斯兹罗尼西亚（马来亚）和泰族这两种要素组成的"。⑦刘咸"现今黎族之来源，似非一源而为多源，至少有两个主要来源"。练铭志在对其进行阐述时，做了进一步的说明，"这两个主要来源，一个是上述的哈黎、润黎源于东南亚的正马来人，另一个是杞黎和美孚黎源自大陆的掸族（今滇缅交界处古建掸国，其民为掸人，与我国傣族关系密切，此指傣、壮等族及与其有渊源关系的古越族）"。高泽强则总结为"黎族是南岛语族和壮侗语族进入海南岛后，经过上千年的不断交流、融合与发展才最后形成的，因此可以说南岛

---

① 《黎族简史》编写组：《黎族简史》，民族出版社 2009 年版，第 12 页。
② 陈凤贤：《关于海南岛最早居民问题的探讨》，《中央民族学院学报》1990 年第 4 期。
③ 练铭志：《关于海南黎族族源的研究》，《广东技术师范学院学报》2003 年第 5 期。
④ 林惠祥：《中国民族史》上册，商务印书馆 1937 年版，第 128 页。罗香林：《海南岛黎人源出越族考》，《青年中国》创刊号，1939 年。王穗琼：《略论黎族的族源问题》，《学术研究》1962 年第 6 期。王穗琼为刘耀荃之笔名。
⑤ [德] 史图博：《海南岛民族志》，中国科学院广东民族研究所编印，1964 年，第 341 页。
⑥ 刘咸：《海南黎族起源之初步探讨》，《西南研究》1940 年第 1 期。
⑦ [德] 史图博：《海南岛民族志》，中国科学院广东民族研究所编印，1964 年，第 341 页。

语族、壮侗语族是黎族的两大源头"。①孙秋云提出"文化是可以互相传播、吸收、整合的,而体质特征的传承大多依靠自然规律,与文化特征相比,其所受的人为因素要少得多,故就判断民族来源而言,体质特征比文化特征往往更有说服力"。从这个角度出发,总结前人考古学、历史学的研究成果,认为"海南黎族是以岛上远古土著居民为主体,兼融古代骆越人、南越人、壮人和汉人等民族成员的成分逐渐发展演变而来的",是为多源说的典型代表。②

(二) 支系与分布

海南黎族主要聚居在今海南省的三亚市、五指山市（原称通什市）、琼中黎族苗族自治县、保亭黎族苗族自治县、陵水黎族自治县、乐东黎族自治县、白沙黎族自治县、昌江黎族自治县和东方市。此外,海南岛东部和北部的万宁、琼海、屯昌、儋州等县市也有相当数量的分布。黎族是中国百万人口以上的少数民族之一,据 2010 年全国第六次人口普查数据公报显示,截至 2010 年 11 月 1 日 0 时,全国黎族人口数为 1463064 人。海南黎族人口为 1277359 人,占全国黎族总人口的 93.9%。黎族内部因方言、习俗、地域分布等差异,有"哈"（过去写作"侾"）、"杞"（又作"岐"）、"润"（过去汉称"本地"黎）、"美孚"、"赛"（过去称"德透"黎或"加茂"黎）等不同的自称。③

哈方言黎族,主要分布在乐东、三亚、东方、陵水、保亭、昌江等地区,是黎族人口最多、分布最广的一个方言支系。"哈"自称为"赛",因居住在黎族聚居区的外围,在与其他方言支系黎族交往时往往称自己为"哈",故而得名。"哈"内部还有许多小支系,如"哈应""罗活""抱显""抱怀""止强""止贡""抱由""抱曼"等,这些称呼大部分为古代的峒名。④"抱"汉语意为"村"的意思,现今海南岛有的地方虽然已

---

① 高泽强：《黎族族源族称探讨综述》,《琼州学院学报》2008 年第 1 期。
② 孙秋云：《从人类学观点看海南黎族来源的土著说》,《中央民族学院学报》1991 年第 3 期。
③ 《黎族简史》编写组：《黎族简史》,民族出版社 2009 年版,第 5 页。
④ 峒,黎语意为"人们共同居住的一定区域",是历史上黎族社会独具特色的一种社会组织,由多个村落组成,相当于一个部落或部落联盟。高泽强：《黎族族源族称探讨综述》,《琼州学院学报》2008 年第 1 期。

经没有哈黎的分布，但是地名显示他们曾经在那里居住过，例如文昌县的抱罗、抱兰、抱功等，学者杜娜据此推断，认为哈黎是从雷州半岛的徐闻、海康、遂溪、湛江，乃至更北的高州、电白、信宜等地渡海南来的一支，经文昌、琼山、临高一带登陆，然后进入海南岛西南部。①

杞方言黎族，主要分布在保亭、琼中、五指山三县一市，另外在东方、乐东、昌江、陵水等地也有部分杞黎。人口仅次于"哈"，是黎族人口的第二大方言族群。②

润方言黎族，主要分布在白沙黎族自治县东部，鹦歌岭以北的广大地区。在古代，白沙地区为儋州所辖，儋州地区的汉族最早与"润"接触，后"哈"迁入儋州，故而儋州的汉族认为"润"是"本地的黎族"，故又有"本地黎"之称。③

赛方言黎族，主要分布在保亭、陵水和三亚两县一市交界的地区，人口较少。

美孚方言黎族，主要分布在昌化江下游两岸的东方市、昌江县。美孚方言黎族人口少，但居住集中④。有百户以上的大村落。

（三）建制沿革

黎族历史悠久，黎族先民在海南岛这块富饶的土地上繁衍生息，创造了璀璨的民族文化。从现已出土的考古学文物推断，海南岛在距今1万年就已经有人类活动。⑤ 虽然，无法证明这些旧石器时代的人类化石与黎族先民之间的关系，但是20世纪50年代以来通过对海南岛新石器时代中、晚期原始文化遗址的考古发掘，结合海南黎族社会历史调查，史学界和民族学界研究认为，这些遗址"可以初步肯定是黎族远古祖先的遗物"⑥，同时也表明海南岛原始文化与两广大陆原始文化的同源，认为"属于岭南百越文化的特征"。

---

① 杜娜：《海南岛的地名与民族迁移》，《中国地名》1996年第2期。
② 陈立浩、于苏光主编：《中国黎学大观》（历史卷），海南出版社2011年版，第73页。
③ 高泽强：《黎族族源族称探讨综述》，《琼州学院学报》2008年第1期。
④ 陈立浩、于苏光主编：《中国黎学大观》（历史卷），海南出版社2011年版，第74页。
⑤ 李始文：《海南三亚市荔枝沟笔峒发现了旧石器时代晚期人类化石》，《中国文物报》1992年12月19日版。
⑥ 《黎族简史》编写组：《黎族简史》，民族出版社2009年版，第17页。

秦始皇三十三年（公元前214年），秦朝统一岭南广大地区，《史记·南越尉佗列传》记载："秦时已并天下，置桂林、南海、象郡，以谪徙民，与越杂处十三岁。"① 其时，海南岛为象郡之外徼，自秦王朝开始，正式确立了对海南岛的行政管辖。虽然，秦二世后期，陈胜吴广起义，中原战乱，龙川令赵佗自立为南越王，但是其统辖范围也影响到海南岛地区。

汉武帝元鼎六年（公元前111年），南越相国吕嘉叛乱反对汉朝，汉武帝"遣伏波将军路博德出桂阳，下湟水；楼船将军杨仆出豫章，下浈水；归义越侯为戈船将军，出零陵，下漓水；甲为下濑将军，下苍梧"②。至汉武帝元封元年（公元前110年），西汉在海南岛设置珠崖、儋耳两郡，实现了中央王朝对海南岛的直接统治。自秦以来，中央王朝对海南岛的统治逐步强化，作为加强统治的一种手段，不断迁徙中原地区的民众前往，其中不乏苗族、回族等少数民族的先民。海南黎族的发展逐渐与中央王朝的统治休戚相关，也逐渐与其他少数民族的发展息息相关，他们带来中原地区先进的生产工具和生产技术，帮助和促使黎族社会从原始社会逐渐向封建社会迈进，同时也记录了黎族历史，传播了黎族文化。

西汉至南北朝，大概经历了始置、罢弃、遥领、重建的过程。时至南朝梁，梁大同（公元535—546年）中，"时儋耳归附冯冼氏千余峒，冼夫人请命于朝，故置州"③。自汉元帝罢弃珠崖郡656年后，在岭南俚僚首领冯氏冼夫人的率领下，请命梁朝，重新在海南本土设置崖州，实现了对海南岛本土的有效管辖。隋朝统一全国后，冼夫人率众归顺，被"赐临振汤沐邑一千五百户，赠（冯）仆崖州总管"④。隋大业三年（公元607年），改崖州为珠崖郡，"统县十，领于扬州司隶刺史。后又析西南地置临振郡"⑤。珠崖郡领义伦（治今儋州市西北）、感恩（治今东方市南）、颜卢（治今海口市）、毗善（治今临高县）、吉安（治今东方市北）5县；临振郡领延德（治今乐东黎族自治县西南）、宁远（治今三亚市）、澄迈（治今澄迈县东北）、昌化（治今昌江黎族自治县西南）、武德（治

---

① 《史记》卷113《南越列传》第53，中华书局1963年版。
② 《汉书》卷6《武帝本纪》，中华书局1964年版，第186—187页。
③ 王雪萍主编：《中国黎族》，民族出版社2004年版，第7页。
④ 唐胄纂著，彭静中点校：《正德琼台志》，海南出版社2006年版，第29页。
⑤ 同上书，第45页。

今文昌市北）5 县①。纵观秦汉至南北朝时期，中央王朝在海南岛的治理政策主要包括：设置郡县，建城置邑，迁徙汉民，推广技术，传播文化。

唐朝时期，海南岛与中央王朝的关系进一步密切。唐武德五年（公元 622 年），唐朝派大将军李靖平定岭南，冼夫人之孙冯盎率众归附，唐朝在其地设置 8 州，其中崖州、儋州、振州均设在海南岛上。唐太宗贞观五年（公元 631 年）又设置琼州，领琼山、临机、万安、富云、博辽 5 县。唐高宗龙朔二年（公元 662 年），再置万安州，领万安、富云、博辽、陵水 4 县。海南于唐朝形成的 5 州 22 县的行政建制②，为后世奠定了基础，如当时设置的琼山、文昌、澄迈、临高、陵水等县名沿用至今，后世称海南为琼崖，也源自当时设置的琼州、崖州。海南也成为唐朝与南海诸国贸易往来的交通要冲。随着唐朝对海南岛的行政管辖，根据州县建制，可以推断随着建制完善，统辖的范围也在逐渐扩大，汉黎的交往也在扩大，黎族先民的生活圈子自沿海地区逐渐向海岛腹地转移，从此汉族和黎族的分布状况不再是"汉在北，黎在南"，而是"汉在外围，黎在腹地"了，这种状况基本上一直持续到中华人民共和国成立前③。

五代时期，海南属南汉统治，由于中原战乱频繁，大批汉族纷纷南迁，有的更是迁徙到海岛避乱，史载"是时天下已乱，中原人士以岭外最远，可以避也，多游焉"④，这些迁徙的商人、官吏、士兵、百姓大大地促进了海南岛经济的开发和汉黎民族的融合。

北宋灭南汉后，于开宝五年（公元 972 年），废崖州，以其地属琼州，另改振州为崖州，保留儋州、万安州，共 4 州 14 县。北宋熙宁六年（公元 1073 年），"以琼州为琼管安抚司，领州之属县"⑤，后来又进行了大规模的行政改革，除了琼州以外，其余儋州、崖州、万安州均废"州"改"军"，是为昌化军、朱崖军、万安军（后昌化军改称南宁军，朱崖军改称吉阳军）。海南岛从唐以来的 5 州 22 县，改为 1 州 3 军 10 县 2 镇，其中吉阳军置黎母山（今五指山）之东，表明宋王朝的统治开始深入海岛腹地。宋王朝虽然在黎族地区设置军政以防黎乱，但治黎策略基本以

---

① 王雪萍主编：《中国黎族》，民族出版社 2004 年版，第 8 页。
② 《黎族简史》编写组：《黎族简史》，民族出版社 2009 年版，第 38 页。
③ 同上书，第 40 页。
④ 同上书，第 47 页。
⑤ 唐胄纂著，彭静中点校：《正德琼台志》，海南出版社 2006 年版，第 48 页。

"顺俗而治"为主，延续隋唐以来的"羁縻"政策，任用土官以治土民。从地理上看，汉黎分布以五指山为中心形成三个分布带，即居住在中心腹地的"生黎"、分布沿海四周的汉族、介于沿海和中心腹地的"熟黎"，《桂海虞衡志·志蛮》载"坞之中有黎母山，诸蛮环居四傍，号黎人。内为生黎，外为熟黎"①。"生黎""熟黎"的称谓反映出汉黎的进一步融合，说明中央王朝对海南岛的统治渐趋稳定。宋朝推行的土官政策，利于减少黎乱，促进统一，对此后的元、明、清封建王朝对海南岛的统治产生了一定影响。

元朝统一中原后，元世祖至元十五年（公元1278年），攻占海南岛，改琼州府为琼州路安抚司，属湖广行中书省管辖。至元十七年（公元1280年）置海北海南道宣慰司于雷州，辖海南诸郡。至元二十八年（公元1291年），改琼州路安抚司为琼州路军民安抚司，增琼州定安、会同二县，元文宗天历二年（公元1329年），又改为乾宁军民安抚司。元顺帝至正末（公元1367年），设置广西行中书省统辖海南。元朝对海南黎族的统治政策先征后安，明《正德琼台志》载："元初，湖广省于平阳、保定、冠州等翼轮差管军万户一员，率千百户，统汉军一千，海南镇守，三岁交换"，"平黎再议佥土民为黎兵，用则为兵，散则为民"②；"文宗天历二年……寻升定安县为南建州（文户批注，以（文宗）潜邸时峒主王官事之以礼，故升，而以官世袭知州事）"③。由此可见，虽然元朝与宋朝在治黎政策上一武一文，但在任用土官政策上却是一脉相承，不仅广泛任用土官，而且授予官职实权。元代统治海南的近百年中，黎族社会经济有了较大进步，汉族封建文化也在海南岛开创出了一个新局面。

明太祖洪武元年（公元1368年），明军驰师南征，"元守臣表纳降款，以其地归附"④。明朝改元朝设乾宁军民安抚司为琼州府，隶属广西，改吉阳军为崖州、南宁军为儋州、万安军为万州，三州隶属琼州府。后又改琼州府隶属广东。洪武九年（公元1376年），海南隶属广东布政使司海南道，设1府3州13县，琼州府辖琼山、澄迈、临高、定安、文昌、

---

① 范成大著，胡起望、覃光广校注：《桂海虞衡志辑校证》，四川民族出版社1986年版，第219页。

② 唐胄纂著，彭静中点校：《正德琼台志》，海南出版社2006年版，第398页。

③ 同上书，第49页。

④ 同上书，第50页。

乐会、会同，儋州辖宜伦、昌化，万州辖万宁、陵水，崖州辖宁远、感恩。明英宗正统四年（公元1439年），"省广东琼州府儋州附郭宜伦县、崖州附郭宁远县、万州附郭万宁县，俱入本州"。① 也就是说，州治所在地的县均归并入州，由州府直接管辖。至此形成明代定制，琼州府辖3州10县，此外南海诸岛皆归崖州管辖。明成祖永乐年间（公元1403—1424年），建立了"土舍黎兵"制度，采取"以峒管黎"的政策，直接由官府通过分封黎族"峒首"以官职，达到"镇抚熟黎当差，招抚生黎向化"的目的。明代后期，在熟黎地区实行"黎都黎图"的里甲制度，将熟黎与编户的汉人一样编入图、都、乡等基层组织，隶属于州县，和汉人一样纳粮当差。汉族地区的封建经济文化在黎族社会中得到了进一步发展，汉族封建社会的生产方式在海南岛的广大黎族地区已经占统治地位，同时出现了"习礼仪之教，有华夏之风"的兴学局面。

清顺治九年（公元1652年），清兵渡海南下攻占海南岛后，基本沿袭明朝建制，琼州府辖3州10县，琼州府辖琼山、澄迈、定安、文昌、会同、乐会、临高、儋州7县1州，崖州辖感恩、昌化、陵水、万州3县1州。光绪三十一年（公元1905年），升崖州为广东直隶州，降万州为县，清政府在海南的行政建制改设为1府、1直隶州、1州、11县。清末设置琼崖道，管辖琼州府和崖州直隶州。清初，"和明朝末年一样，黎乱四处都是，海寇的侵略也非常厉害"，直至"康熙后半期起，到雍正、乾隆时代，海南岛在大体上是一个平静的时期"②。"清朝对于生熟里的统治……凡是黎峒就置有总管，一村或数村又设有哨官，每村置有黎长或者是甲长。像总管、哨官，原则上都是世袭……中央政府的威令，这时候最能够浸透到各个黎村的内部去"③，清朝推行的这一套"抚黎土官"之策在明代"土舍黎兵""以峒管黎"的基础上，限制了黎人峒首的权力，化解了明末以来因黎族土官压迫黎人、黎乱不止的局面，同时保证了政令畅通。除了任用抚黎土官之外，清政府还推行了一系列的安抚政策，重视文教、消弭反抗，在清朝统治的二百余年中，黎族封建社会又有了进一步的发展。

民国初年，海南岛的行政建制仍沿袭清朝，设置琼崖道，辖13县：

---

① 《明英宗实录》卷56，"正统四年六月庚寅"条，上海书店1982年版，第2626页。
② ［日］小叶田淳：《海南岛史》，张迅齐译，（台湾）学海出版社1979年版，第195页。
③ 同上书，第196页。

琼山、澄迈、定安、文昌、琼东、乐会、儋县、临高、万宁、昌江、陵水、感恩、崖县。民国十年（公元1921年），废置琼崖道，由粤军旅长兼领琼崖善后处处长，掌军民两政。民国二十一年（公元1932年），国民党广东省政府当局，调陈汉光部3000多人由粤入琼，"围剿"中共琼崖革命根据地和红军。陈汉光改清代"抚黎局"为"琼崖抚黎专员公署"，自认抚黎专员。民国二十四年（公元1935年），国民党广东省政府在黎族中心地区，批准设立白沙、保亭、乐东3县，并在这些地区推广"团董保甲"制度，实行"军政并用，剿抚兼施"的政策。中国共产党与国民党在海南地区的政权争夺在1927年4月国民党政府发动反革命政变后，开始进入正面冲突。1939年日本侵略海南岛。这一时期，由于各政治势力进入黎族地区，造成这里既有共产党领导下的县、乡人民政府，也有国民党控制下的县、乡政府，日军入侵海南后又有伪县、乡政权。因此可以说，民国时期是黎族地区有史以来设置最为复杂的历史时期。[①]

　　1946年2月，海南岛国民党出动大批兵力，向白沙解放区进攻，大规模的内战在海南岛爆发。从1946年开始至1950年海南解放，中国共产党领导下的海南各族人民开展了轰轰烈烈的解放战争。1950年4月17日，在琼崖纵队的配合下，解放军登陆海南岛。5月1日，海南岛全岛解放，成立海南军政委员会。1952年7月，海南黎族苗族自治区成立，行政区划包括乐东、白沙、保亭、琼中、东方等5县，隶属广东省；1954年再辖崖县、陵水2县；1955年改称海南黎族苗族自治州。1987年12月撤销原海南行政区和海南黎族苗族自治州。1988年正式成立海南省，实行省直接管辖市县的体制。

二　美孚方言黎族

　　美孚方言黎族（下文简称"美孚黎"）是黎族的一个支系，主要分布在海南西部的东方市和昌江黎族自治县境内的昌化江中下游两岸的山地、河谷、盆地、丘陵、台地。在这片土地上生活的美孚黎，人口居住相对集中，昌江黎族自治县峨港、保平，东方市东河镇、大田镇的许多美孚

[①] 高泽强、文珍：《海南黎族研究》，海南出版社2008年版，第26页。

黎村庄多达几百户甚至更多。其中人口在千人以上的村庄有：昌江县的白石、峨港、峨沟、塘坊、保平5个村，东方市的抱板、旧村、西方、东方、中方、大田、玉道、玉龙、报白、俄乐10个村。美孚黎自称"moi' fau"。从黎族不同支系民族服装的角度，美孚黎认为自身所穿的筒裙长及膝盖以下，相较哈黎所穿没有过膝的筒裙长，所以又称"长筒黎"。① 这与清代张庆长在《黎岐纪闻》中曾载，"余黎并无下衣，仅以四五寸粗布二片，上宽下窄，蔽前后，名曰黎厂……大厂黎者，厂较别黎独大，故名……小厂黎制与大厂同，唯小不及半，故名小厂"，有相近之处。② 符和积曾记载美孚黎"约占黎族人口的4%"③，这与符兴恩记载的美孚黎"在海南岛近120万黎族同胞中仅占约5%"④的数字相吻合。由此可见，美孚黎是黎族支系中人口最少的一个支系。⑤

（一）称谓及由来

关于美孚黎的称谓，符兴恩认为："是其他方言黎族，尤其是与美孚方言黎族地缘接壤、交往甚多、接触较广，后来甚至杂居在一地或一村的哈、杞方言黎族对其称呼的汉语译音"⑥，符和积说："'美孚'是美孚黎的自称"⑦。一说为他称，一说为自称，看似矛盾，其实这里涉及黎语"美孚"一词的释义。符和积认为："美孚，音moi' fau，'美'黎语义为'客'，'孚'黎语义为'生'，即'客生'。黎语多倒装……'客生'也就是'生客'"。黎语各方言中'美'专指汉人，所以这里"客"非客人，而是义为外来人；"生"义与汉族长期以来将黎族分为生黎、熟黎有关，黎族潜移默化中接受了汉族有关"生、熟"的含义。所以，美孚黎认为他们既不是生黎，也不是熟黎，而是"生客"——汉化黎族，同时以此为荣，自称"美孚"。美孚黎支系中对于"孚"的释义又为"下

---

① 采访西方村村委副书记符QX。
② 张庆长著，王甫校注：《黎岐纪闻》，广东高等教育出版社1992年版，第127页。
③ 海南民族研究所：《海南民族研究论集》（第一辑），中山大学出版社1992年版，第54页。
④ 符兴恩：《黎族·美孚方言》，银河出版社2007年版，第1页。
⑤ 符和积在其《黎族美孚支名称考》中表述为"是黎族支系中较小的一支"。
⑥ 符兴恩：《黎族·美孚方言》，银河出版社2007年版，第7页。
⑦ 海南民族研究所：《海南民族研究论集》（第一辑），中山大学出版社1992年版，第54页。

面",美孚黎认为自己是汉族的弟弟。① 对于美孚黎的这种态度,在和其他黎族支系械斗中,美孚黎常常被斥骂"美孚美孚",以示轻蔑之意,由此也引出符兴恩的他称一说。

关于美孚黎称谓的考证,可以看出美孚黎的族源与汉人有着密切的联系。符和积还分别从地理、宗教的角度论述,认为"美孚黎很可能是汉以前或两汉时期少数越人移居于此的后裔,他们或就近乘舟渡海而来,或是被抽调南征海南的两广越人,后为昌感当地黎族所同化"。曾昭璇从美孚黎中流传的民间传说入手,认为"离黎成美孚"的说法,可以理解为"离俚成美孚",亦论断美孚黎族源自大陆渡海入岛的俚人。② 在西方村同样也流传着类似的说法,传说西方村的"符"姓有四兄弟,大哥现为文昌的符姓汉族,三哥现为东方市新龙镇高排村的符姓汉族,西方村的符姓黎族排行老四,还有一支排行老二是现居湖南境内的符姓③。从上述的当地传说中,也可以印证美孚黎源自汉人的论断。

符兴恩在考证美孚黎族源的时候,记载东方市东河镇中方村符传文老人念诵的一段先辈口口相传的古话"先由抱怀,后由崖州;先由崖州,后由镇州;先由镇州,后由感恩",从而大胆推测美孚黎的祖先,"最初定居在'抱怀'哈方言黎族的属地内,归附古崖州管辖。后来……从崖州的'抱怀'地域迁移到江边谷底、东方盆地"④,给出了美孚黎祖先大致的迁徙路线。德国学者史图博在其《海南岛民族志》中也认为,"根据汉人及黎族的传说,以及本地区的移民情况都可以看出,美孚黎是给南来的侾黎逐渐压迫到那个地区去的"。⑤

(二) 体质特征

通过对东方市西方村美孚黎的调查,观察此地美孚黎的身材比例和五官外貌,尤其是通过比较当地哈黎、汉族后,作者认为其体质特征符合史

---

① 采访西方村村委副书记符 QX、符 ZK,都分别表达了此种含义。
② 曾昭璇、张永钊、曾宪珊:《海南黎族人类学考察》,佛山市机关印刷厂,2004 年,第 197 页。
③ 采访西方村村委副书记符 ZK。
④ 符兴恩:《黎族·美孚方言》,银河出版社 2007 年版,第 10 页。
⑤ [德] 史图博:《海南岛民族志》,中国科学院广东民族研究所编印,1964 年,第 121 页。

图博所记载的"男女的体形却美极了"。男子身材匀称，胸廓宽大，腰部细，"皮肤的颜色是被太阳晒成淡褐色或黑赤褐色，头发是直毛而呈黑色或浓赤锈色"，"脸形一般是菱形或者是倒置的蛋形"，颧骨高，不长颊须；女子身材亦比例匀称，体形优美，头发顺直①。有关美孚黎体质测量数据，曾昭璇曾于1951年有记载；1987—1988年，中日科学家有关海南岛少数民族人类学考察的体质人类学部分亦有记载，详见表1-1、表1-2。

表1-1　　　　　　1951年美孚黎体质测量数据②

性别	身高	头宽	头长	鼻宽	鼻长	——
男子	12	10	10	10	10	测量人数
	1611	145.6	182.1	39.9	52.5	平均数（毫米）
女子	9	8	8	8	8	测量人数
	1580	145.0	180.3	39.0	50.5	平均数（毫米）

表1-2　　　　　　1987—1988年美孚黎体质测量数据③

性别	身高	头宽	头长	鼻宽	鼻长	——
男子	52	52	52	52	52	测量人数
	1634.33	147.94	182.02	38.5	未测量	平均数（毫米）
女子	46	46	46	46	46	测量人数
	1513.50	141.11	173.65	35.65	未测量	平均数（毫米）

通过对比表1-1和表1-2中的数据，可以看出经过了30多年，美孚黎的人类体质数据并没有发生变化。

（三）民族服饰

美孚黎传统服饰中，男子的头发高高地绾在脑后，用发簪插入发髻

---

① ［德］史图博：《海南岛民族志》，中国科学院广东民族研究所编印，1964年，第121—122页。

② 曾昭璇、张永钊、曾宪珊：《海南黎族人类学考察》，佛山市机关印刷厂2004年版，第201页。

③ 吴汝康、杨东亚、吴新智等：《海南岛少数民族人类学考察》，海洋出版社1993年版，第65页。为方便数据对比，选取部分内容。

中，佩戴耳环。上身穿的是黑蓝色上衣。上衣是从开胸处对襟、无扣无领，在上衣开胸处的中间有两根白色的棉线，系紧用来合拢上衣。从背后领口边沿至前领侧边，以及袖口均采用暗褐色或青色的布镶边。下身穿的是深蓝色或黑色的两幅粗布围成的短裙，上窄下宽，长及膝盖。两幅粗布上端缝有一指宽的白色粗布裙头，裙头有一部分相叠在一起，穿的时候相叠的部分放在后臀，两端向前往内拢靠，再用裙头处的带子在腰间扎紧。

女子的传统服饰发髻也是高高地绾在脑后，发簪较男子精致、美观，"有些则不结髻，只把发扎在脑后，用头巾包着"，"过去多用自织的黑色短头巾包头，打结与髻下，目前多用从昌感（汉区）买入的黑白相间的短头巾"①。女子通常也佩戴银质的耳环，耳环的款式要比男子多。女子所穿上衣与男子类似，不同之处是上衣前一半处缝着跟衣领一样宽的棉布，衣背加缝一块挡背方布。下身所穿为裙长没膝的筒裙。按照西方村美孚黎的传统，他们将黎族各分支按照筒裙的长短分为"短裙"黎、"中裙"黎和"长裙"黎。因为美孚黎族的筒裙长度最长，差不多到了脚踝的位置，所以他们又称自己为"长裙"黎。作为区分黎族分支的标志，可见筒裙在黎族传统服饰中有着重要的地位和作用。调查中，我们了解到筒裙除了作为女子服饰以外，还可以作为抱婴儿的包裹和婴儿睡觉用的摇篮。因此，狭义上所讲的黎族传统服饰——黎锦，主要指的就是女子所穿的筒裙。

由于社会的发展，文化的传播，美孚黎的服饰基本上已经与汉族无异。据老人们回忆，陈汉光到琼抚黎的时候，强令黎族人着汉族唐装，那时候起美孚黎男子便开始剪短发、穿唐装，不再佩戴耳环了。② 现在除少数老年妇女穿筒裙外，大部分女子也已经改穿汉装。

（四）民风民俗

美孚黎是一个很平和、温善的族群，一般不会主动挑起纷争；喜欢说话，易于接近；与其他黎族支系相比，美孚黎相对具有保守的性格，安分守己、因循守旧的思想行为突出，《民国感恩县志》曾载："美孚黎……

---

① 苏儒光：《论古代岭南"吉贝"与黎族"吉贝"》，《广西民族研究》1994年第2期。
② 符兴恩：《黎族·美孚方言》，银河出版社2007年版，第191—192页。

性最愚，善耕田种园，自食其力，历来未有杀掠等弊，诚化外良黎。"①

关于美孚黎的风俗，主要有文身、信仰、禁忌等。

文身。美孚黎男女文身，男子文身多见于四肢，均为一些小的符号，没有特殊意义，用作装饰；女子文身多见于面部、胸部、臂部、腿部四处，美孚黎认为文身是女子被祖先认同的一种标识，女子不文身，死后祖先鬼不认她，她的鬼魂就会变成无家可归的野鬼。王学萍所著《中国黎族》载，除了上述说法，还有三种解释：一为防止被掳掠，二为表示爱情的忠贞，三为美丽。符兴恩通过调查认为其意义有三：一是氏族或部落的标志，二是氏族或部落组织图腾的表现，三是一种美的装饰。② 女子从11—15岁开始，历时7—8年完成从面及脚的文身，文身的传统图案由直线纹和圈点纹构成，所用工具为白藤刺、拍针棒和染料。黎族女子文身历来被汉人视作陋习，直到中华人民共和国成立后的60年代，才逐渐杜绝女子文身的习俗，现在仅有少数老年妇女身上还保留着文身的历史印痕。

信仰。美孚黎的信仰分为两类：原始信仰和外来信仰。万物有灵，是黎族原始信仰的根本，表现出各种崇拜形式，有自然崇拜、祖先崇拜、图腾崇拜、精灵崇拜，原始崇拜中"神""鬼"不分。后来受汉人影响，逐渐引入了一些道教信仰的元素和佛教轮回思想，对"神""鬼"的概念进行了区分，宗教职业者也区分为汉道公和黎道公。在举行宗教仪式的过程中，汉道公以海南军话做法事，法具也类似道教，黎道公以黎语做法事，法具简单。

禁忌。禁忌是建立在原始崇拜和巫术信仰的基础之上的，用一种消极无为的方式躲避祸端。美孚黎的禁忌概括起来主要包括生产、生活、丧葬、婚姻4个方面，例如家中父母的忌日不搞生产种植，进餐中说话要把筷子放在桌上，忌说死人的名字，产妇忌吃肉类等，不胜枚举。

三　西方村介绍

西方村坐落在海南省东方市东南部的东方盆地，背靠西方岭，面朝大

---

① 周文海、卢宗棠、唐之莹纂修：《民国感恩县志》，海南出版社2004年版，第274—275页。

② 符兴恩：《黎族·美孚方言》，银河出版社2007年版，第253—254页。

广坝水库,西方岭似一条长龙由北向南将西方村环抱。整个村落建筑集中在西方岭山脚下的一块东北高、西南低的坡地上,属于典型的黎族聚居村落,具备"山包围村,村包围田,田包围水,有山有水"的特点。[①] 村落周围是耕作的稻田,村落周围及村落中到处可见高高的椰树、榕树、酸梅树。根据调查,上年纪的村民记忆中村落环境与史图博在《海南岛民族志》中对黎村的描述相吻合,即"……村子被这些密生林完全遮蔽着,以致从外边看不见它,人们大可以从有树木、椰林、竹林、槟榔的地方推测那里可能有村落。但是当走到村外时却往往见不到一户人家而过去了"。西方村当年由密生林和灌木建成的篱笆墙已经毫无踪影,代之以环绕村庄的水泥路。

1954年的调查中曾记载"西方村:黎语称 gang^{53} pai^{11} mang^{53},意译也是'西方村'"。[②] 2006年的调查也有记录"地名,西方村黎语'岸拜导','岸'是村子的意思,'拜导'是'在低部那边'之意,整个意思为'低部那边的村子'。在黎族的观念里,往往把太阳出来的地方看作是高的地方,译成汉语便是'东方',而太阳落山的地方看作低的地方,译成汉语也只能是'西方'。这便是西方村之名的来历"。[③] 2011年的田野调查了解到,西方村历史上还有另外的名字,黎语叫"那庆村",汉译为"石头村"。据说,西方村的 wo'peng 公派的始祖离开旧村后,最初选定了从东方村来西方村路途中的一个地点作为村落地址,那里长着一些高大的椰子树,有几块大石头。所以西方村人定居后,给村落起名叫"那庆村"。人民公社时期,政治上反对西方敌对势力的要求,再加上行政社队改革的需要,西方村改称为"先锋大队",直到"文化大革命"结束,西方村又改回原来的名字。

西方村民居的整体呈现东南低、西北高的一个鹅蛋形状,居住区域还是按照生产队时期的模式分布,从西北往东北方向逆时针居住一队、二队、三队到八队。1976年左右,为了扩大土地耕种面积,政府主导了一次村子搬迁工作。具体是,将村子东南部、地势较低、易于改造成农田的茅草房,搬迁至原篱笆墙外西北方200米左右的位置。这次搬迁,虽然是

---

① 王辉山:《海南黎族传统民居文化》,《今日民族》2002年第1期。
② 中南民族学院本书编辑组:《海南岛黎族社会调查》(下册),广西民族出版社1992年版,第404页。
③ 海南省民族学会编印:《海南田野调查》,海南省民族学会,2006年,第171页。

政府主导，但是并没有得到大部分村民的支持，不久后，陆续有人搬回祖宅，只有小部分村民没有搬回。1976年前后的搬迁中没有迁回祖宅的，是最早一批向外搬迁的村民，此后为了缓解居住紧张，陆续有村民搬到村子的外围居住。不同的是，有的村民是搬迁至西北方地势高的地方，有的则是搬迁至东南方地势低的地方。与此同时，更多的村民，没有选择搬迁，而是在祖宅附近，改建、扩建房屋，村内能够用来建造房屋的地方，被见缝插针地加以利用，以至于村内的通道被越挤越窄。2008年，为配合新农村建设，在村子的东南部，由东河镇进入西方村村口的道路北侧划出一块宅基地，用于村民新建住房，这片居住区域被村民称为"新区"。与此同时，村委会也从村内搬迁到新区的新址。

现如今，西方村是东方盆地远近闻名的美孚黎族"四大村"之一，从行政区划上，隶属东方市东河镇，在东河镇政府正西三公里处，西南接土新、土蛮两村，东南有公路与中方村相连，北有公路与广坝农场相接。全村拥有土地面积13615亩，其中耕地面积4135.5亩，林地面积8367.22亩。

（一）自然环境

西方村年平均气温23℃—25℃，最热月（六、七月）平均温度28℃—30℃，极端最高温度38℃—40℃；最冷月（一月）平均温度17.5℃，极端最低温度5℃左右，总体上暖季长、冷季短，全年基本无霜冻[1]。此外，西方村属于典型干湿季交替的热带季风性气候，平均降水量1500—1700毫米，降水量多集中在7—9月，占到了全年降水量的60%以上，其他月份降水偏少，干湿明显。每年的3—6月经常吹干热的西南风，风速达8—12米/秒，5月频率较高，加速了土壤水分的蒸发，年蒸发量2310—2450毫米。从土壤普查的情况看，西方村的土壤以砖红壤为主，尤以西方岭山脚的土层深厚肥沃，本村土壤养分有机质含量1%—3%的耕地占到耕地面积的80%左右[2]。总体来讲，这里属于半湿润轻风害区，光照充足，热量丰富，降水量分布不均匀，水热比例失调，由于常年刮风

---

[1] 东方县农业区划委员会编印：《东方县农业区划报告集》（内部资料）1985年，第1页。
[2] 符兴恩：《黎族·美孚方言》，银河出版社2007年版，第52页。

和较大的辐射量，蒸发势盛，旱期较长①。

（二）人口状况

2010 年全国第六次人口普查数据，西方村内有 772 户，3283 人，除了十几户哈黎和 2 个外嫁入村的汉族外，其余人口全部为美孚黎，且全部姓符。西方村现有人口男女比例接近 1∶1，其中男性 1752 人，女性 1531 人。2014 年，西方村内有 820 户，3381 人。② 2017 年，西方村内有 831 户，3481 人，其中建档立卡贫困户 313 户，1382 人。③ 从人口方面看，西方村是东河镇下辖村落人口最多的村落，也是东方市人口最多的少数民族村落。

表 1-3 是 2010 年调查时所获得的详细人口数据。通过数据可知，西方村 50 岁以下的不同年龄段性别比例均接近 1∶1，结构较好。50 岁以下的人口占到了人口总数的 88.5%，劳动力人口充足。通过图 1-1，可以直观地展示出人口的分布情况。

表 1-3　　　　　　西方村 2010 年人口统计情况表④

年龄段	18 岁以下	18—29 岁	30—39 岁	40—49 岁	50—59 岁	60 岁以上	总计
男	543	391	329	236	102	151	1752
女	458	392	335	222	43	81	1531
总计	1001	783	664	458	145	232	3283

由图 1-1，一方面可以看出，西方村人口年龄结构为典型的金字塔型。结合表 1-3 的各年龄段人口数据，18 岁以下的青少年及儿童占人口总数的 30.5%，青壮年劳动力（18—29 岁）所占人口的比例达到 60.8%，人口劳动力充足。另一方面可以看出，西方村育龄人口所占比重较高。从 2010 年至 2017 年，西方村人口净增 198 人。

---

① 东方县农业区划委员会编印：《东方县农业区划报告集》（内部资料）1985 年，第 79 页。
② 网上数据：http：//dfcwgk.hainan.gov.cn/dfxcgk/index.jhtml? departid=270。
③ 2017 年 12 月电话访谈村副主任符 DF。
④ 根据东河镇 2010 年第六次人口普查数据整理。

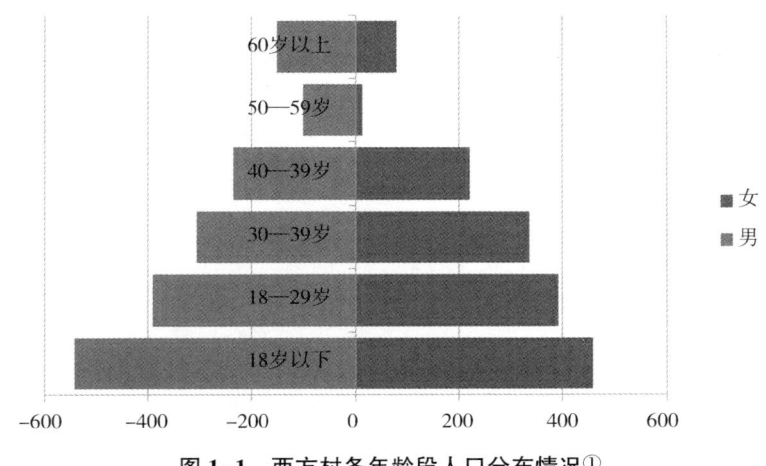

图 1-1　西方村各年龄段人口分布情况①

（三）生计方式

西方村是远近闻名的人口大村，村内水旱田耕地面积 72.32 公顷。传统上的主要经济来源以农业为主，改革开放以来，除了粮食种植，村民还在林地、坡地上种植橡胶、桉树、木薯、杧果等经济作物。长期以来，由于沿袭传统的农业生产模式，生产力水平较低，农业产业结构单一，产品的市场化程度也比较低。农业作物以水稻、玉米为主。以往，农业耕作是一年两造，粮食收成除了能够满足一家人的口粮外，多余的粮食还可以变卖。2002 年以来，随着村子上游及周边种植园承包数量、规模的不断增多、增大，种植园与村子争水的情况越发严重，上游天安水库到达村内的灌溉用水日益减少。直到 2007 年，村子的引水渠基本上处于断流状态，村民的农业耕作用水基本上靠天下雨，农田成了名副其实的"望天田"。西方村粮食作物的种植以晚稻为主，95%的水旱田无法一年两造种植，土地利用率低下；糖蔗生产作为一项经济作物，种植面积很少；当地水果产品的种植以杧果为主，香蕉、杨桃以承包商种植为主。据调查，少数村民会在自家院子里或周边种植少量的蔬菜，但多数情况下也不能满足日常生活的需求，基本上要到东河镇的市场上购买。

西方村的畜牧养殖主要有：猪、牛、羊、鸡。全村饲养黄牛和水牛在

---

① 根据东河镇 2010 年第六次人口普查数据绘制。

10头以上的养牛大户共有9户，养羊的仅有2户，共30多只。猪、鸡主要都是农户散养，多的有10头（只）左右，少的只有1—2头（只）。因为周围土地承包，可以放牧的地方越来越小，加之饲养黄牛、水牛耗费时间和人力，所以养殖的农户越来越少。牲畜的养殖大部分都是村内的老人，青壮年劳动力基本上都外出打工。

天旱无雨、灌渠断流导致传统农业生产无法保障村民的基本生活需求，村民的生产观念也随之发生变化，转而以外出打工为主。调查中，虽然村民不断强调土地耕作对于生活的重要性，但是他们的主要经济来源基本上都要靠打工收入，因而对外出打工普遍持接受和赞成的态度。年轻人有的到海口、三亚，或者北上深圳、广州等地的企业、商业单位打工，有的过年或者两三年才回家一次；大部分成家的村民，打工的地点基本上以东河镇为中心向四周扩散，外出打工的时段以当天来回或者10天左右为主，务工内容与土地种植息息相关，主要是在外地人承包的种植园里砍蕉芽、摘辣椒、种杧果、施肥打农药等。打工的黄金时间以6月、7月、8月为主，因为农作物生长的周期决定了这三个月是作物耕种和管理的主要时期。虽然天气炎热，同时也恰逢水稻种植，但这段时间各家各户的劳动力都会外出打工，只会在天下雨后回家从事农田耕种；除此之外，有的村民还从事建筑、木工、运输、汽修等经济方式，范围也仅限在东方市的周边村镇。

（四）生活状况

服饰。黎族同胞一般根据传统服饰"筒裙"的长短，分为"短裙"黎、"中裙"黎和"长裙"黎。西方村的美孚黎族即是指的"长裙"黎。所谓"长裙"，是指"筒裙"的长度没过膝盖，达脚踝以上。西方村的黎族妇女传承了黎锦的织造技术，每位妇女都有一套自己的织造工具，闲暇时以织黎锦消磨时间。在传统节庆、婚嫁、丧葬等时候，女人都要穿上黎族传统服饰，以示隆重。筒裙除了作为服饰以外，还可以作为婴幼儿的摇篮或背包，有小孩的家中，一般都会从屋内房梁上悬吊一根绳子，绳子的末端有个树枝枝丫做成的木钩，哄小孩睡觉的时候就把孩子兜在筒裙里，挂在木钩上，大人来回摇荡，哄孩子入睡；带孩子外出的时候，就把孩子放在筒裙里，筒裙套在大人的脖子处，将小孩斜挎在大人的腰部用筒裙兜住，筒裙的这些作用体现出了黎族妇女的勤劳与智慧。

图 1-2　筒裙摇篮①

图 1-3　黎族妇女的传统服饰②

现在，村内 70 岁以上的黎族老年妇女在生活中依然穿着传统服装，

---

① 作者现场拍摄，展示的是筒裙摇篮的使用方式。
② 调查组成员现场拍摄。

其他村民的日常服饰已与海南汉族地区的没有差别。为了便于干活，男女的日常着装下身多以裤子为主，男人上身以汗衫、衬衫居多，女人上身多穿短袖或长袖的 T 恤衫。

饮食。西方村的黎族同胞非常好客，调查中村民经常会邀请我们一起吃饭。这里的饭菜大多以煮、蒸或腌为主，日常饮食非常简单，早上煮一锅大米粥，就是全家人一天的主食，家里腌制的酸菜就是下饭菜，除非是家中有客人，一般很少准备两三个炒菜，而且一日两餐习俗至今也是村民的习惯。村民煮米粥的方式据说是祖辈传下来的习惯，在米粥煮至八成熟后，将灶火熄灭，然后用冷开水冲稀后食用。据村民介绍，以前是用冷水冲稀，现在大家觉得用冷水不卫生，所以改用冷开水，但是村里上年纪的老人们还是习惯使用冷水。除了米粥之外，村里人还喜欢吃一种名为"hou"（黎语）的肉粥，是用煮肉之后的汤和干饭一起搅拌而成。酸菜是人们吃饭时主要的菜肴，根据用料和制作方法的不同，分为"nan'sang"（南桑）、"nan'sang'ding"（南桑定）和"nan'sang'liu"（南桑流）。过年过节、婚丧嫁娶时，煮白肉是必不可少的，有时也是唯一的一道菜，经过水煮的猪肉、牛肉或者鸡肉蘸着盐巴、辣椒食用。黎族不论男女都喜欢喝酒，家家都备有自酿的米酒，逢年过节更是要提前准备，酿好一坛坛的米酒用来招待客人、朋友。西方村的黎族同胞酿的米酒主要有两种：一种是用大米酿的酒，黎语叫"pao"，入口清淡，不上头；一种是用糯米酿的酒，叫黎语"bing"，入口略带甜味，酒的后劲较大。由于糯米的产量远低于大米，所以糯米酒相对米酒就略显珍贵，平常是不喝的，家中来了贵客，主人才会端出糯米酒。

居住。随着生活条件的改善，村民不断地进行房屋翻新，加之政府旧房改造工程的持续推进，西方村传统的黎族茅草房已经消失殆尽，站在地势较高的村民家的屋顶向四周眺望，基本上看不到传统的茅草房，仅有的一两处也被废弃，即将倒塌。大部分房屋都是坐南朝北，但是房屋的建筑密集度很高，房挨着房，村内的通道都是房与房之间的羊肠小道。砖瓦房多数都是 20 世纪 80—90 年代的建筑，白墙黑瓦；平顶房是近年来慢慢流行起来的新式建筑风格，稍微早一些的都是石灰墙，新建的平顶房有的还贴上了瓷砖、瓷瓦；还有几栋二层小楼，比较旧的是 20 世纪 80 年代在挖金矿的风潮中致富的村民所建，这种楼房外墙多是采用水磨石，楼梯在室外，新建的楼房是村民外出打工挣钱回来所建，有的明显带有欧式建筑的风格，采用雕花门柱、错层阳台等建筑形式。

西方村村民基本上每家都有电视机、风扇，配套安装有电视信号接收器，大部分家中还有音响功放、影碟机等家用电器，室内家具包括席梦思床、木艺组合沙发、衣柜等，生活条件较好的村民家中有煤气灶、电饭煲等厨房用具。村内的生活用水都是井水，井水没有经过消毒直接取用。有的水井盖了井盖，有的水井直接暴露在外，雨水、树叶、灰尘等都会飘入井中。以村副主任符其新家所用水井为例，这口井是政府2005年援建的一口水井，直径有3米，深40米，是村内最大的一口井，供周围二十几户的村民使用，井的边缘排满了大大小小的抽水管，刚开始的时候水井上没有覆盖任何东西，后来大家才凑钱做了一个铁丝盖，盖在上面防止树叶等大片的东西掉进井中。

交通。西方村村内有一条环绕村子的水泥路，虽然宽度仅有1米左右，但是给村民的出行带来很大方便，从村子到东河镇同样修建有水泥路，交通比较便利，从东河镇可以方便的搭乘三轮摩托车到达西方村，村内也有几户是以运营三轮摩托车为生。此外，为了便于外出打工，村里的男性劳动力一般都有自己的摩托车。调查中，我们还了解到村内有几户人家购买了小汽车，虽然是二手车，但是在西方村也是家庭经济富裕的体现。

（五）教育状况

西方小学是村内的唯一一所学校，1952年创办，1963年搬到现址，1987年建砖瓦式教学大楼，后来教学楼由于年久失修，2008年在原址上重新修建新的混凝土结构的教学楼。前面是一幢3层的楼房，用作教室，后面一幢平房用作老师的宿舍。学校设有六个年级，每个年级1个班，每班学生在20人左右。2010年开始，学校设立了学前班，招收村内的4—5岁的儿童。在校任教的10名老师中，来自本村的有3人，其他均为外村教师。调查中，我们了解到本村的老师在教学过程中，通常会使用本地黎语和汉语穿插进行教学。尤其是学前班的儿童，由于从小跟父母都是使用黎语交流，所以一般情况下都是由本村教师负责教学。虽然师资、教学设备较差，但是影响教学质量的关键是学生的学习态度。西方村村民在对待孩子的教育方面，都是采取放任自流的态度，认为小孩读不读书不是什么重要的事情，只要长大能够干活挣钱就可以了。小孩的父母每天忙于打工干活，早出晚归，有的时候出去打工十天半月不回家也是时常发生的，对孩子的照顾仅仅是关心一下他们是否有饭吃、有没有吃饱，至于孩子的学习情况通常不会过问，造成学生逃课、旷课情况严重。一般情况下，能够完成小学教育后升入初中的学生，仅仅占到应届学生的30%不到。

西方小学的对口中学是东河镇中学，学校紧邻东河镇政府，位于东河镇到西方村公路的路口处。学校距离村子很近，所以村内的初中生都是走读，另外也有极少数孩子会被家长送到东方市政府所在的八所镇的中学就读。通过对东河镇中学的调查，西方村的初中学生目前在校的仅有30多名，最近三年能够考上高中的每年仅有1人，其他学生要么中途退学打工，要么毕业后也加入了打工的行列。总体而言，教育在西方村没有形成风气，无论是家长还是老师，对于孩子的教育管理只是放任自流、听之任之，受到教育水平和生活环境的影响，孩子本身也没有远大的理想，看到周围年长的或者同龄人外出打工能够挣到钱，可以买喜欢的东西，他们就会产生盲从心理，认为与其面对枯燥的课本，不如外出打工挣钱。

（六）社区组织

西方村设立有党支部委员会（以下简称"村支部"）和村民委员会（以下简称"村委"）两大组织（以下简称"村委会"），办公地点位于西方村村口的道路右侧的一幢坐北朝南的房屋。村支部设书记、副书记各1名，支委委员3名；村委设主任1名，副主任2名，村委委员4名。村支部和村委共有10名村干部，其中1人兼任支委委员和副主任岗位，1人兼任支委委员和村委委员岗位。西方村现有8个生产互助小组，基本上沿袭了原来的生产队的划分，所以村民习惯上依然称为"生产队"，每个生产互助小组设有组长1名、副组长2名，村里的一些事务大部分通过"生产队"组织开展，例如扶贫物资的发放、农村养老保险收缴、入村水表的安装等。

村委会下设有"计划生育办公室"和"计划生育协会办公室"两个办事机构，负责全村的计划生育工作。村委设有两名专职负责计划生育工作的计生员，负责各自管辖的4个"生产队"有关计划生育的统计、上报，做好育龄妇女的查环、查孕管理工作。"计划生育协会"是协助政府动员广大群众参与计划生育的社会团体，设有会长、秘书长和中心户长，每个"生产队"设2名中心户长，负责日常联系各会员联系户，协助村委计生办开展计划生育政策的宣传教育，收集群众反映的意见和建议。

除行政组织外，按照祖先信仰的不同，在西方村黎族同胞中还有6个宗派组织，当地黎语称为"wo'peng"（窝蓬）、"beng'nie"（蹦涅）、"beng'ya"（蹦呀）①、"nan'de"（南的）、"wo'hen"（窝痕）和"ne'fu"（呢夫）。村内每个宗派都有一个祭祀祖先的"鬼屋"，供奉信奉的神位和祖先的排位。每逢重大节日，尤其是农历新年，每个宗派都会在鬼屋举行祭祀活动，告慰神灵和祖先。

---

① 此派又称为"gong'gai"（功盖）。

第二章

经济生产：从"计划"走向"市场"

中华人民共和国成立后，社会主义经济百废待兴。1950年海南岛解放后，西方村与全国一道开始了减租减息、土地改革、农业社会主义改造、人民公社化运动等计划经济体制改革。在计划经济体制改革的前期，农业生产得到了发展，但是由于生产中没有责任制，分配上实行平均主义，计划经济在一定程度上挫伤了农民的生产积极性，限制了生产力的发展。1978年12月中国共产党十一届三中全会的召开，吹响了农村土地制度改革的号角。1981年9月，在东方市政府的推动下，西方村实行了包产到户的"大包干"生产责任制。由此，开启了经济体制的市场化转型，调整后的生产关系释放了生产力，市场经济的发展使得社会分工不断细化，打工经济乘势兴起，产业结构得到了调整，农民收入显著提高。西方村在经济制度从"计划"向"市场"的转型过程中，农业生产技术逐步提高，产业结构实现了由一元向多元的转变，农民从挨饿实现了温饱，并逐步向小康迈进。

一 计划经济时期农业经济初步发展

中华人民共和国成立之初，西方村的黎族同胞生活困苦。由于没有水利灌溉，农业生产条件非常差，农作物收成的丰歉决定于当年的降水量，西方村所隶属的东方县曾被形象地称为"三瓜县"——主粮靠地瓜，什粮为南瓜，菜蔬是西瓜皮。① 1954年的黎族社会调查，这样描写西方村的

---

① 东方县农业区划委员会编印：《东方县农业区划报告集》（内部资料）1985年，第176页。

经济状况：黎族同胞"主要开垦河谷平原的低地为农田，坡地很少利用"，并且"约有80%的田只能年种一造，仅有20%的田可一年两造"，"黎胞还砍山种山栏稻，其比重也不算小"，因为没有坡地的开垦，所以"杂粮不多（如花生、番薯等），果类也很少（只有杧果、菠萝和芭蕉）"。村内黎族同胞的生活普遍较为困难，"一旦遇到荒歉的年月，生活更苦"。[①] 农业生产靠天吃饭，经常食不果腹。困难时期，村民甚至上山砍木材，用牛车拉到距离村子80余公里以外的八所镇、四更镇上贩卖，换取红薯干等粮食充饥。可见，西方村的农业经济在中华人民共和国成立之初还非常落后，一方面的原因是外部环境的影响，另一方面山栏稻的广泛种植，也说明当时的村民并没有掌握先进的农业生产技术。

（一）黎族传统稻作农业的生产方式

刀耕火种是黎族传统的旱稻生产方式。"黎族古代稻作农业生产活动，普遍始于'山栏'旱稻的种植"[②]，这种旱稻种植方式称为"砍山栏"。在相当长的历史阶段中，"砍山栏"是海南黎族小农经济的一种主要生产方式，明代顾岕曾载"黎俗，四月霁晴时，必集众砍山木，大小相错。更需五七日，酷烈则纵火，自上而下，大小烧尽成灰，不但根干无遗，土下尺余，亦且熟透矣。徐徐转锄，种棉花又曰贝花。又种旱稻，曰山禾……连收三四熟，地瘦，弃置之，别择他所"。[③]"砍山栏"的具体过程：一般是每年元月份时在岭脚山腰选择一块肥沃的灌木林地，然后在选定的地段四周用小木桩或者木棍"打标"，围成"山栏园"。等到2—3月份，用钩刀将"山栏园"里的灌木、杂草以及大树的树枝等砍除，晾晒几日后焚烧，再将烧成的积灰作为土地的肥料。播种时用一条经过略为削尖的硬木棍，用力在地上凿出一个小洞，将几粒稻种撒进去，随后覆盖薄土即可。"山栏园"种植1—2年后，土地的肥力变瘦后即抛荒，另外再选择地块。丢荒的土地经过3—5年的休养又可复砍。如此砍山、丢荒、复砍，就是轮休式的"刀耕火种"旱稻生产方式。种植的山栏旱稻一年一造，砍山、守园时村民往往是全家出动，"安营扎寨"，驻守在山栏园

---

① 中南民族学院本书编辑组：《海南岛黎族社会调查》，广西民族出版社1992年，第406页。

② 陈立浩、于苏光主编：《中国黎学大观》（历史卷），海南出版社2011年版，第183页。

③ 符兴恩：《黎族·美孚方言》，银河出版社2007年版，第294页。

中。山栏稻种经过黎族人民的长期选育，成为适应性很强的旱稻品种。据1955年在乐东县的调查统计，山栏稻的不同品种有21种之多。山栏稻耐旱、耐虫害、抗倒伏、节省人工，基本上无须特别管理，一般年景的收获与种子之比为20∶1①。

牛踩田是黎族传统的水稻生产方式。史书曾载："其耕田，多集齐七八头入田践踏，使田泥糜烂，然后插秧。"②无论是水牛还是黄牛都可以用来踩田，黄牛比水牛踩得快，但是由于黄牛怕深水，所以一般深水田都是用水牛踩踏。用牛踩田时，人们牵着牛群在田中来回践踏，至泥土松烂即可。中华人民共和国成立前，"用牛来踩田的极普遍；但最近10多年来，为数已很少"。③引入了汉族的犁耙技术后，牛踩田的方式只有在耕作深泥田或者木耙不易耙的硬块地时才使用。使用木犁木耙或者木犁竹耙，虽然这种犁耙犁田浅，耙田粗放，但是其效率也要比"4头牛踩1天，仅能踩1亩"的效率快几倍。④

稻谷的脱粒方式有三种：脚踩脱粒、木杵脱粒、牛踩脱粒，其中牛踩水稻是主要的脱粒方式。水稻收割后，将稻穗挂在村子外围晒谷场的晒谷架上，人们将晒干的稻谷从排架上卸下"在谷场里把稻把叠摆成一个二三层高的圆圈，稻穗一律向内，接着往内再一圈一圈的竖着摆放稻把，直至把稻把摆满圆圈"。⑤摆好之后就把水牛赶到上面，每头牛上骑个男孩，掌握牛的方向，再有一个大人手执木叉站在中央，指挥牛踩的路线并负责在牛要便溺的时候将牛赶下场。"踩完这样一个稻把圈，一般情况下要花四五天的时间"，在这期间人们除了吃饭、睡觉，其余时间基本上都要在晒谷场上，效率低下。

传统的生产工具主要有：钩刀、铁锄、铁犁、镰刀、手捻刀、铁铲，以及竹制、木制的工具。

犁耙，由牛轭和爬架两部分组成，对半剖开的12根约长130厘米、有

---

① 苏英博、梁定基、符泽辉等主编：《中国黎族大辞典》，中山大学出版社1994年版。
② 陈立浩、于苏光主编：《中国黎学大观》（历史卷），海南出版社2011年版，第182页。
③ 中南民族学院本书编辑组：《海南岛黎族社会调查》，广西民族出版社1992年版，第202页。
④ 同上。
⑤ 符兴恩：《黎族·美孚方言》，银河出版社2007年版，第302页。

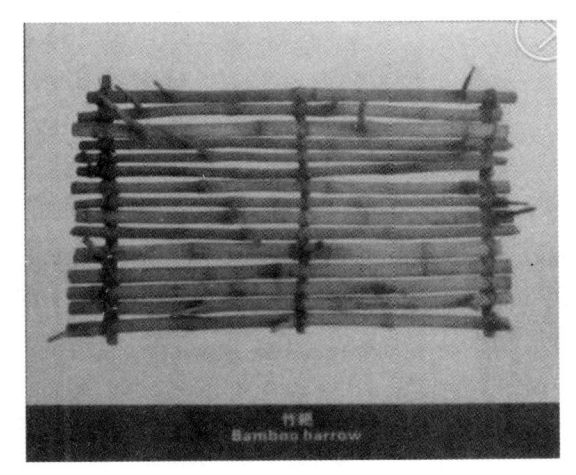

图 2-1　竹耙①

图 2-2　犁铧②

3 个竹节的竹片,每个节眼留长 15 厘米的竹枝作为耙齿,用两根各长 120 厘米、直径 7 厘米左右粗的木棍在其头尾捆绑成竹筏状。竹耙主要用于旱

---

① 因村民传统稻作使用的竹耙已经不存在,故借用作者拍摄于中南民族大学博物馆的图片。
② 作者现场拍摄。

天、坡地土块破碎及清除杂草。使用时把牛轭绑牢，在竹耙上压几块石头加大重量，用牛拉着在地里来回拖拽。① 犁铧的前头部分是铁制，在耕田时起到破土、翻土的作用。1958 年，为了提高耕作效率，镇上的农科站曾经在西方村推广过双轮双铧犁，需要用两头牛拉犁，但是因为双铧犁太重，而且不能适应村民的耕作习惯，又被放弃。

图 2-3　锄头②

锄头，锄柄长约 150 厘米，锄头的铁头分为大小两种。铁头小的锄头用于播种挖坑、挖木薯、挖蕉芽，或用作水田除草，使用频率高。铁头大的锄头，只是在挖沟、打垄等大面积操作时才会用到，使用频率低。

手捻刀长约 17.5 厘米，宽约 8 厘米，用一片长 4.5 厘米、宽 1.2 厘米的铁片，镶在一片直径 8 厘米、高 3 厘米、厚 0.5 厘米的半弧形木片里，木片被一根一头尖、长 17.5 厘米、直径 1.2 厘米的竹子，夹在竹槽里。黎族有刀耕火种这种生产方式，手捻刀是用来逐穗收割山栏稻。水稻收割是用类似于小刀的手捻刀，只把从稻穗根起的整个稻穗割下，留下稻棵。割好的稻谷捆成直径 15 厘米左右的稻捆，用扁担或牛车运回村子。镰刀的样式与汉族地区的镰刀相同，只是村民更加习惯使用短柄的镰刀，这个习惯也是源于使用手捻刀。

钩刀，前端长约 20 厘米、宽约 4 厘米，木柄长约 50 厘米，刀锋的前

---

① 符兴恩：《黎族·美孚方言》，银河出版社 2007 年版，第 306 页。
② 作者现场拍摄。

第二章　经济生产：从"计划"走向"市场"　　53

图 2-4　手捻刀①

图 2-5　短柄镰刀②

头留有倒钩。钩刀是村民上山、下田时会将其放置在随身的腰篓中携带，用来砍柴或清除障碍物等。如今，村民虽然仍旧使用钩刀，但是只有年长

---

① 因村民传统稻作使用的手捻刀已经不存在，故借用作者拍摄于中南民族大学博物馆的图片。
② 作者现场拍摄。

图 2-6　钩刀和扫耙①

的老者才会随身挎腰篓、带钩刀。扫耙，分为竹制和木制两种。竹制扫耙的前头由 8—10 片宽约 1 厘米的竹片制成，齿间细密；木制扫耙前头是在一块长约 70 厘米的木条上，凿 8—10 个间距 3 厘米左右的凹槽，然后嵌入木块，齿间稀疏。扫耙的主要用途是晒谷。

中华人民共和国成立之初，黎族还习惯于"日出而作，日落而息"的小农经济生产。他们居住在低矮的茅草房中，屋里"三块石头支个锅，一根竹竿挑起全副家当"。"在封闭的自然经济影响下养成了一种低水准、低目标的自我平衡价值观，人们求进取、重积累的观念十分淡薄"。② 从而形成"饲养为吃用，种田为温饱"的普遍经济生产观念。

（二）计划经济时期解决了温饱问题

计划经济体制下，农业生产基本能够满足生活需求，但是"三年自然灾害"时期，经济曾遭受困难。1958 年，西方村所在的西方乡成立人民公社，西方村改名为"先锋大队"，实行"一大二公"③ 的生产、分配政策。在当时全国大炼钢铁的号召下，村民们把山上的树木几乎砍光了，烧制炼钢用的木炭。加之生产上的"大跃进""浮夸风"，西方村的农业生产受到影响，经济遭受困难。

符 YG（男，1955 年出生）：村子里 1960 年、1961 年饿死过人。

---

① 作者现场拍摄。
② 陈立浩、于苏光主编：《中国黎学大观》（历史卷），海南出版社 2011 年版，第 236 页。
③ "一大二公"就是中共中央在社会主义建设总路线的指导下，于 1958 年在"大跃进"运动进行到高潮时，开展的人民公社化运动两个特点的简称。具体指：一是人民公社规模大；二是人民公社公有化程度高。

当时一个人一顿饭领一火柴盒米,还不到 1 两。一个生产队的是一起煮饭吃,每次装一碗。没有种经济林、水果。坡地上种地瓜,山上种山栏当口粮。

1962 年,中央发布《关于改变农村人民公社基本核算单位问题的指示》,文件规定"农村人民公社一般以生产队为基本核算单位,至少 30 年不变"①,将组织生产和进行分配的单位统一起来,在一定程度上解决了人民公社的严重平均主义,恢复了农业生产,同时政策的放松也使得家庭副业开始复苏。

当时的村支书符 WJ 记得,当年生产资料归还生产队的时候,还恢复了村民的自留地,生产生活情况得到了改善。生产队组织生产和分配的模式,从 1962 年起一直持续到改革开放,村里人除了做完集体的农活,还可以开荒种自留地、搞家庭副业。只是在"文化大革命"期间,在"抓革命、促生产""不能脱离岗位搞革命"的思想指导下,关于自留地和家庭副业的政策有些反复。1966 年"文化大革命"开始不久,村里就取消了自留地和家庭副业,统一交由生产队管理。后来,到了"文化大革命"后期,村里又慢慢恢复了这一政策。

表 2-1—表 2-4 所示是西方村第一生产队的人口及晚造②产量统计表。数据显示,1976 年第一生产队共有 57 户,人口 245 人(其中男 112 人,女 133 人)。生产队的劳动力人口 91 人(其中全劳力 82 人,半劳力 9 人),无劳动能力 154 人。当年水稻晚造种植 254 亩,产量 77839 斤,平均亩产约 300 斤。除了留种、上交公粮外,生产队分配的口粮有 43540 斤,下半年按 7 个月计算,人均每月 25 斤口粮。另外,种植花生 91 亩,产量 2663 斤,按照劳动力人口分配,每人 29 斤。当时,生产队的生产资料还有牛 38 头(其中水牛 21 头、黄牛 17 头),用来下地的耕牛 16 头;一部脱粒机、一部手摇风谷机。对比"70 年代后期,全国农村有 1/3 的人不能解决温饱问题"③,西方村黎族同胞的生活水平在当时相对较好。

---

① 唐正芒:《毛泽东与农村人民公社所有制及基本核算单位的演变》,《现代哲学》2008 年第 6 期。

② 造,指稻子等作物从播种到收割的次数。有一年一造,一年两造。其中一年两造又分为早造和晚造。

③ 李海新:《建国后中国共产党农地政策研究》,博士学位论文,东北师范大学,2007 年。

总体来看，计划经济体制下，西方村农业生产组织的建立集中了劳动生产力，大力开展农业水利设施建设、农业生产技术改造等发展生产，粮食种植产量增加，农业经济得到了初步发展。

表 2-1　　　　　1976 年第一生产队人口情况统计表①

家户数	人口数	男	女	劳动力数量			无劳动能力
				合计	全劳动力	半劳动力	
57 户	245 人	112 人	133 人	91 人	82 人	9 人	154 人

表 2-2　　　　　1976 年第一生产队拥有畜力和机械工具情况①

种类	数量	水牛	黄牛	可用耕牛
牛	38 头	21 头	17 头	16 头
脱粒机	1 部	—	—	—
手摇风谷机	1 部	—	—	—

表 2-3　　　　　1976 年第一生产队晚造农业产量统计表②

种类	种植面积	作物产量	亩产量	使用种子量	平均每人产量
水稻	254 亩	75609 斤	299 斤	10000 斤	317 斤
山栏稻	—	2220 斤	—	—	
花生	91 亩	2663 斤	29 斤	—	—

表 2-4　　　　　1976 年第一生产队晚造分配情况统计表②

公粮	还种子	上交大队	机动	生产队分配	平均每人每月分粮
17032 斤	3500 斤	496 斤	1000 斤	43540 斤	25 斤

（三）社会主义改造实现了集体化生产

农业社会主义改造的政策和阶段包括：初级社，入社的土地一律评定产量，社员收益分配按土地和劳动比例分红；高级社，取消土地分红制，生产资料归集体所有，只留少量的自留地和房前屋后的零星树木归社员所

---

① 数据资料来自时任村支书符 WJ 工作笔记。
② 数据资料根据时任村支书符 WJ 工作记录统计，经核算个别数字有些小出入。

有。高级社,下设若干农业区,农业区下设若干生产队或作业组,实行"三包一奖"(包产量、包工分、包成本和超产奖励)的生产责任制;人民公社,一切生产资料归公社所有,可以无偿调拨原农业社和私人的财务,设立公共食堂,实行吃饭不要钱的基本生活供给制;公社转生产队,将土地、劳动力、畜力、农具等生产资料归给生产队使用,推行"三自一包"(自负盈亏、自由市场、自留地和包产到户)的政策,同时解散公共食堂,粮食由生产队集中管理,社员口粮计划到户,采取按劳计酬的工分制。

农业社会主义改造实现了农业集体化生产。据《东方县志》记载①,1955年,西方村所在的东方(小)县,开始按照中央《关于发展农业生产合作社的决议》精神,组织建设以常年互助组为基础试办农村生产合作社的工作,初级生产合作社,多为一村一社;同年,根据毛泽东同志《关于农业合作化问题》的讲话精神,搞初级社转高级社试点工作,至1956年年底,东方(小)县入社农户占全县农户的93.3%,基本上完成了农业的社会主义改造。1958年,人民公社化运动的开展,开启了黎族社会主义大生产的序幕。根据《关于在农村设立人民公社问题的决议》,东方(小)县划为东方、石碌两个人民公社,西方村改名为"先锋大队",取代了农业生产合作社,实行"一大二公(公社规模大、公有化程度高)、政社合一,工、农、商、学、兵五位一体"的体制。1962年春,中央发布《关于改变农村人民公社基本核算单位的指示》,将以公社为基本核算单位改变为以生产队为核算单位。

>符YG(男,1955年出生):当时村子里是8个生产队,一个生产队的劳动力男女一起有50—60人。一天的工分满分是12分,半天是5分,晚上加班是2分,欠了工分年底分粮食就少。分粮食是根据生产队的收成来的,除去上缴国家公粮、留种、备用粮,剩下的粮食除以全年的工分,就是每个工分应该分得的粮食。牛和羊都归生产队饲养,犁、耙这些工具都是生产队的,大家用的时候去领,镰刀是自家的。

---

① 海南省东方市史志编纂委员会编:《东方县志》,新华出版社2011年版,第217—218页。

社会主义改造初期建立的初级社制度，满足了集体经济的共同发展，适应了传统落后的农村自耕方式的生产力水平，实现了以生产资料公有制为基础的农业合作经济转变过程，在发展生产、帮助后进等方面起到了良好的推动作用。但是，从初级社到高级社的转制阶段，由于操之过急，没有充分考虑农民的接受度，加上干部管理水平不高等原因，曾出现社员要求退社的现象，这说明制度的推行如果不充分考虑群众基础和实际情况，会带来非常消极的影响。特别是，人民公社化运动，企图利用绝对平均主义分配制度、政社合一、军事化管理等一系列强化了的行政手段来统一加快实现经济发展，这种生产关系反而破坏了生产力的发展，对农业生产、经济发展造成了沉重打击。同时，也要看到农业的社会主义改造对黎族经济社会发展带来的正面作用，正是在这一过程中，黎族地区推广了先进的农业种植技术、兴修了农田水利等，促进了黎族与汉族地区的交流，为农业生产发展奠定了基础。

（四）生产技术推广提高了农业生产效率

耕作技术的推广，提高了生产效率。传统农业耕作，犁田都是使用牛耕，虽然有时也会用黄牛拉犁，但是水牛比黄牛下田有力，村民们习惯上使用水牛。土地的整理一般是二犁二耙，村里上年纪的老人介绍，头道犁黎语称为"lai'wo'ang'da"（朗窝盎大），头道耙称为"bie'tui'wo"（别忒窝），二道犁称为"zui'da"（咀达）。经过犁、耙后，就是晒田的环节，然后就可以灌水、插秧了。

> 符SQ（男，1939年出生）：1958年东方县农科站的同志曾经到村里推广过双轮双铧犁，需要用两头牛拉犁，双铧犁太重，大家用起来不习惯，掌握不了，就还是用一头牛拉的犁。现在使用了手扶犁田机，大家还是习惯了用牛耕的时候，犁两次，耙两次。

水稻育秧技术的推广，提高了秧苗成活率。水稻育秧一般经过浸泡、催芽、育秧等环节。稻种要先用清水浸泡使其发芽，早造的时候如果天气冷，还要用温水对浸泡的稻种催芽。种子发芽后拿到秧田里育秧，秧田的选择通常是离水源近、排水好、土壤肥的小块水田。

符 SQ（男，1939 年出生）：1958 年人民公社的时候，用的是原来的稻种（占城稻），一亩田育秧要用 30 多斤的种子，产量却只有差不多 500 斤。播种前，要将种子先泡 2 天 2 夜，然后再用篓子背到地里育秧。插秧时，一次要插四五株。现在的杂交稻用的种子量少，育的秧苗一次插一两株即可。

水田灌溉技术的推广，提高了水源利用率。水田采用"分级排水、分级灌溉"的方式，在相邻两块地势高低的稻田田垄底部有个掏空的圆洞，圆洞的直径刚好可以放入一个中空的竹筒。灌溉的水顺着稻田之间的落差，经过田垄中的竹筒洞流下。当地势最低的稻田已经灌满所需水量的时候，就将这一级的竹洞封死。然后，在上一级水田中蓄水，完成后再堵住本级的竹洞。依此类推，完成全村水田的灌溉。如果是在雨季，雨水太多，影响水稻的生长，还可以利用田垄中的竹洞，进行分级放水。

肥料使用技术的推广，提高了粮食产量。砍山栏种山栏稻的时候，是"燔林成灰，因灰为粪"，所以黎族传统农业中并没有施肥的观念。村民们介绍，中华人民共和国成立前后，他们耕地的时候只有在翻地之前，才向稻田里施基肥，只有特别贫瘠的土地，在水稻生长过程中偶尔才会施一些追肥。肥料主要是牛粪、猪粪的堆肥，人们将其收集到篓子里，然后背到田里施肥。直到 20 世纪 70 年代，人们才开始使用尿素肥，现在人们已经开始普遍使用化肥、农药等农资，并且这些农资在距离村子不远的东河镇上就可以购得。过去被村民广泛使用的牛粪、猪粪等堆肥，作为绿色肥料，利于土壤肥力的改良，价格要高出市场上的普通化肥许多，村民们都留下来卖给附近的香蕉种植园。

（五）水利设施建设改善了农业生产条件

"早在 20 世纪 50 年代，黎族地区就从大搞'千塘万井'运动开始，渐渐发展到封堵江河、兴建永久性引水水利工程。"[①] 1954 年的调查记录记载："当地目前主要靠在山边修建一些水坝蓄水，可是并不能解决全部水田的灌溉问题。不过，农建科准备在西北方的山麓另筑一个可灌溉 500

[①] 陈立浩、于苏光主编：《中国黎学大观》（历史卷），海南出版社 2011 年版，第 140 页。

亩水田的小型水利。"① 这里所说的水坝，即是现在村民们口中的"西方水库"。西方水库位于西方岭山脚下，村子的正西位置。据村民介绍，西方水库是1953年修建的，是村里人在原来的自然地貌的基础上挖深、拓宽、筑坝而成。前文所讲"准备在西北方的山麓另筑一个……小型水利"，即是现在的"青梅水库"，这个水库是1955年建成，与西方水库相同，水源也是靠雨季蓄水。青梅水库的建成距离1954年的调查仅有一年的间隔，一方面体现了当地政府对于农田水利建设的重视，另一方面可见水利设施建设对于西方村农业发展的重要程度。"西方水库""青梅水库"这两个小型水利，让西方村的农业生产摆脱了靠天下雨的困境，在一定程度上缓解了农业用水的问题，但是并没有从根本上解决用水难题。随着天安水库的建成，才从根本上解决了灌溉用水问题。1959年，政府组织人力在西方村的上游天安乡修建水库，村里的劳动力也被安排出工。天安水库建成后，从水库至西方村修建了灌溉渠，引天安水库的水灌溉农田，由于农业用水有了保障，从此西方村农田基本上得以一年种两造。

  符GX（男，1958年出生）：自从引天安水库的水后，每年早造灌溉的时候，每个生产队都要安排人看管水门，不让其他村或其他队的人偷水。每家要派出1人，大家带着睡觉用的被褥就地睡在各自看管的位置，吃饭是家里人送过去。分水灌溉的时间，是8个生产队抽签决定的先后，看水门的位置也是各家各户抽签决定，各队的队长到处看，要负责监管。用水的费用是灌溉一亩地交给水库20斤稻谷。

  符GX所讲的引水灌溉方式大约一直持续到1998年。1998年以后，随着天安水库周围的农田开始逐渐被承包，大面积种植香蕉，这些香蕉种植园与下游村子的用水矛盾不断加剧，导致下游村子的灌溉用水越来越少。2002年前后，天安水库的水再也不能灌溉西方村的农田，农业生产似乎重新回到了那个靠天下雨的时代。为了解决这个问题，政府出资在村子的周边打了5口水井，用来灌溉，但是对于村里的几百亩农田来说，这些水井仅仅是个摆设，根本无济于事。

---

  ① 中南民族学院本书编辑组：《海南岛黎族社会调查》，广西民族出版社1992年，第406页。

二 市场经济时期经济结构实现调整

(一) 市场化改革推动了第一产业多元化

随着市场经济的建立和发展,西方村在发展传统农业作物种植的基础上,积极种植橡胶、剑麻等经济作物,吸收和改良杧果、香蕉的种植技术及作物品种,在扩大种植面积的同时,提高了经济效益,目前,西方村大面积种植的经济作物主要为橡胶、小叶桉、杧果、香蕉、甘蔗等。

表 2-5 中备注有"外商",为村内土地流转租赁给外来承包商所种植的面积。从统计数据中可以看出,西方村粮食作物的种植以晚稻为主,95%的水旱田无法一年两造①种植,土地利用率低下;糖蔗生产作为一项经济作物,种植面积很少;另据调查了解,当地水果产品的种植以杧果为主,香蕉、杨桃以承包商种植为主;蔬菜种植不能满足日常生活需求,多数村民的蔬菜以市场购买为主。

表 2-5　　　　　　西方村 2012 年农业生产统计表②

作物种类		播种面积(亩)	备注
粮食作物	早稻	89.71	
	晚稻	1901.36	
	糯稻	100	
甘蔗	糖蔗	15	
	果蔗	2	
水果产品	杧果	1130	
	香蕉	1073	含外商
	龙眼	100	
	杨桃	70	外商
	木瓜	470	

---

① 造,指稻子等作物从播种到收割的次数。根据自然环境和作物成熟期,有一年一造、一年两造甚至一年三造之分。

② 数据来自西方村农村经济统计手册。

续表

作物种类		播种面积（亩）	备注
热带作物	橡胶	300	
	椰子	6	
蔬菜		20	
其他作物	木薯	960	

近年来，西方村在发展热带作物种植方面热情高涨，2017年调查统计，香蕉、杧果等热带水果的种植已经达1700多亩，种植橡胶1500余亩。

改革开放后，西方村的畜牧养殖开始逐渐发展，包括饲养牛、羊、猪等家畜和鸡、鸭等家禽。虽然地处昌化江的下游，但是由于距离河流及大型水库等较远，西方村历史上不存在渔业养殖，只是在改革开放后，有村民承包西方水库用来饲养鱼苗，后来因为没有什么经济效益以及西方水库的逐渐缩小，也放弃了承包。

西方村农业产业由一元向多元的转变，给西方村的经济发展带来了活力，村民的生活得到了大幅度的改善。尤其是2006年国家取消农业税，村民们没有了后顾之忧，更加提高了发展种植、养殖业的积极性。村民们说，现在种粮食只要能够满足日常需要就可以了，更多的精力可以用来搞其他生产。但是在转变过程中，经历了从政府引导到自发经营的过程，这个过程也体现出从"计划"向"市场"转型过程中，村民的市场观念正在逐渐增强，市场化对于村民提高生产技术起到了推动作用。

1. 发展特色林业谋求长期受益

西方村的特色林业主要以橡胶树和小叶桉树种植为主。当地的气候条件、土壤条件都适宜种植。橡胶树以收割橡胶获取经济收益，小叶桉则是造纸的主要原料。从生产周期看，橡胶树一般6—7年可以割胶，小叶桉生长4—5年后，即可砍伐。对于这两个树种的种植经历了政府鼓励和自主发展两个时期，从这两个时期进行对比，可以发现村民的市场化概念也经历了从无知到自觉的过程，体现出市场经济观念在黎族同胞中正在建立。

政府鼓励时期，市场收益不明显，积极性不高。西方村种植小叶桉始于1992年。在符WJ的工作笔记中，还清晰地记着当时他所在的生产小组造林农户领取树苗的名单。

从表 2-6 中可以看出仅是符文进所在的生产小组，1992 年 5—6 月领取桉树苗总数合计 13.68 万株。桉树苗是由政府免费提供的，此外政府还提供砍山费、机耕费、肥料费等补贴，按照当时桉树苗市价 0.054 元/株[1]，树苗款为 7387.2 元。当年，全村的造林面积就达到 3000 亩。

表 2-6　　　　1992 年第一生产小组农户领取桉树苗统计表[2]

时间	批次	姓名	树苗数（万株）	合计（万株）
1992 年 5 月 18 日	第一批	符仁订	1.80	10.92
		符才辉	1.20	
		符金安	1.92	
		符文进	6.00	
1992 年 6 月 5 日	第二批	符仁订	0.78	2.76
		符才辉	0.39	
		符金安	0.42	
		符文进	0.39	
		符英禄	0.39	
		符才位	0.39	

符 WJ（男，1943 年出生）：当年，就是村子里播放电影的时候，我在广场上向村民传达国家鼓励造林种植桉树的政策。

符 WN（男，1959 年出生）：1992 年，大家听了村里的号召，都去植树造林，为了完成国家下达的造林任务。

20 世纪 80 年代包产到户后，为鼓励村民种植，政府除免费提供橡胶树苗外，还对种植橡胶树实行补贴，高标准种植的是 80 元/亩，其他的是 50 元/亩。但是，从图 2-7 看，村内种植橡胶树的农户并不多。

图 2-7，记录的是 1985 年西方村村民种植橡胶树的情况，当时仅有 8 户村民种植橡胶树，种植植株 1550 棵，面积总共 39 亩。

---

[1] 1992 年政府发放桉树苗的单价为符 WJ 工作记录。
[2] 数据根据时任村支书符 WJ 工作笔记整理。

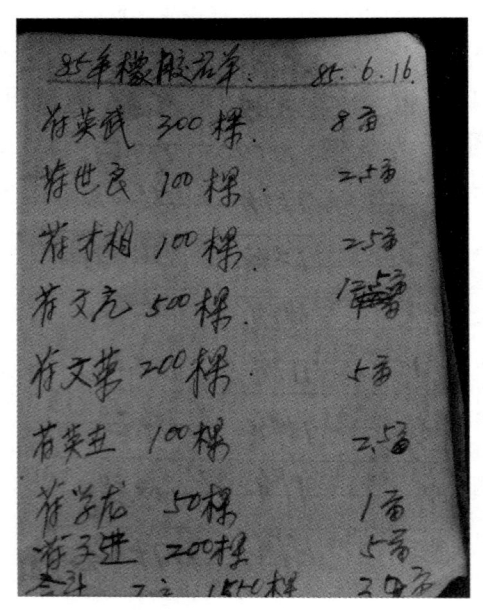

图 2-7　橡胶种植记录①

　　从上述的记录中可以看出，为了鼓励村民发展橡胶树和桉树种植，政府在政策上给予了相当大的优惠，除了提供免费树苗外，还对肥料、机耕等种植过程实行补贴。但是，由于当时市场的收益并不高，村民没有积极性。因为当时海南当地掀起了一场种木薯的热潮，村民为了种木薯，甚至把已经成活的树苗砍掉。

　　从村民的角度可以看出，改革开放之后市场经济从宏观层面已经影响到村民的经济生产，造成他们盲目跟风；也可以看到村民对于短期的市场收益是非常看重的，一方面家庭生产责任制的改革意味着他们要学会自我谋生，从而能够尽快得到收益是他们最看重的，另一方面受到自身知识和对市场情况的了解渠道所限，他们并没有对预期收益进行判断的能力。同时，从政府的角度可以看出，计划经济体制改革后，政府仍然习惯于使用计划的手段干预村民的经济生产，而不是从村民的需求角度出发，提供政策支持，从而导致事与愿违；另一方面政府希望能够引导村民发展经济，但是仅仅是从政策的角度给予优惠是不够的，应该在产业发展的预期上对

---

①　图片资料来自时任村支书符 WJ 工作记录。

村民进行宣传。

自发种植时期，村民计算经济账，主动发展。自 2004 年，海南洋浦经济开发区创办造纸厂以来，对于桉树的需求不断增多，收购价格也在逐年提高。看到这一形势，村民们自发种植桉树的积极性也越来越高，不断扩大桉树的种植面积。近年来，桉树收购价格仍在上涨，2011 年与上一年相比每吨上涨了 80 元，达到 380 元/吨。

> 符 ZQ（男，1965 年出生）：洋浦那边建了一个造纸厂，造纸需要原料，大家看到有钱赚，就跟着种桉树。去年的树苗是 1 毛 5 一株，我种了 5 亩树，一亩种 150 棵。桉树要种五六年才能砍伐。我的树今年刚刚砍完，一亩地可以有 20 吨。树有人专门来收，收购价一吨是 240 元。砍树要申请，有证以后才能砍，办证还要交费。

桉树的两个轮伐期是 12 年，每个轮伐期每亩可以收获 10 吨木材，每亩桉树共可以收获 20 吨木材。2012 年的收购价格是 340 元/吨，扣除砍运费 80 元/吨，缴纳育林基金 20 元/吨，一亩桉树木材的收入是 240 元。即按照 2012 年的价格为不变价计算，每亩桉树的收益为 4800 元，平均每亩每年收益 400 元。以符 ZQ 的 5 亩桉树林计算，总收益为 24000 元。

目前村里能够割胶的橡胶树不多，大部分的橡胶树的树龄都在 4 年左右。由于没有掌握橡胶树的嫁接技术，所以村民购买的都是已经嫁接好的橡胶树苗。在村民看来，橡胶树属于长远投资，种橡胶树只是在头两年需要浇水定根、除草，树苗存活后不需要进行日常管理，不影响人们外出务工。

> 符 WN（男，1959 年出生）：我的地原来种的木薯，种木薯太累，现在也挣不到什么钱，去年就决定把木薯全部砍了，种其他的。后来听别人讲，最近几年橡胶的收购价格不断在涨，陵水那边别人很早种的橡胶，都发财了。橡胶树不用费什么力气，就是头两年要浇水定根、除草，树苗活了，以后只用除除草就可以了。现在都在外面打工，没有时间管理，种橡胶正好省事了。我这块地，种了 300 株，也是为了后代。

关于种橡胶的成本收益情况。通过调查,可以大致计算如下。2010年橡胶树苗的价格是7元/株,种植前请专人打洞的价格是2元/个。当时,符WN种植了300株橡胶树苗,共花费2700元。假设当年种植,第二年可以收割,按照一般一棵橡胶树一年可以产胶3公斤计算,共可以收胶900公斤。2011年,橡胶的市场收购价是1.2万元/吨,那么卖胶的收入有10800元。如果按照30年的割胶期,共计收益324000元。当然这样的计算只是为了推算种植橡胶的收益,并非实际的收益。橡胶的收割一般要等6—7年的时间,其间由于台风、干旱等天气原因,树苗的成活率大概仅有50%。即便如此,也可以看出种植橡胶树的收益还是相当可观的。

2. 种植热带经济作物紧跟市场需求

木薯适应性强,耐旱耐瘠,在年平均温度18℃以上,无霜期8个月以上的地区,山地、平原均可种植。据西方村村民介绍,木薯最早是在广西、广东种植,后来传入海南的,种植木薯主要是用作动物饲料的加工原料。

符ZX(男,1960年出生):过去各家都少量种有木薯,一部分作为杂粮食用,剩下的用来喂猪。木薯是很好的猪饲料,猪吃了容易长肉。木薯吃起来口感好,但是产量却不高。2000年左右,说是由于广西天旱,那里的木薯大面积减产,海南市场上木薯的收购价格上涨。当时,有人把广西丰产的木薯品种带到海南,进行推广种植。村里有几户村民种植木薯挣到了钱,收购木薯的人在村里进行宣传。村里人看到木薯值钱了,有人还挣了钱,就开始大规模地种植木薯。这种情况持续了3—4年的时间。当时一家人都种木薯,坡地离村子远的人家,还把家搬到了地里,在地里搭起了茅草房。那个时候,村里人见面聊天都离不开木薯。收木薯的时候最热闹,木薯挖出来,还要切片晾晒,把里面的水分蒸干。这个时候,是种木薯最忙的时候,村里每家每户白天全部呆在山上,有的负责挖,有的负责切片晒,非常辛苦。切片晾晒的木薯遇到雨水很快就会变黑、变质,最怕的就是下雨。晒木薯如果碰上下雨,根本收不了,手脚动作再快也是不能全部收起。经常会引发夫妻相互埋怨,甚至吵架。

村民们在讲述的时候,脸上的苦笑仍然能够浮现出当年的无可奈何和辛酸，但是当他们指着用种木薯挣来的钱盖起的房屋，也会以一种自豪的口气说"看，这就是我们家的木薯房"。从村民种植木薯的过程可以看出，市场对于村民在选择种植热带经济作物的过程中起到了主导作用，正是看到木薯的市场价格不断攀升，才开始种植木薯。同时，个别村民的示范效应在全村大规模种植木薯的过程中起到了"催化"作用。为了种植木薯，村民把原来已经种植的其他林业树种进行了砍伐。一方面，村民面对市场的"从众"行为，体现出对市场需求的快速反应；另一方面，也可以看出村民面对市场诱惑时的"短视"思想。对于这种"短视"思想，在后期产业发展转向杧果种植后，有的村民进行了反思。

杧果在海南的栽培有300多年的历史，西方村所在的东方市是海南杧果的传统种植区。杧果容易栽培，从初种到结果需要3—4年的时间，在管理良好的情况下5—6龄树亩产可达400—500公斤。海南本地杧果由于个小、味涩、产量低，经济收益非常小，但是抗旱、适应低温的能力较强，所以通常采取嫁接进行杧果树种的改良。西方村种植的杧果树主要有台农1号、象牙、鸡蛋花、梨花2号等品种，大多为晚熟品种，一般在3—5月份成熟。杧果树的树龄可以达几十年甚至上百年，虽然前期种植投入较大，但是后期收益也较大。

> 符GW（男，1964年出生）：他（指村民符FQ）10年前就开始种植杧果，有500多株。当时村里人都在种植木薯。他是看到农场种杧果有人收所以种的，其他人种木薯是种一年就可以收，看到杧果树种下后三年才可以结果，所以没有人种，觉得来钱慢。还有就是不懂种植。
>
> 符FQ（男，1964年出生）：当时我看到农场种的杧果收购价是三四元一斤，觉得价格比种木薯高，试着种了一些，当时种的本地杧果都是从山上移栽的，嫁接的苗是一斤30元买来的，一斤可以嫁接十几颗树。如果管理得好一株最多可以产将近200斤，平均算下来每株一年可以产50斤到100斤，收入可以有2万元。

符FQ发展杧果种植，是他在对农场种植杧果的经验总结基础上进行的，经过分析，他认为虽然种植杧果比种木薯收益慢，但是杧果在市场上的收购单价要比木薯高，这是他决定种植杧果的首要因素，也体现出个体在产业发展上紧跟市场需求的快速反应。其实，这种对于市场需求的看法并非仅仅局限于符 FQ 个人，但是限制村民种植杧果的关键，在于他们并未掌握杧果的嫁接技术。由此可以看出，村民对于市场的反应并非不敏感，技术才是影响发展生产的关键因素。

3. 开展畜牧养殖实现多种经营

西方村的牲畜养殖属于农户散养，饲养的牲畜家禽主要有黄牛、水牛、东山羊、猪、鸡、鸭。

牛是传统农业的主要劳动力，过去也是主要的交通工具，随着农业机械化程度的提高，黄牛、水牛等的饲养主要以售卖肉牛为主，而且黄牛饲养的数量多于水牛。牛的饲养主要是上了年纪的老人放养，只要没下大雨，老人们每日天亮都会将牛赶到田间草地，自己远远地跟在牛群的周围，找处树荫坐下歇歇，或者三五人坐在一起聊聊天，抽些水烟，闲话家常。牛的脖子上拴有木铃，并不怕牛群走失，并且每人放牛的区域相对固定，牛群也不会互相认错。老人们放牛天亮出门，有的是出来就已经吃了早饭，有的是中途回家吃顿午饭，直到太阳快要落山时，才会吆喝着牛群慢慢往回家的方向赶。这样的风吹日晒、三餐不定，那些经受过艰苦岁月，如今精力不再的老人才会愿意承受，伴着时时响起的牛铃声，与几个老友相谈农事，对于老人来说未尝不是一种享受。按照当地的习惯，这些放养的牛中有的是别人家寄养的，寄养的牛生了小牛，隔年送给饲养的人一头，算是养牛的费用。

根据表 2-7 的数据和实地调查，西方村黄牛、水牛的饲养户主要以上述村民为主，其他个别饲养户很少；另外，根据访谈调查，上述村民饲养的牛还包括个别村民托管，请他们代为饲养的，据此估算，2011 年西方村饲养黄牛、水牛的总数大约在 110 头。此后，随着外出务工人员的增加，以及养牛人年纪偏大，西方村养牛数量逐年递减，2017 年粗略统计全村养牛的数量不到 50 头。

表 2-7　　　　　2011 年西方村养牛情况统计表（10 头以上）[①]

生产小组	姓　名	数量（头）
第 1 组	符凤球	11
	符其春	12

[①] 数据根据村卫生员符 XK 工作记录整理。

续表

生产小组	姓　名	数量（头）
第3组	符文香	15
	符德光	13
第6组	符金昌	13
第7组	符英信	14
第8组	符学明	
	符振忠	
	符文发	

调查中，我们采访了养牛、养羊的两位老人。采访符 WF 老人时，他正在田里放牛，因为水田在抛荒，所以赶了水牛在田里吃草，老人家里饲养了4头水牛。

访谈对象：符 WF，男，1946年出生，第五村民小组。

访谈内容：

问：您喂了几头牛？

答：就喂了这4头。

问：您的牛是自己买的吗？

答：不是，牛是包产到户的时候生产队分的，就这么养着。现在耕地也用不到这些水牛了。我上了年纪，干不了活了，就只能放牛，可以卖些钱。

问：您的牛今年卖过吗？一头能卖多少钱？

答：今年没有卖。去年卖了3头，买了一辆四轮拖拉机。

问：您的牛生病了怎么办？

答：牛很少病，碰上夏天雨水多，牛蹄泡在水里长了，就容易得一种脚痛的病，遇到这样的就到镇上的兽医店买些药给牛吃，也没有什么好的办法，天晴了，牛自己就好了。

问：您有没有想过多养些牛？

答：村子里地方太挤，没有地方搞大牛栏，也就只能养五六头，村里养牛的都是这样。也不想养多了，管不了，我养牛也是找点儿事做，在家里待不住。

村里有两家饲养海南特有的东山羊，原产于海南万宁的东山岭，故称"东山羊"。采访的时候，符 CS 老人正在自家的屋前抽烟，他的正对面 2 米多远就是他养羊的羊圈，平时不外出的时候，他一般都是这样悠闲地抽着烟，欣赏对面自己喂养的东山羊。

访谈对象：符 CS，男，1941 年出生，第六村民小组。
访谈内容：
问：您养了多少只羊？
答：养了 12 只。
问：养了几年了？
答：前年养的。我年纪大了，腿脚不方便了，家里也用不到牛了。前年就把牛卖了，让人从八所买了 6 只。养羊就是做个伴，这些羊很听话，有灵性，也是跟自己找点儿事情做。这羊胆子小，不在地上睡，就搭了个羊圈，方便打扫卫生，羊也看着干干净净的。
问：这些羊是喂草，还是放养？
答：下雨就喂，不下雨就放出去。早上 9 点多就赶到田里吃草，下午 2 点多山羊吃饱了就赶回家。羊怕下雨、打雷，在外吃草碰到下雨，会往家里跑。

饲养牛、羊不能形成规模化的原因主要有：一是村内建筑密集，没有多余的场地饲养；二是散养牛、羊需要投入大量的时间，只有丧失劳动力的老年人愿意做；三是规模化饲养牛、羊的成本高，本地市场需求量小。这些因素共同决定了养牛、羊主要是老年人为了消磨时间。

西方村有养猪的传统，所饲养的海南本地猪一般都是放养，规模饲养的都是外来品种的大白猪。村子里现在养猪 5 头以上的，有 20 余户。符 WF 是村子第二小组的附近公认的养猪能手，养猪有十多年的时间了。当我们来到他家的时候，看到与住房对面一步之遥的猪圈里，一头大白猪正在给七八头猪崽喂奶，整个猪圈比较低矮，大概有一人多高，分了两个圈。

访谈对象：符 WF，男，1961 年出生，第二村民小组。
访谈内容：

问：您家里的猪圈怎么分了两个？

答：小的圈是专门用来饲养母猪的，大的圈用来饲养肉猪。

问：一般养多少头？

答：10头左右吧，最多的时候养了12头。

问：这是养的什么猪？海南本地的吗？

答：这是广西猪，这种猪比本地猪好养。饲养的时间也短，最多6个月，就能长到200多斤，可以卖了。

问：小猪是从市场上买的吗？

答：我养猪都是自己配种，可以不用买猪苗了，省钱。其他人养猪都是买小猪，原来也是自己配，现在有地方都盖房了，没那么大地方盖猪圈。养母猪很麻烦，大家基本上都不养母猪了。现在买小猪也贵不了多少。

问：小猪多少钱一只？

答：前几年是300块一只，现在差不多快600块了。这两年涨得厉害，我还是自己养母猪。

问：你的母猪一年产多少头小猪？

答：一年配两次，6月和12月。这样上次喂的差不多都卖完了，下一栏的小猪就可以出来了。

问：那你还要留一头种猪？

答：不用了。现在母猪配种比以前方便多了。去年，我在东河市场买猪饲料的时候，听人介绍现在有专门卖配种针的，就去买了两针。12月份就是用配种针给母猪配的种。你看配种针生出来的小猪，颜色都不一样，白的、棕的、黑的、花的，什么颜色都有。

问：养猪就是喂饲料吗？

答：喂饲料，还要喂野菜、地瓜叶、米糠等杂料。

问：现在饲料价格怎么样？

答：一袋饲料是140块，母猪的饲料还要好些，要170块每袋。一袋够6头猪吃七八天。

问：听村里人说你劁猪很厉害。

答：嗯，我劁猪没有失手过，村里劁猪都是请我去。

问：是怎么劁的？用什么工具？

答：有刀片、针线、机油就可以。原来用的是竹片做的，现在用刮胡刀更方便，针线是用来缝伤口的，机油是用来消毒的。

问：猪病了怎么办？会不会请兽医？

答：很少生病。小猪天气很热的时候容易病，有时会病死。大猪生病，就是气喘、不吃东西。这个样子，就到镇上的兽医门诊买药水，给猪打针，一般打两次就好了。

问：猪好卖吗？

答：猪贩们经常到村子里来转，我都认识。村里也有两家在镇上卖猪肉，他们都找我打招呼，让我把猪卖给他们。很好卖的。

问：一头猪能挣多少？

答：一头能卖 1000 块，就很好了。去年卖的猪，每头挣了 500 多块。

对于今后的打算，符 WF 说现在大儿子在村外宅基地上盖了新房，新房周围都是地，养猪的粪水可以随意排放，多养些猪也不会影响到其他人家。他打算搬出去跟大儿子一起住，利用国家政策向信用社申请些小额贷款，加上自己攒的钱，把养猪的规模再搞大一些。

最近两年市场上猪肉价格在上涨，养猪的收益也在提高。所以西方村有不少村民都在打算发展养猪。但是，村民发展养猪有两个方面受到制约，一是场地不够，限制了养猪的规模，西方村人多地少，在房前屋后养猪对环境的污染非常严重；二是如果发展规模稍大，还会受到资金投入的压力，并且养猪的收益慢，猪肉市场价格的波动又比较频繁。这是目前西方村养猪规模无法扩大的两个关键因素。

西方村养鸡、养鸭，都是村民家里散养，一般在 10 只以内。养鸡、养鸭多为自己家中食用，并不会到市场上售卖。2012 年年初，我们调查时发现，有一户村民尝试开始规模养殖。

访谈对象：符 ZH，男，1969 年出生，第一村民小组；

符 ZK，男，1960 年出生，第一村民小组。

访谈内容：

问：你养的鸭子有多少只？

符 ZH：这有不到 200 只。

问：村里好像没有人专门养鸭子，你怎么想到养鸭子呢？

符 ZH：我去年外出打工回来，不知道干什么。想养猪，手上也没有那么多钱，后来大哥让我养鸭子。

问：为什么要养鸭子，不养鸡？

符 ZK：鸭子不像鸡那样容易得鸡瘟，海南雨季的时候容易发鸡瘟，养鸭子的风险小，而且投入不多。也不用像养猪那样，要盖猪圈。养鸭子，有个大一点儿的空地就行。我们三兄弟的院子比较大，就让他养鸭子了。

问：养鸭子花了多少钱？

符 ZH：10 月份回来的时候，在东河买了 400 只鸭苗，差不多 7000 块吧。

问：挣得怎么样？

符 ZH：现在正好要过年，卖得还行，已经卖了 200 多只了，现在这些剩下的不到 200 只。卖完能挣 5000 多块。

问：卖完了还打算多养一些吗？

符 ZH：再考虑考虑，养鸭子不用投钱多，也能挣一些，但是很辛苦。每天早上 5 点多就要把鸭子赶到田里，晚上 6 点多才能回家。如果不赶出去，就要给鸭子喂饲料，为省钱，基本上除了下大雨的天气，每天都要赶着鸭子到田里放。也不比打工挣得多。现在过年好卖，过完年也不知道好不好卖呢。

通过符 ZH 发展鸭子养殖可以看到，村民在开展多种经营时，已经开始主动思考市场需求和风险承担等方面的问题。规模化养鸭子在西方村并无先例，但是在确定这一养殖项目时，符 ZH 的哥哥符 ZK 帮助弟弟从家禽患病、资金投入以及场地优势等方面都进行了综合考虑，并且，初步进行鸭子养殖在出栏时，又适逢春节，市场需求旺盛，刚开始鸭子没有出现滞销的情况，但是，等到销售了一半的鸭子后，符 ZH 随即已经意识到，他的鸭子好卖，春节市场需求是一个重要的因素，如果接下来继续扩大规模，在春节后不一定能够达到现在的需求。此外，通过对比自己外出打工和养鸭的收入情况，符 ZH 认为养鸭子挣钱并不比打工挣得更多一些，并且每天起早贪黑与打工相比还更加辛苦。

由此可见，在发展农业多种经营的同时，西方村村民的市场意识、经济意识都在不断得到加强，他们通过对市场信息的了解，通过自身的经验总结，逐渐在摸索和适应市场化的需要，同时也期待通过自己的努力过上更加美好的生活。

（二）市场化改革促进了第三产业发展

从社会分析的角度来说，农耕民族社会大致经历了一个从群体性的生产力与血缘性的交往结构到个体性的生产力与地域性的交往结构再到现在社会化的生产力与全球性的交往结构的发展过程。[①] 在以直接的血缘关系所构筑的制度模式下，生产是整个经济过程的重心，并把作为其前提的生产组织性交换和作为结果的财富分配性交换，隐含在共同生产的过程中；使这种单一的共同生产，紧紧围绕着群体的共同消费而展开。在地域经济体的制度模式中，个体的独立生存已成为整个经济过程的出发点，生命目的亦由维系群体共同消费，转变为以满足个体生存消费为核心。生产环节虽仍居最显要的地位，但个体需求的多样性与个体生存的局限性相冲突，使交换必然从生产中分离出来。正是市场经济体制下商品交换范围的扩大，促进了西方村黎族社会分工的不断细化。[②]

1. 学习技术开办修理店

改革开放以后，靠着种木薯、挖金矿、外出打工，西方村的村民生活日益得到了改善。在村子里现代化交通工具、农用机械慢慢开始普及的时候，当初一部分率先走出村子、走出海南岛的黎族同胞，开阔了眼界，增长了见识，并且学习了五金焊接、机车修理的手艺。目前，村子里有3人在东河镇上从事汽修服务，有1人在进村的路口开设了五金焊接和摩托车日常维修的业务，这些人除了种田，又多了一门谋生的手艺，日子自然也过得相对好些。

> 符YK（男，1966年出生）：我1986年初中毕业，就跟着村里的大人们上山挖金矿，挣了第一笔钱。当时用挣来的钱，买了一辆摩托车，我还记得摩托车是嘉陵牌的。后来外出打工的时候，我看到村里很多人的摩托车经常需要修理。有一次，我的摩托车在路上坏了，开不了，当时自己很着急，不知道该怎么办。只能一路推着回来。我那

---

① 潘春梅：《论民族社会中的经济交换》，博士学位论文，云南大学，2012年。
② 同上。

个时候，就下决心学习修理摩托车。当时也是想多学一些手艺。我卖掉了当初 8000 多块买的摩托车，到汉族人开的店子里当了学徒。一边给别人打工，一边学习修理技术。2003 年，我自己存了些钱，学得也差不多了，就想自己试试干。先在村子里开了一家机修店。村子里的人都认识，就不会跑东河修车了，来的人应该不少。再就是，同村人的车就是没修好，也不会有多大麻烦。我们村里是讲黎话的，有的人连海南话都讲不好，他们就会找我，汉族人打交道，他们觉得会被骗。我修车的时候就被汉族人骗过，还骂我。

从对符 YK 的访谈中可以发现，最初学习摩托车的修理技术，一是他自己遇到了实际困难，从而萌发了学习修理技术的想法；二是他曾经在修理摩托车时遇到汉族人的歧视也深深地刺伤了他的自尊心，这两个因素最终使他决定向汉族人学习，为的是解决自身需求，也想学习一门手艺。但是，符 YK 并没有止步于此，他看到了随着村里人购买摩托车的数量越来越多，村民对摩托车修理需求的也在不断增多。正是对这一市场需求的把握，他选择了现在村里开一家修理店，一方面自己的客源可以保证，另一方面出了问题也能够靠着相互的感情化解。这说明，符 YK 本身除了敢想敢干之外，在外学习技术的经历，也让他对市场有了一定了解，锻炼了他的市场观察能力和分析能力，为他个人事业的成功奠定了基础。

符 YK 2004 年年初在村子里做了一年之后，他认为自己已经完全有能力打理好店里的生意，就在东河镇租了一间门面房做起了机修生意，现在年收入在 3 万元左右。

2. 考察市场经营卖肉生意

东河镇作为周围 19 个自然村的行政中心，同时也是南北往来的交通枢纽，是当地商品贸易的集散地，熙来攘往的人群，南来北往的车辆，把这里衬托得热闹非凡。正是看中了这里的商机，一部分有商业头脑的西方村人，在镇上的集贸市场做起了小本生意，有的卖肉，有的卖菜。据调查，集贸市场上卖肉的共有 12 户，其中来自西方村的就有 3 户。

访谈对象：符 DF，男，1973 年出生。
访谈内容：
问：你是什么时候开始卖肉的?

答：今年 6 月份，租了摊位开始卖肉。

问：为什么想到卖肉呢？

答：我们村里的符 ZG，他最早在市场上卖肉，生意做得不错。我也想试试。

问：市场的摊位收费贵不贵？

答：一年要 9600 元，我觉得不便宜，反正现在刚刚开始，也不知道怎么样。

问：卖肉的情况怎么样？

答：一天能卖一头猪就很不错了，过年时候才能卖得比平常多些，挣的钱够生活。我在东河还租了亲戚的两间房屋，一家人就住在镇上，方便做生意。

问：你的猪是哪里来的？自己去收，还是要去批发？

答：大多是在村里收的，生猪收的按一斤 10 块钱，卖的时候分开买，肉是一斤 14 块，其余的猪头是一斤 4 块，大肠是一斤 6 块，脖子肉是 4 块或 5 块。生意好，卖完一头猪，算下来能挣二三百元。昨天，卖肉的摊位全部都没有卖完，我剩了 20 多斤，放在冰箱里。今天，先卖新鲜肉，如果能卖完就再拿出来卖昨天剩下的。

符 DF 提到的符 ZG，同样是西方村人，2006 年到东河镇从事生猪屠宰生意，之前他也是到处打工，做水泥工，后来考虑要固定下来，自己做一门生意，考察了东河镇，觉得当时生猪屠宰卖肉的生意没有多少人做，所以就自己到村子里收购生猪，请人杀猪，卖肉。在符 ZG 的带动下，符 DF 看到了市场经营的致富希望，也跟着做起了卖肉的生意。从对符 DF 的访谈看，目前，卖肉的生意还是不错的，摊位成本不到 1000 元，一个星期按照销售 3 头猪计算，除去成本每月的净收入 2000 元左右，年收入也能够达到 3 万元的水平。

无论是符 ZG 还是符 DF，他们将市场卖肉作为谋生的主业，都是经过深思熟虑的。从市场需求的角度，符 ZG 进行了调查，从猪肉来源的角度，他们考虑了本村可以作为他们商业起步的基础。符 ZG、符 DF 二人的生猪屠宰生意做得井井有条，这离不开他们敏锐的商业头脑，更加离不开辛苦的打拼，人们常说"背靠大树好乘凉"，这句话用在西方村的符 ZG、符 DF 的身上同样贴切。符 DF 在卖肉的过程中，考虑到请人杀猪的人工费从每头20元涨到了30元，自己开始学着杀猪了。这些都说明，西方村的经济账算得越来越细、越来越清楚，对市场经济越来越适应。

3. 兼顾家庭开办小卖店

西方村现有的小卖店，粗略估算，有20多个。这些小卖店都是村民在自家的房子里整理出一些空间，摆个货架就可以了。小卖店的货都是从东河镇上的门店里批发来的，品种以日常用品和零食、饮料为主。小卖店都是家里的妇女在平日里照管，在男人外出打工的时候可以方便照顾家中的孩子，顾客大多数都是村里上学的孩子们。因为平常人们外出打工，只有在过年时，才显得热闹。有的小卖店为了吸引人气，还设有老虎机、牌桌。回家过年的人们，这时都会在小卖店里聚集，三五成群地吆喝着打牌，孩子们也跟着凑热闹，男男女女、老老少少吵吵闹闹的，平日里安静的村庄透露出难得的喧嚣气氛。村子西边水沟的大榕树下，有个小卖店，店主叫符ZW。水沟横穿整个村子，这里也是上山的必经之路，场地开阔，自然是村里人群聚集、比较热闹的地方。符ZW小卖店里的商品分为几类：日用品有牙膏、牙刷、洗衣粉、肥皂、毛巾、卫生纸等；调味品有酱油、醋、味精、鸡精、盐等；烟酒有"琼花""椰王"牌的香烟、瓶装（灌装）啤酒；糖果钙奶有口香糖、槟榔、AD钙奶、健力宝等；另外还有笔、本子等学习用品。小卖店的门口还放了一个老虎机。

访谈对象：符ZW，男，1967年出生。

访谈内容：

问：你的小卖店开了多久了？

答：2008年开的。

问：为什么想开个小卖店呢？

答：我在天安乡小学当老师，平常会住在学校，周末才会回家，所以开个小店让老婆管理，给她找些事情做。

问：小卖店的生意怎么样？

答：生意一般，平时人不多，过年的时候人多些。都有钱了嘛，过年都要买东西。过年的时候，卖得最多的是饮料和烟。小孩子买饮料的多，像健力宝，一罐也就赚3毛钱，属于薄利多销嘛。要说挣了多少钱，平时没有记过账，家里用钱也是随时拿着用，也就没有具体计算过了。

问：看你这里来打牌的人挺多的。

答：2010年以前还搭了个棚子，唱卡拉OK，聚人气嘛。后来因为村里的年轻人喝酒后唱歌，发生了口角，最后打架砍伤了人，镇上的派出所就不让搞了，取缔了。

除了上述的商业贸易外，村里有的人还从事或者曾经从事过跑运输、出租桌椅板凳等买卖。跑运输分为运货和载客两种，运货是在农闲的时候用四轮拖拉机运输货物，包括木材、建筑材料、农产品等，根据路程的远近和货物的数量计算费用，一般是80元/车；载客用的是摩托车改装过的类似边三轮的"摩的"，东河镇集市是这类摩的的集中地，载客的范围也限于镇周边的几个村子间，从东河镇到西方村3公里的距离大概要2元/人次的价格。出租桌椅板凳的生意是村民符CD想到的，村里人都说他脑袋灵活，喜欢想事情。以前，村里每逢婚丧嫁娶都是在地上摆起"革到"（竹箩），用"革天"（小矮凳）席地而吃。后来生活条件改善了，村里人的这一习俗也在发生改变，逐渐模仿汉族使用起桌椅板凳。符CD正是看到了这种变化，才萌生起做出租桌椅板凳的买卖。

村里从事第三产业的村民，有个共同的特点，他们对市场需求的反应灵敏，并且敢想敢干。这些都是现代市场经济需要具备的，正是顺应了市场化的潮流，所以这部分村民生活水平的改善程度要好于其他只卖苦力而不动脑筋的人。

（三）市场化改革催生了打工经济

从调查情况看，近年来，打工经济的收入占到了村民家庭收入的80%以上。对于村里没有林地、坡地的村民来说，由于这两年天气干旱少雨无法种田，打工收入几乎成了他们生活的唯一来源。西方村外出打工人员在2000人左右，其中季节工1600余人，常年外出务工人员600余人。

1. 打工经济的发展历程

西方村打工的历史可以追溯到1985年的"乓乓岭"金矿开发。当时由于采矿需要，开采公司在东河镇所属的村镇招募民工。西方村距离矿山近，而且是远近闻名的人口大村，劳动力充足。村里一些胆子大的人，率先到矿上干起了采矿、挑沙的工作。特别是1986年连续4年的干旱少雨，造成农田灌溉缺水。周围观望的村民看到挖金矿可以挣钱，农田也由于缺水无法种，有更多的人加入挖金矿的行列。村里人逐渐地接受并适应了这种既可以种地又能够在农闲时打工挣钱的生活。此后，村里人打工的范围不断扩大，所从事的工作也趋于多样化，但是大多数还是与农业耕种相关。

1990年左右，随着金矿收归国有，矿山的开采逐渐正规化，不再需要这些打游击式的民工，村民们开始转而到大田镇零公里附近的农场和种植园做零工。打工的内容包括种橡胶树、采辣椒、挖香蕉芽、摘香蕉（杧果）、砍甘蔗等体力劳动。因为距离村子近，人们可以当天去当天回，不影响照看家中事务，所以村里人有很大的积极性。1998年大广坝建成后，因为种地用水有了保障，西方村所在的东河镇附近也开始有大陆人承包种植园，雇用当地人做种植工人，村里人打工也更加方便。但是，随着打工人口的增加，竞争也在加剧，有的人开始选择到乐东、昌江等附近的县市打工。近年来，天旱少雨、灌渠断流，造成田地基本上抛荒，除了六七十岁的老人和小孩外，村子里的人基本上都外出务工，打工收入也成为人们的主要生活来源。村里的年轻人绝大多数人初中毕业或者还没有毕业，就怀着对村外广阔世界的好奇，不再满足于仅仅在村子周围或者海南岛打工，渡过琼州海峡，到广东、深圳等地方打工。

海南本地打工的高峰期为每年的6—8月份，这个时间是香蕉种植、收获的旺季，在高峰期打工的收入每月有3000多元，其他月份只有700—800元。到大陆打工的年轻人，一般从事皮鞋、玩具、手机制作或者在超市、宾馆、食堂从事服务性等工作，普通话水平好一些的可以找到服装销售一类的工作，但是每月的收入仅有1000—2000元，仅仅可以维持个人生活。

2. 打工经济的特点

通过对村民打工的调查，可以发现以下特点：一是打工范围，以东河镇为中心呈向外发散状，能够在这个中心周围找到工作，不会跑到更远的地方。少数年轻人会到海口、三亚等城市务工，绝少部分年轻人跨过琼州海峡，到广东的电白、广州等地务工。二是打工时间安排，以当天去当天回或者10天左右来回为主，出门1个月以上属于少数，而且以6月、7月、8月为主，因为农作物生长的周期决定了这三个月是作物耕种和管理的主要时期。同时也恰逢水稻种植，但这段时间各家各户的劳动力都会外出打工，只会在天下雨后回家犁田、播种，完成这些事情之后继续外出打工。三是打工规模,全村青壮年的劳动者基本上都参与务工,甚至青少年在完成小学或初中学业后,就加入到外出务工的行列。四是打工内容,以种植、采摘的农业打工为主,主要从事砍蕉芽、摘辣椒、种杧果、施肥打农药、砍甘蔗等农业劳作,维持原有的劳作方式,打工的技术含量低。五是打工组织,以团队的形式组织务工,多是同宗或者在同一村民小组,近距离的打工一般是由一人负责联系打工,然后通知其他愿意出工人员,远距离的打工一般是种植园老板开车直接到村子内召集打工者。

  上述这些打工特点反映出在生产力流动方面,人的流动和物的流动在主体地位的建立过程中正处于相互胶着的状态。一方面,外出务工的群体规模说明在生产体系中物的流动已经起到了支配作用;另一方面,从外出务工的时间安排也可以看出人的流动仍然不愿摆脱对生产资料的掌控。反映在现实生活中,一方面人们已经认识到传统的农业生产已经不能满足对物质生活的需要,另一方面千百年来的生产传统,使得人们还不愿意放弃原有的生产模式,因为这是他们维持生存的最后一道防线。因为"在农业时代,人力流动往往意味着物质要素的流动及其经济势能的转化,从而,人口的繁盛与增长一直是古代社会经济繁荣的基本标志。在现代社会中,物的要素与人的分离乃至全面对立,使其流动表现出极大的差异……从而资本的集中与增长便取代了人口因素,成为现代经济增长的决定性因素"。[①] 对生产力两大要素的流动分析,可以看出西方村黎族同胞正处在农业社会向现代社会的转型过程中,而转型过程的快慢取决于两个方面的因素,一是资本的集中与增长程度,二是劳动技术水平的提高。同时,我们还应该注意到,"在现代经济体系中,一个以人力流动向外输出生产力的区域和民族,在其所形成的外部经济关系中,会显现出依附性的劣势状态","依附性经济体发展资源的进一步流失,削弱了吸引外部资本流入而必需的人才储备"。[②] 从西方村黎族同胞外出务工经济在整个村落经济中所占的比例来看,西方村的依附性经济在改革开放后已经逐渐形成,而且进入 21 世纪以来有进一步强化的趋势。

  此外,外出务工特点还在一定程度上反映出村民的文化观念。以外出打工的范围为例,之所以呈现如此特点,是因为长期以来的聚居生活,使

[①] 陈庆德、潘春梅、郑宇:《经济人类学》,人民出版社 2012 年版,第 173 页。

[②] 同上书,第 174 页。

得他们对外界交流保持强烈的戒备心态，导致他们留在熟悉的环境中的意愿比较强烈。这一点从外出打工的接触面也可以看出，他们的团队意识更多是出于自我保护的目的，而不是这一团队有更强的执行效率。这一有别于其他少数民族地区外出务工的特点，存在正反两个方面的现实作用。一方面，有学者通过对贵州少数民族地区的外出务工研究，认为外出务工使得"传统意义上的家庭变得摇摇欲坠。比如'留守妻子'，这一称谓背后存在三个问题：一是情感问题，二是生活生产问题，三是子女教育的问题"①，目前这些问题在西方村并不存在。另一方面，正是村民在同外来文化的接触过程中所持有的强烈的戒备心态，在一定程度上使得他们处于被动接受的状态，并没有主动适应外部社会的变化，这将对西方村的社会转型起到一定的反作用。

3. 打工经济的个案调查

作者跟随一群在距离村子1公里左右的香蕉种植园务工的村民进行了实地调查。符ZY是此次打工的工头，由他负责与种植园老板就打工事项进行协商。同去打工的人告诉作者，平常也是种植园老板直接与符ZY联系，再由他召集大家外出打工。这次打工的人大概有20人，工作任务是挖香蕉芽②，工钱按每株0.35元计算，大家以列为单位分头挖，挖完一列之后清点棵数个人记下，待中午或下午结束后由专人负责统计每人所挖的数目，以便最后分发报酬。中午11点35分大家休息的时候，最多的已经挖了300多株，女的大部分挖了100多株。由于天气炎热，体力消耗的原因，下午的工作量基本上是上午的一半。按此推算，一个男劳动力和一个女劳动力全天的收入大概分别是150元和50元，平均一个劳动力的收入大概是100元/天，这与走访调查了解到的情况相吻合。据此次打工的村民讲述，他们一年中有半年时间是在做类似的包工，其他时候做的基本上是零工（施肥、打农药、除草等）。做包工的收入要比打零工挣得钱多，6—8月的打工高峰期每月的收入在3000元左右，打零工每月在600元左右。像这样的打工，如果每户只有一人打工，基本上只是满足了生活需求，没有剩下多余的钱。

---

① 刘华军：《文化转型与少数民族脱贫——以贵州少数民族为例》，《西南民族大学学报》（人文社科版）2016年第8期。

② 香蕉芽是香蕉树在成长过程中，在其根部新生的部分，类似竹子长出的竹笋一样。此次要挖除的香蕉芽基本上在一人多高，与成人胳膊般粗细。

图 2-8　务工者在砍蕉芽①

通过以上的调查我们了解到村民的家庭经济收入主要来自打工所得。以父母 2 人、子女 2 人的四口之家为例，夫妻双方的打工收入以下列方式推算：男，6—8 月以 2000 元/月，其余月份做包工每月 1000 元、打零工每月 600 元，男性劳动力的全年收入约为 12000 元，女性劳动力的全年收入按男性一半计算约为 6000 元，家庭年收入约为 18000 元，人均年收入为 4500 元。

调查过程中，大家对于种植园与农户争水的问题，一方面认为这些种植园抢夺了原本用来灌溉农田的水资源，造成自有土地无法耕种；另一方面又觉得在种植园打工的收入不仅满足了他们的生活需求，同时觉得这种打工方式不但不会承担任何风险，而且能够在付出劳动后即时以现金的方式得到劳动收益，有一定的稳定性，不经意间流露出对打工生活方式的满意和赞成。

小结

中华人民共和国成立至今，西方村的经济生产经历了计划经济和市场经济两个不同阶段。计划经济时期，西方村由中华人民共和国成立前的小

---

① 作者现场拍摄。

农经济，经过社会主义改造，实现了集体化、有组织的生产。在此过程中，农业水利设施从无到有，并且在农业生产中发挥了重要作用，农业的生产技术推广提高了生产效率。相比过去，西方村黎族的生产生活条件得到了极大改善。改革开放以后，随着社会主义市场经济的发展，西方村的经济生产也走上了快车道，农业结构实现了由一元到多元的发展，农业的多种经营为经济发展注入了生机和活力，这些都有赖于村民对市场导向的正确反应。特别是第三产业的发展，证明西方村的黎族在市场化改革的历史进程中不断学习、不断适应。打工经济的发展历程，除了让村民发现了务农以外的生存之道，也逐渐成为家庭经济收入的主要来源。

第三章

经济交换：从"内"走向"外"

交换是人类在给予和取得珍贵的物品及服务时采用的模式。人类如果不互相交换劳动或劳动的产品，就不能生存。[①] 马克思曾指出，人们在生产中不仅仅同自然界发生关系，他们如果不以一定方式结合起来共同活动和互相交换其活动，便不能进行生产。[②] 对于经济交换的研究，经济人类学认为，交换含义并不限于经济，而涵盖了社会。不同的历史时代，不同的民族社会，会产生不同的交换模式；同一交换模式对共同体内部或外部所发挥的功能、运行的目标指向及其影响，也是大有差异的。[③] 由此，卡尔·波朗尼提出了社会整合的三种模式：互惠、再分配和市场交换，统合了人类社会形式纷繁的交换行为。

过去，西方村黎族的生产方式为小农经济，及至计划经济时代，受到分配制度的制约，经济交换多在内部发生。改革开放以后，商品经济的发展、市场经济体制的建立，西方村才真正参与到市场交易当中，经济交换从"内"走向"外"。在经济交换的转变过程中，虽然人们受到外部市场的影响，在消费结构和消费观念上有了较大的改变，但是长期以来形成的内部交换观念仍然发挥着社会整合的作用。

一 经济内部交换发挥了整合作用

传统的经济交换主要指互惠和再分配，这两种交换类型主要发生在村

[①] [美] 马文·哈里斯：《文化人类学》，李培莱、高地译，东方出版社 1988 年版，第 88 页。
[②] 《马克思恩格斯文集》第 1 卷，人民出版社 2009 年版，第 724 页。
[③] 陈庆德、潘春梅：《经济人类学视野中的交换》，《民族研究》2010 年第 2 期。

落集体内部。互惠和再分配分别对社会中的个体和群体整合发挥了作用。长期以来,黎族同胞正是通过这两种传统经济交换方式,维持了社会的稳定和群体的延续。

(一) 互惠

所谓互惠,"意为在亲属和朋友之间的互相'赠予'的义务行为。这种'赠予'是广义上的,并非仅限于财务或服务方面,而指的是一种互相互利关系","互酬行为的动机显然不是个人私利,而是害怕在社会上受到轻视、排斥或降低声誉与丧失身份"。[①] 由此可见,互惠往往发生在一定范围之内,特别是亲属、朋友的圈子。互惠的目的是希望他人在自己需要时能够提供主动的帮助。通过互惠的形式,人们互相之间不断确认他人对自己的认可。

1. 分享型的互惠

村民符 ZK 介绍,历史上黎族有狩猎的传统,对于猎物的分配也有着共同的约定:集体狩猎,击中猎物的枪手分得兽头、两个后腿、一个前腿和内脏。第一个上去摸着猎物的人,可以分到一个前腿,但是不管路途多远,只要猎物是一个人可以背动的,他就要负责把猎物背回到集中屠宰地点。所有参加围猎的人一人一串平均分配剩余的肉。个人狩猎,所得猎物基本上是个人所得,但是在野外屠宰时若有人碰上,同样见着有份。若没有碰上任何人,也要分给回家路上的第一户人家。请人帮忙抬猎物,也要分给帮忙的人一定份额。上述的猎物分配约定中,狩猎群体对集体狩猎中击中猎物的人和第一个摸到猎物的人,分配的报酬可谓是慷慨。在个人狩猎中,将一定份额的猎物分给回家路上的第一户人家,其实是为了在发生危险时,希望最近的人可以救援。这种慷慨的背后暗含的是希望获利者对分配的慷慨承担义务上的回报责任。

现今,虽然狩猎已经不复存在,但是狩猎分配中的互惠观念仍然以其他方式继续传承。实地调查中,我们曾经遇到一户村民中了彩票大奖,设流水宴招待村民。事情的缘起是该户村民摸彩(海南当地的一种博彩)中得 5 注,共计 4 万元的奖励,所以他杀猪请酒招待村民,并且还给每位赴宴的 60 岁以上的老人准备了 10 元的红包。宴席上,人们对设宴者的慷

[①] 施琳:《经济人类学》,中央民族大学出版社 2002 年版,第 46 页。

慨报以称赞，向我们不断介绍这家主人如何勤劳致富，人品如何好。设宴者也是在热情招待中，对村民的认可表示感谢，声称是自己运气好，平时得到了村里人的很多帮助，如今趁此机会回报大家。

分享型的互惠在当地黎族看来，体现出一种有福同享的观念，同时，他们也说另外一种是当事人怕人见财起意，所以作为对个人人身安全的交换，给予见者一份猎物或者予以适当的酬谢。因此，分享型的互惠的动机和目的并非完全是经济或物质利益的，还包括了道德、感情、义务等社会性要求。

2. 劳务型的互惠

黎族的传统民居是称作"船形屋"的一种茅草房，在建造时需要耗费大量的人力和物力，是家庭生活的一件大事。建房的木材、茅草需要上山砍伐、采集。建房时要将木材搭成房屋骨架，再覆之以泥墙和编好的茅草屋顶。建房过程除了全家人齐上阵外，周围邻居、亲戚朋友的合力帮助也是必不可少的。因为建造茅草房的材料都是就地取材，所以人们互助的手段是提供人力。房屋建成后，建房的主人要设宴招待前来帮工的亲朋好友。现今，修盖砖瓦房、楼房时，亲戚朋友中懂得建房技术的才会主动参与其中，如果建房者财力不济，那些不能参与建房的朋友也会提供一定的资金支持。但是，在建房中的劳务型互惠的人数与传统建房相比，已经大大减少，一方面是受到建房技术的影响，另一方面更主要的是受到打工经济的影响，由于外出打工而无法提供劳务帮助。此外，劳务型的互惠还体现在农业种植中。

符 WJ（男，1971 年出生）：过年的时候一直在朋友家"转年"，把杧果嫁接的事情往后推迟了，再过两天我要和老婆到海口去打工，所以这两天赶着要把杧果的芽接做完。过年这段时间，雨水少，最适合杧果芽接。我就请了符 FQ、符 GQ 他们来帮忙。杧果地里有 900 多株要芽接，多亏这些来帮忙的朋友，我才能安心外出打工。请他们帮忙不需要给工钱，只需要中午和晚上提供两餐饭。为了省时间，我们中午饭是把锅碗瓢勺和水、菜等带到田里做的，晚上回家吃。

历史上，黎族社会中的"合亩制"生产形式，在某种意义上也是属于劳务型的互惠，这源自早期社会人们面对自然的生存压力时，需要形成一种相互依赖的内部合作。虽然,"合亩制"的生产形式已经消失,但是这种相互依赖的互惠观念却深深地植根于人们的惯习之中。

3. 社交型的互惠

"转年",黎语称为"改裉",是黎族同胞过年的一种习俗,其主要活动形式就是在朋友间轮流请客聚餐。朋友圈中都是同龄人,而且是以男性划定朋友圈,不同年龄段的男性都有自己的朋友圈。转年一般以青壮年男性朋友圈为主。例如,一个人有10个朋友,那么过年时,这些朋友都会在其中一天设宴招待他及他的妻子,同样他也要招待他所有朋友及他们的妻子一天,直到10个人中每个人都招待了其他人为止。转年聚餐从大年初一开始,一般是每天上午10点左右,参加聚餐的男性会带上妻子(对已婚男子)到某个朋友家中,负责招待的男主人和朋友一起杀猪、狗、鸡、鸭,女主人则开始煮饭,准备炉灶等待宰杀后烹煮肉食,随后会炒几个青菜。等待食物准备妥当,主人及朋友分为男女两桌开始就餐,其间主人会将早已准备的足够的米酒拿出来,供大家一起畅饮。聚餐从上午可以一直持续到晚上,朋友们利用这个机会互相交谈、一起歌唱。可以看出黎族社会的朋友"转年"宴请明显带有夸富宴的性质,在招待宴请中,大多数主人是把家中养了一年的鸡或者小猪宰杀后呈献给朋友的。并且,过年前,每家每户都酿制了数桶米酒,留待"转年"时招待朋友。在我们参加村民"转年"时,有的主人家用糯米酒单独招待我们,有的主人家听说我们酒量不好,甚至把自己珍藏的野生土蜂蜜拿出来与米酒掺兑,用以调节米酒的口味和解酒。在这个过程中,既体现了黎族的热情好客,又会引来其他朋友对主人的倾尽所有招待客人的连连赞叹。

人们通过一个人是否遵守了互惠,来作为判定是否继续与其保持稳定关系的条件。黎族"转年"的"转"字恰如其分地体现了这一广泛原则,表面上"转年"展现的是朋友间的亲密友情,但是"转年"的规则本质上也是一种道德约束,在这种约束下,朋友间都遵守宴请的约定,并且宴请的呈献方式是设宴者尽力提供最丰盛的菜肴。如果出现违背规则的情况,除非家中有特殊情况,否则这个人遭受到的不仅仅是朋友的唾弃,甚至其余朋友将不会再跟他往来。

(二)互惠对个体整合的作用

通过对西方村互惠的介绍,可见"互惠交换模式是奠基于人的身份性关系基础上的一种直接交换模式。它并非一种偶然的、随意的、自愿的或不稳定的交换形式，而是一种稳定的甚至是建立在交易双方终身关系基点上的交换形式"。① 交换整合机制是社会整合理论中的三大机制之一。② 互惠交换机制正是通过一系列的赠予、接收和回报的义务规则，对整个社会系统起到了整合作用，促进了社会的良性互动。互惠对黎族社会中的个体整合作用主要体现在以下三个方面。

1. 互惠整合了个体的经济资源

村落社会，对于单一家庭而言每逢婚丧嫁娶、大兴土木等重要活动或者重大变故，需要消耗大量的人力、物力和财力，仅仅靠家庭自身的能力并不能够担负起这些消耗。互惠的交换方式就在完成这个活动的过程中，发挥了重要的资源整合作用。从经济的角度，在资源整合的过程中，不仅分摊了消耗，而且降低了成本。尤其是当今商品经济促进了社会分工，但是市场化的运作结果带来各类资源的成本上升。这对于经济收入微薄的村民来讲，是难以承受的。以建房为例，如果从市场上雇用劳动力，不仅要支付劳动力的工资，而且要自己面对所有的问题。这时，互惠整合的就不仅仅是人力资源，而且还包括了智力资源和信息资源。

2. 互惠维系了个体的情感认同

人是社会性的，在村落的熟人社会中，对于情感的需要和社会的认同，更加迫切。尤其是中国社会历来就是讲关系、要面子的，这一点无论是在哪个族群社会都是存在的。无论是类似朋友"转年"的单纯的情感交流活动，还是结婚、丧葬、祭祀等带有一定目的的场合，在这些场域中人们的行为背后，都带有情感认同的需要。也正是在互惠的情感认同过程中，人们不知不觉地在进行着"社会化"，努力让自己符合社会规则的要求。

3. 互惠赢得了个体的道德声望

在任何一个群体中，每个人都拥有不同的地位、声望、尊敬、荣誉、尊重和等级。人们总是尽量避免那些让自己丢脸、羞辱、蒙羞以及声名狼藉的事情。而社会地位或社会声望的获得往往是通过继承、制度分配、社会化或创造性劳动等途径。在村落社会中，特别是社会主义制度下，人们

---

① 潘春梅：《论民族社会中的经济交换》，博士学位论文，云南大学，2012年。
② 吴晓林：《20世纪90年代以来国外社会整合研究的理论考察》，《广东行政学院学报》2011年第1期。

的社会地位或社会声望的获得，绝大多数情况下是通过类似互惠交换的社会化方式实现的。人们对道德层面进行的评价，往往不是依据互惠所能提供的资源多少，而是是否尽力而为、倾心相助。从这个意义上讲，互惠交换对村落的社会分层提供了手段。

值得一提的是，无意中的一件事情对我们的调查产生了不大不小的麻烦。事后反思，正是我们置村民的慷慨邀请于不顾，没能完成此次慷慨互惠的全过程，因此受到了道德上的"惩罚"。事情的经过是这样的：有天傍晚，我们正在准备晚餐，村里人告诉我们有户人家正在请黎道公"拜鬼"。为了能够观察到"拜鬼"的整个过程，我们匆忙赶往那户人家，途中经过一位老人的家门口，老人跟我们打招呼，因为他讲的是黎语，我们没有听懂，但是从他的手势中可以看出是招呼我们到他们家去。由于担心"拜鬼"仪式可能已经开始了，我们只是跟老人礼节性地打了招呼，脚步未停地往前走。等到我们赶到那户人家时，老人也尾随而至，同时情绪激动地大声呵斥我们，我们一头雾水，不知道如何招惹到了老人。到场的黎道公告诉我们，老人是因为我们没有到他们家做客而愤怒，他认为我们拒绝做客是瞧不起他。后来，我们把原因向黎道公讲述后，经过黎道公从中解释，老人才罢休离去。从这个事件中，可以发现作为西方村的外来者，我们明显了违反了"接受的义务"的约束，正如莫斯所讲"人们没有权利拒绝接受礼物，拒绝参加夸富宴。如果拒绝，就表明害怕做出回报"。[①] 虽然此事由语言上的不通引起，但是我们的拒绝让老人觉得受到轻视。从互惠的角度理解，更深层原因是老人认为我们之前对他的邀请漠视是出于害怕做出回报。此次事件也让我们在与黎族社会的互动中经历了一次成功的整合，否则如果一直采取置之不理的态度，我们很有可能在老人的谴责中被村民否定，影响到后续的调查。

正如有学者所言："想象一个没有礼物流动的社会是不可能的。礼物依然是创造和维持着各种社会纽带的黏合剂，因而是社会不断充满活力的源泉"[②]。礼物之所以能够起到创造和维持社会纽带的黏合剂的作用，正是通过礼物流动过程中所进行的互惠交换实现的。特别是在村落社会中，互惠交换中的礼物所包含的内容并非止于物的范畴，而是包含了人的情

[①] 吴晓林：《20世纪90年代以来国外社会整合研究的理论考察》，《广东行政学院学报》2011年第1期。

[②] 转引自潘春梅《论民族社会中的经济交换》，博士学位论文，云南大学，2012年。

感、道德、声望，等等。

值得注意的是，黎族社会互惠交换在发挥社会整合功能的同时，互惠交换的范围和互惠规则的约束作用正在随着市场交换的不断渗入而逐渐缩小。从劳务型互惠的变化，可以看出市场经济对于人们在衡量劳动价值时其潜在影响作用正在增加。人们在提供劳务互惠的时候，更多的需要考虑市场对于劳动力的定价。互惠规则在面对市场时正在不断被消解。当人们的价值天平越来越偏向经济一方的时候，情感、道德、声望等对人们的约束就会变得越来越低，这一点从阎云翔对于礼物从仪式性向工具性的不断过渡描写中也得以体现。① 正如哈贝马斯的观点，市场作用对生活世界的侵入，使得人们被金钱、权力等媒介系统地整合，导致在生活世界中的社会整合无法正常进行。② 黎族村落社会的互惠交换虽然并未随着商品经济市场化的进程消失，而是通过不断变换的方式在持续发挥着社会整合的功能。但是，互惠交换在黎族社会中的整合作用也正在被市场交换中的价值规则不断消解。

（三）再分配

再分配，指的是一种从"付出"到"返还"的完整的连锁系统，表现为在一个共同体内部，普通成员向拥有政治甚至宗教权力的领导者，义务奉献、付出财务或服务，然后领导者又通过节日盛宴或其他仪式，将自己聚集并保存的这些财务、服务等返还一部分给普通成员。再分配意味着比较公平地共享集体财富，这一完整的"循环"方式能够分配财富并且显示出人们的地位、阶层与重要性，从而在一定程度上强化了社会结构。③ 由此可以看出，再分配虽然从形式上讲是义务奉献，但实质上是一种强制的交换。正如萨林斯所指出的，再分配是一种"中心化运动：遵照指令，群体成员共同收集，并在群体内重新分派"。④

---

① 阎云翔：《礼物的流动：一个村庄中的互惠原则与社会网络》，李放春、刘瑜译，上海人民出版社 2000 版。

② 肖小芳、曾特清：《马克思社会整合理论的新诠释——从帕森斯、洛克伍德到哈贝马斯》，《伦理学研究》2015 年第 2 期。

③ 施琳：《经济人类学》，中央民族大学出版社 2002 年版，第 46 页。

④ [美] 马歇尔·萨林斯：《石器时代经济学》，张经纬、郑少雄、张帆译，生活·读书·新知三联书店 2009 年版，第 217 页。

黎族的再分配是通过仪式的形式实现的。《黎族三峒调查》中曾记载："对他们来讲牛肉、猪肉和鸡肉是无与伦比的美食，但在他们的社会，仅仅为了满足个人吃肉的欲望而宰杀牲畜确实不被允许的。他们有这样一个原则：人们欲望的满足必须以集体的形式来实现"，"他们只在特殊的场合，例如春节或者婚礼、葬礼、签订合同、举行驱鬼仪式时，宰杀家畜。这些场合或多或少带有宗教仪式的味道"。[1] 西方村的再分配在祛病禳灾、宗族祭祀和婚丧嫁娶等仪式过程中得到了充分体现。

1. 禳灾仪式中的再分配

黎族的宗教信仰其崇拜对象以"鬼"的形象出现在人们的思想意识中[2]，"认为人间好坏是祖先安排，穷富是命运注定，病痛是神鬼所致"[3]。所以，当人们出现病痛、不幸时皆会举行禳灾仪式。黎族称祭祀鬼魂为做鬼。道公做鬼的酬金"解放前不论汉道公或黎道公也好，替人做鬼只得300个铜板，如杀猪时即给他猪腿一只（杀牛则给牛腿）或猪（牛）头一个。解放后，则不用酬金，只是做鬼完毕时喝酒食肉而已"。[4]

图3-1所示的禳灾仪式，是为了给村民家中生病的老人祭拜"祖先鬼"。

> 符XH（男，1948年出生）：我父亲最近咳嗽，身体不好，又不肯吃药，说他一辈子都没吃过药。他自己会查"鬼"，说是"chəi"和"da"（外公、外婆）在他屋里，他才生病的。请道公就是为了拜鬼，让鬼离开，不要再待在这里了。

图3-2是禳灾仪式结束后，参与仪式的亲戚聚餐。从这次禳灾仪式的规模和祭品的数量上，可以看出仅仅是一次小型的仪式活动。

---

[1] ［日］冈田谦、尾高邦雄：《黎族三峒调查》，金山译，民族出版社2009年版，第122页。

[2] 谢东莉：《传统与现代：美孚黎祖先崇拜文化研究》，广西师范大学出版社2014年版，第99页。

[3] 王国全：《黎族风情》，广东省民族研究所，1985年，第114页。

[4] 中南民族学院本书编辑组：《海南岛黎族社会调查》，广西民族出版社1992年版，第428、432页。

图 3-1 禳灾仪式①

图 3-2 禳灾仪式后聚餐②

禳灾仪式由黎道公符 WC 主持。他说"祖先鬼"是很厉害的，生病的老人已经 88 岁了，年纪大了，为了增加祛病消灾的效果，所以请来事主家族中的男性亲戚帮忙。禳灾仪式用到的祭品主要有猪肉、鸡、糯米糍粑、米酒等。祭品由事主及参加仪式的亲戚共同准备，事主家宰杀了一头

---

① 作者现场拍摄。
② 作者现场拍摄。

小猪和一只鸡，亲戚带来了糍粑和米酒。禳灾仪式结束后，所有参加仪式的亲戚会留下来聚餐，将仪式中所用祭品吃掉。在聚餐的过程中，人们会将最好的肉食部分给黎道公食用，凸显了道公在整个仪式中的地位。

2. 宗族祭祀中的再分配

西方村黎族分为六大宗族，黎语称"裉"。每逢过年，大年初一，每个宗族都会向本族的人收取年货，用于祭祀。年货是按照户头计算的，一般男子结婚后就算单独立户了，从结婚的当年就要开始交年货。收年货的一般都是宗族中年长的、愿意为族人服务的男性，有4—5人，其中有人负责吆喝，召集族内的人，有人负责挑着前后各有一个篮筐的扁担。交年货的则多是家中的主妇。收年货的会到本族内每家每户收取年货，经过门口的时候，有人负责吆喝，通知同族的人交年货。

图 3-3　宗族祭祖前收年货①

传统上，所交年货大都是糯米、大米、米酒、腊肉、糍粑之类的东西，近年来每户还会收取3—4元钱。每户上交的年货大致数量相当，糯米或大米1碗、米酒2—3瓶、腊肉1块、糍粑3个左右。收年货的时候，气氛是非常热闹的，收货的人会打趣交年货的人给少了或者把家里的好东西藏着不交，交货的则会说收了东西还赖着不走。为了堵住收年货的嘴，有的主妇干脆拿自家的米酒灌酒，笑他们酒量不行还嘴贫。

---

① 作者现场拍摄。

表 3-1　　　　　　　　每户上交年货的清单[①]

类别	糯米/大米	米酒	腊肉	糍粑	现金
数量	1 碗	2—3 瓶	1 块	3 个左右	3—4 元

年货的分配由本族道公和有威望的老人负责,有一部分是给本宗族的道公过年祭祀的辛苦费,有一部分是给负责收年货的几个人的跑腿费,剩余部分用来做过年宗族祭祀的供品,并在祭祀后聚餐时食用。

符 ZK(男,1960 年出生):除了过年收年货,村内还有同宗的人在清明时召集在一起,大家凑钱买猪、买酒祭品去坟墓祭拜,祭拜后聚在一起将供品吃掉,村里人把这种叫作"一锅饭",就是同宗的人都是在一个锅里吃饭,相互分享。以显示是同宗同祖、非常亲近,也会引起村内其他宗族或者同族不同支的人的羡慕。

大年初二的早上,"裉"内的老人会提着酒、肉和糍粑等供品到本族的祠堂祭拜祖先,然后再把这些供品送到黎道公或汉道公家里,老人们会陪道公一起聚餐,表示对道公的慰劳和感谢,感谢道公长年累月为民消灾、驱邪。

(四)再分配对群体整合的作用

再分配其过程中都或多或少地加入的宗教观念,使得人们通过各种仪式来确认自己的社会身份,仪式中对于食物的分配和享用,同样也明确或强化了参加仪式的人的社会地位。仪式中的再分配既是经济制度,更是一整套的社会文化制度,仪式中经济交换不在于促进生产和交往关系的扩展,而是为了强化群体之间已经存在的交换关系和交换结构,让群体中的个体感受到相互之间负有的义务。

1. 禳灾仪式再分配整合了家族群体

禳灾仪式再分配的过程中,参加仪式活动的主要是血缘关系比较亲近的家族成员。家族成员在整个过程中发挥了强化仪式效果的作用。道公认为,正是家族成员在仪式中的共同愿力,可以达到或者增强其祭拜仪式的效果。另外,家族人员前来参加禳灾仪式时,都会带上米酒、糍粑等仪式

---

① 根据 2012 年 1 月调查记录。

需要的祭品，或者在事主家中帮忙准备仪式所需之物。在禳灾仪式之后，参加仪式的人员一起聚餐，一方面是事主表示对参加人员的慰劳，另一方面是家族人员对事主所发生的灾事表示慰问。

整个禳灾仪式的过程将家族群体召集在一起，使他们在禳灾祈福的共同愿望中，实现情感上的沟通和交流。因为禳灾仪式往往是随着需要而发生的，具有随机性和不确定性，所以家族群体的聚会也是不确定的、随机的。另外，黎族宗教信仰中的万物有灵思想，使得禳灾仪式的频率也是比较高的。因此，禳灾仪式在内部交换中为家族群体经常聚会提供了一个契机。

2. 宗族祭祀再分配整合了同宗群体

宗族祭祀一般在黎族的"三月三"和年节时分举办。在黎族的传统上，是宗族活动中的一件大事。收年货，在为了祭祀准备用品的同时，也是强化人们宗族认同的过程。宗族祭祀从收年货、祠堂祭扫到宗族聚餐，构成了再分配交换中从"付出"到"返还"的完整连锁系统。并且，宗族祭祀通过再分配的形式，一方面强化了人们的宗族意识，正如符 ZK 所说吃"一锅饭"，显示了互相之间关系非常亲近；另一方面强化了道公在宗族群体中的重要作用，宗族祭祀仪式道公形象化地展示了自己的作为和能力，以赢得宗族群体的认可。通过这种宗族祭祀的仪式过程，人们的需要得到了满足，宗族群体的社会系统得到了整合。

二 经济外部交换改变了消费结构

经济的外部交换主要是指市场交换。市场交换与互惠交换、再分配交换不同，体现在它遵循交换的经济属性，而摒弃了交换的社会属性。通过市场交换，黎族同胞开阔了眼界，了解了主流社会的发展状况，并主动模仿、借鉴主流社会的消费方式。从生产、生活的各个方面，市场交换改变了黎族的消费结构。

（一）市场交换增加了生产、生活消费支出

1. 市场交换增加生产投入

计划经济时代的城乡二元结构，村民发展生产主要是通过上级下达的

计划任务，缺乏自主性，也不需要关心市场需求。在生产投入方面，也没有任何的主导权。改革开放，实行家庭联产承包责任制后，村民拥有了生产的自主权，并且在"交够国家的，留够集体的，剩下都是自己的"的宣传口号下，村民的生产积极性被广泛调动，为了追求更多的生产剩余财富，在生产方面的投入也在逐渐增加。

通过市场交换，村民获得了更多的市场信息，发现了提高生产效率的机械化工具，也因此进行更多的生产投入。自20世纪80年代，西方村人开始购置拖拉机、碾米机，这一时期购置现代化的农机具主要是亲戚朋友或者生产小组共买共用。2000年以后，随着经济收入的增加和现代农机具的便利性被人们所认可，西方村的村民竞相购置拖拉机、犁田机、脱粒机、碾米机等现代农机具。这些农机农具的价格少则500—1000元，多则几千元，其在家庭财产中所占的比重也是相当大的。

通过市场交换，村民开始留意市场需求，并根据市场需求指导自己的生产活动。在传统的稻作农业之外，西方村的村民还开始了多种经营，有的种植杧果、橡胶，有的养猪、养鸭，有的还在镇上租赁铺面，开设修理店。在这些生产过程中，购买树苗、农药，购买猪苗、鸭苗，购买修理器械、工具，都是一笔不小的开支。

> 符ZK（男，1960年出生）：市场上的猪肉价格一直在涨，我看新闻说国家鼓励养猪，去年9月就在后院盖起了猪圈养猪，养了20头猪。猪苗买的时候是一只520元。现在五个月了，差不多有200斤。一只猪到出栏，需要的饲料大概是7包，一包是130块，一次订购的数量在6包以上，就可以送货上门。算下来，每头猪的净收入是400元。

可以看出，符ZK之所以开始养猪，是市场上猪肉价格上涨的缘故。另外，为了印证自己的判断，他还专门通过广播电视等途径，了解国家政策。正是基于对市场信息和国家政策的了解判断，他最终做出了养猪的决定。因为，养猪的投入是一笔不小的数目，所以才更加慎重。

为了鼓励农民发展生产，国家出台了农村小额信贷政策。符ZK养猪的前期投入，大部分是向地方信用社申请的小额贷款。其间，修建猪圈的花费约3000元，购买猪苗的花费是10400元，饲料的花费约是18000元，不计算诸如猪生病的治疗费用等，投入的费用将近 30000 元。无论是养猪、养鸭，还是种植杧果、橡胶等热带经济作物，村民从事一项生产活动的前期投入大致都在 1—5 万元不等，具体也跟生产活动的规模有关。

2. 市场交换提高了日常生活消费

市场交换增加了村民的经济收入，这些收入不仅仅用来增加生产投入，还提高了村民的生活消费水平。通过前文对于经济生活的论述，可以发现，经过 60 年的发展，西方村黎族的生活方式和生活条件都有了较大的改善。这些改善一方面是因为家庭经济收入增加，另一方面是由于市场交换为村民提供了更多选择、更多便利。村里的小卖部可以为村民提供少量或急需的生活物品，如烟酒、调料等。村民其生活消费一般都是到东河镇或八所镇（东方市政府所在地）。东河镇距离村子只有 20 分钟左右的车程，非常便利。镇上的主干道两旁一个个门店鳞次栉比，有卖衣服、鞋子、床上用品等生活用品的，有销售农机农具的，有卖家用电器的，有卖食品饮料的，等等。此外，镇上还有一个大型的菜市场，销售各类瓜果蔬菜、生鲜肉食。村里人的生活需求在这里都可以得到满足。

通过对村民符 ZK 一家四口的生活消费调查，可以了解西方村人日常生活消费的大致支出情况。

表 3-2　　　　　　符 ZK 家的日常生活开支情况①

项目	单价	总计（元）	备注
油	16 元/斤	80	5 斤
菜	10 元/次	100	10 次
肉	——	50	10 次
鱼	——	50	5 次
米	70 元/袋	280	4 袋
电费	0.68 元/度	40	58.8 度
水费	——	无	井水
手机费	50 元/人	150	3 部手机
卫生纸	25 元/提	25	——
调味品	——	30	——
煤气	——	20	——

① 根据现场调查整理。

续表

项目	单价	总计（元）	备注
烟、酒等	——	50	
汽油费	——	60	2部摩托车
牙膏等小日用品	——	50	
合计	——	985	——

从表3-2中，可以看到一家四口的月消费金额约为1000元。符ZK认为他们家庭的生活消费在西方村属于中等偏上的水平。生活消费中的大米开支属于不定期的项目，碰上干旱少雨的年月，无法种植水稻，村民生活所需的大米一般要到集市上购买。一年一造的丰收时节，收获的大米足够一家人食用。所以除去买米的开支，符ZK家的月生活消费支出大致是700元。通过计算可知，西方村人均基本生活消费为2100—3000元/年。海南省年鉴统计资料显示，2011年海南农村居民家庭食品、交通通信及其他消费开支为2508.24元/年。[①] 东方市年鉴的统计资料显示，2011年东方市农村居民家庭人均食品和交通通信及其他项的开支为2441元/年。[②]

表3-3　　　　　　　　2011年海南居民人均消费水平对比表[③]

地域	人均消费金额
海南省	2508.24元
东方市	2441元
西方村	2100元

通过表3-3的人均消费水平对比，可以看出，即便统计口径不太一致的情况下，2011年西方村生活消费中等偏上的村民家庭，已经差不多赶上了海南省居民人均消费水平和东方市居民人均消费水平。由此可以证明，西方村黎族的日常生活消费支出与过去相比有了很大的提高。

---

① 海南史志网：http：//www.hnszw.org.cn/data/news/2014/06/72261/。
② 海南史志网：http：//www.hnszw.org.cn/data/news/2014/07/72751/。
③ 根据网络数据和调查数据整理。

(二) 市场交换丰富了娱乐消费

人类学家齐美尔曾说:"并非我是否拥有它决定着我的感觉,而是别人是否不拥有它,还是拥有它,决定着我的感觉。"① 这种消费观念正在影响着当下的西方村人,使得村民的文化消费需求不断加强,文化消费也逐渐增多。尤其在年轻人的群体中,因为对外界了解、接触的增多,仿效外界社会文化时尚或互相模仿的程度也在加强。

1. 市场交换带来娱乐消费多样化

"玩小房"(即隆闺)曾经是黎族传统的婚恋习俗,也是青年男女主要的娱乐方式。每当夜色降临,黎族的男子就会三五成群地来到女子的"隆闺",男女之间聊天玩耍、弄箫对歌,拉近彼此的距离、了解对方的喜好。中华人民共和国成立后,黎族的这个习俗被当作陋习禁止了。但是受"玩小房"这一传统婚恋习俗的影响,黎族特别爱唱歌。计划经济时代,特别是"文化大革命"时期,传唱革命歌曲,成为人们生产之余的主要娱乐方式。当然,这些娱乐方式都不存在需要消费的情况。

市场交换为村民购置娱乐设备提供了便利。20世纪90年代后期,社会上开始流行卡拉OK,受到村民的广泛欢迎。最初,村里的小卖店出租使用,一首歌1元钱。过年过节的时候,他们会聚在一起,喝酒、唱歌、跳舞。现在,家庭经济状况允许,黎族青年结婚前,或者结婚后,大多购置了电视机、影碟机及音响设备。卡拉OK成为家庭的必备娱乐器材。据村民介绍,购置一套卡拉OK的设备需要5000元到1万元不等。

男性青年外出打工学会了打牌赌博。如今,打扑克牌也是男性青年比较热衷的一种娱乐方式,但是打扑克牌多带有赌博的性质。过年时,外出打工的男性青年,经常聚在一起打牌。

> 访问对象:符ZW,男,黎族,1967年出生,现经营村里大榕树下的小卖店
> 访谈记录:
> 问:你的小卖店来的人多吗?

---

① [德]齐美尔:《社会是如何可能的》,林荣远编译,广西师范大学出版社2002年版,第186页。

答：平时人不多，过年的时候就比较热闹了。

问：过年的时候有什么娱乐活动？

答：喝酒、唱歌啦。以前我这里还可以唱卡拉OK，后来因为打架，政府不让搞了。

问：我听说村里人过年打牌比较多，你知道吗？

答：多啊，昨天还有人在我这里打牌，他们打的炸金花，有个人输了3000多块。

问：村里人打牌是什么时候开始的？

答：早啊，开始出去打工，后来慢慢就跟外面的人学会了。有的人过年回来，挣得钱打牌都输了，后来还打架，拿刀砍，很吓人的。

问：村里人会打麻将吗？

答：我打工的时候见外地老板打过，不过我们村的人不会，牌太多了，记不住。

从访谈中可以知道，打扑克牌主要是以外出打工的男性青年为主，一是因为这部分人在外出打工的过程中受到外面赌博风气的影响，逐渐学会了打扑克牌，二是因为男性青年在打牌过程中都有一种不服输、互相炫耀的心理，并且黎族人都有争强好胜的心理，只要被人邀请，一般不会拒绝。虽然打扑克牌作为一种娱乐方式，但是一旦与赌钱沾染到一起，就成了一种非理性的娱乐消费。

买彩票成为村民经常参与的娱乐方式。买彩票，当地称为摸彩或写码。这是一种海南当地的地下博彩，多为2元一注，每周的周二、周五、周日开奖。由于中奖概率大，所以参与者甚众。

符GX（男，1958年出生）：这里人都喜欢买码，中奖的人也很多，我经常买，但是中奖的不多，中过50元、100元。村里也有人中大奖，有的能中四五万元。我们这里有人做梦，梦到码就会去买，很多都能中奖。我也梦到过，但是没中。别人能中，我以后也能中。买码也是要学习的，镇上就有卖，上面有最近开奖的号码，还画成图，有的人就是按照图上画的买下一次的码，我觉得他们说的有道理。我经常到镇上听他们讲，也是学习嘛。

符 GX 是一个忠实的彩票迷。不做工的时候，他每天早上会到东河镇上吃早饭，在那里他可以跟各路的彩友们交流信息，根据购买的彩票指南，研究号码的趋势和中奖的可能性。一般情况下，他每次购买彩票的金额在 20 元左右。调查中，我们了解到有村民之前中了 8 万元的大奖，中奖当天邀请同公派的人中午和晚上聚餐，第二天女主人还邀请同公派家庭中几个要好的女性朋友到八所镇逛街玩耍，包吃住，还给同去的每个人买了一件衣服。

表 3-4　　　　　　　　西方村人不同年龄段的娱乐方式

年龄段	娱乐方式
50 岁以上	喝酒、唱歌、买彩票
30—49 岁	打牌、喝酒、唱歌、看电视、买彩票
18—29 岁	唱歌、跳舞、喝酒、打牌、玩手机、打球①
18 岁以下	看电视、跟小伙伴玩耍

通过走访调查，我们对西方村不同年龄群体的娱乐消费方式进行了整理，发现喝酒、唱歌是人们普遍的娱乐方式。但是，不同年龄群体的娱乐消费方式又都有明显的倾向性。例如，50 岁以上的男性经常参与买彩票，30—49 岁的男性打工青年经常参与打牌，18—29 岁的男性青年玩手机的比较多。相比而言，黎族女性因为经常忙于家务，反而参与娱乐消费的情况较少，老年女性一般都是织黎锦，青年未婚女性则以聚会聊天、看电视比较普遍。

2. 市场交换带来时尚消费

曾几何时，文身作为身体装饰的一部分是黎族社会的一种古老习俗。王兴瑞认为"文身为之变为一种美的装饰，可能性是大的"，符兴恩也认为"综观美孚方言黎族妇女的文身部位……除了作为氏族、部落的标志在生时或者死后让祖宗认得之外，还想让人们看见外露身体部位纹饰的虫蛾花卉之美"②。中华人民共和国成立之后，黎族文身习俗就已经慢慢消失了，如今黎族姑娘早已不再文身，古老的黎族文身已经不再具有审美的意义。

---

① 打球包括篮球、排球和台球。
② 符兴恩：《黎族·美孚方言》，银河出版社 2007 年版，第 238 页。

当初次走进西方村时，视觉冲击最大的当属村子里20岁左右的年轻人染过的或红或黄的头发。当他们七七八八地聚集在一起的时候，就会明白染发在村子里已经成为一种时尚。问及染发的原因时，他们的回答是在外打工看到别人染发觉得好看，所以效仿来的，有的是在镇上理发店染的，更多的时候是平时朋友一起玩耍时互相染发。染发的成本并不高，他们大多数用的是劣质的染发药水，市场价格大约每盒20元，所以染发成本的低廉也是能够迅速在村子流行的一个原因。

西方村人的文化消费有传统文化遗留的痕迹，但更多的情况是受到了外来文化的影响，尤其是电视的普及和外出打工，给村民了解和认识外部世界提供了很好的窗口，通过这些方式，他们接受新鲜的消费文化和消费时尚，同时将这些带入日常家庭生活。对于目前主流社会流行的文身时尚，在西方村还未发现，但是可以想见，黎族社会对文身时尚的接受程度是有历史文化积淀的，一旦主流社会的文身时尚在他们工作生活的范围内流行，那么可以想见，文身将会以另外一种形式成为审美时尚。

（三）市场交换改变了仪式消费方式

1. 传统仪式消费以物为主

1954年黎族社会调查曾对西方村仪式消费有过较为详细的记录。婚礼仪式的消费：一般是"男家便请村中兄弟或亲戚二人带上五六升米，一两包糖，二根甘蔗往女家说亲。当他们到了女家后，女家父母以茶烟招待并杀一只小猪请村人陪他们饮酒"，"席罢女家即交二升米或将男家原来礼物的数量还给男家的来人带返"，"解放后……说亲时，男家仅拿二升米往女家说亲"。[①] "男方择定结婚的日期以后，在结婚前的二三天，便准备猪一头、几十个糍粑、二坛酒和一锅饭，请村中兄弟二人或四人带往女家。""结婚前夕，男家亲戚都带上酒、米、红对联、封包钱等礼物前来男家饮喜酒……男家一般都杀猪请酒，较富裕的人家除杀猪外还杀牛"，"结婚那天早上，男家便请村中男女各二人带上一对耳环、一条头巾、二件裙子、二个光洋往女家迎亲"，"新娘等在途中行进间，即请三伯公（道公）一人拿一只鸡蛋、一杯酒、一碗饭摆在路上……'赶

---

① 中南民族学院本书编辑组：《海南岛黎族社会调查》，广西民族出版社1992年版，第410—411页。

鬼'","新郎……除了在家里摆上猪肉、酒、饭和烧香跪拜自己祖先外，还要拿槟榔去拜祠堂的祖先","男家父母及亲友们各送她一个封包钱","当天晚上，男家派二人挑着一个猪腿、一坛酒、一篮饭送新娘和送亲人一起返娘家"①。

葬礼仪式的消费：做七时②，"房内放有木台两张，另外用竹笪造成两排六张的案桌；每张台上放 13 个碗（五个盛糖，五个盛酒，三个盛水），每个案桌上放 7 个碗，其中 3 个碗放白糖，三个碗放酒，一个碗盛清水"③。做同望时④，"死者的亲戚云集，每人自携酒一坛（3—5 斤），小猪一头（3—4 斤）。那天据我们统计，共杀猪 38 头（其中三四十斤的一头，余均为三四斤的小猪），酒 39 坛（其中大坛一个，约 30 斤，余均为小坛，每坛 3—5 斤）"⑤。

从这些记录中可以看出，西方村的传统仪式消费是以物品为主，主要包括猪、酒、米和糍粑。这种以物为主的传统仪式消费，反映出当时市场交换的不充分，从而造成物品种类的匮乏。同时，也反映出当时黎族金钱意识比较淡漠。

2. 现代仪式消费以钱为主

传统仪式消费以物为主的情况，在改革开放前后出现了变化，西方村仪式消费中开始逐渐出现送礼金的情况。通过村民符 WJ 在 1977—1995 年之间，对家庭仪式消费的记录可以看到这一显著变化。符 WJ 三个儿子订婚的收礼情况：1977 年，大儿子订婚，收到的贺礼为米和酒，每人 4—6 桶的米和 1 瓶酒，共计 285.5 桶米和 52 瓶米酒⑥；1982 年，二儿子订婚，收到的贺礼是钱，礼金数额多为每人 1—2 元，极个别的有人送 5 元，此次订婚他收到的礼金共计 116 元；1994 年，三儿子订婚，收到的贺礼为钱，礼金数额多为每人 5—20 元，仅有 1 人所送礼金为 100 元，共计

---

① 中南民族学院本书编辑组：《海南岛黎族社会调查》，广西民族出版社 1992 年版，第 411—412 页。

② 做七，埋葬死者第二天的亡祭。

③ 中南民族学院本书编辑组：《海南岛黎族社会调查》，广西民族出版社 1992 年版，第 428、439 页。

④ 同望，黎语，意为满日，人死后在第 13 天举行。

⑤ 中南民族学院本书编辑组：《海南岛黎族社会调查》，广西民族出版社 1992 年版，第 428、432 页。

⑥ 此处所指的桶是当时市面上售卖的麦乳精的包装桶，在西方村作为了计量工具。

720元。

表 3-5　　　　　符 WJ 儿子订婚收礼记录表①

年度	事由	礼金	礼物
1977 年	大儿子订婚		285.5 桶米、52 瓶米酒
1982 年	二儿子订婚	116 元	未记录
1994 年	三儿子订婚	720 元	未记录

从表 3-5 可以发现，1977 年大儿子订婚所收礼品仍然是以物品为主，但是等到二儿子结婚时，村民所送的礼品就是以钱为主了。这一变化，正是发生在改革开放前后时期，可见经济体制改革所带来的影响不仅是深刻的，而且是迅速的，金钱在村民的意识中逐渐变得重要起来，并且送礼金额的大小也成为情感上关系亲疏的一种体现。

现在的结婚仪式中，前来道贺的村民虽然会带上几斤的大米，但是更主要的还是要送上几十或上百元的礼金。从 2000 年左右开始，婚礼中新娘会收到 200 元左右的礼金，现在新娘的礼金是 2000 元到 3000 元。从礼金数额的变化可以看出，一方面村民的经济收入在提高，另一方面仪式消费中以钱代物的观念正在深入人心。

通过仪式消费的变化，可以发现随着社会经济的不断发展和生产成本的上涨，人们在仪式消费上的投入也在逐渐递增，对于不断上涨的仪式消费，村民们并没有产生反感情绪，认为这些消费都是必需的、应该的。

（四）市场交换对消费观念产生影响

人们的消费方式总是随着民族交流而不断有所变化，并不断借鉴和融合其他民族的消费方式……但是，在任何一个时期，消费者总会按照自己的相对稳定的民族习惯和传统来进行消费生活，尽管这个传统中已经包含和吸纳了一些其他民族的消费生活方式的要素。② 几十年的经济发展和对外交流的增多，在现代社会消费观念的影响下，西方村人的消费观念正在悄然地发生变化，经济收入的提高和商品贸易的便利，使得西方村不同年

---

① 根据符 WJ 记录整理。
② 王宁：《消费社会学——一个分析的视角》，社会科学文献出版社 2001 年版，第 77—78 页。

龄结构的人的消费观念也在逐渐变得多元。人们对生产工具的升级、生活环境的改善、交通工具的便利，以及扩大再生产方面的消费，变得越来越积极，越有热情。

人类学家弗里德曼曾说："在世界系统范围内的消费总是对认同的消费。"① 前文曾经提到，调查中发现的一个特别明显的现象——染发。染发的群体为20岁左右的青少年，他们把头发染成红色、褐色、黄色、蓝色等各种颜色，并且在村子里的青少年之间形成了互相效仿。他们的这些行为并没有引起大人们的不解和反对。从消费认同的角度，外出打工的人把染发的消费行为带回了村里，同时他们带回的也是一种对于消费时尚的认可，虽然这种认可是在青少年群体之中，但是村子里年长者宽容的态度，在某种程度上也表达了对这种现代消费文化的认可。青少年的染发时尚仅仅是西方村人对现代消费文化认同的一例。在市场化的经济社会中，西方村人通过电视、广告等宣传途径开阔了视野，外出打工过程中也通过参与到现代社会的消费过程中，接触到现代的消费品、消费行为和消费观念。

传统的消费观念中，人们在日常生活中总是持一种"消费理性主义价值主张"，这种理性消费的表现就是"主张先苦后甜和滞后享受"，"这种价值往往在匮乏经济条件下对人们的消费行为起支配作用"。② 2012年田野调查中，我们驻村点的邻居是个六口之家，家里的两个大女儿已经出嫁，家中还有一对龙凤胎的姐弟。弟弟符生智于9月份就要到镇上读初中，从村里到镇中学走路大概40分钟，骑自行车大概15分钟。但是，家里为了方便儿子上学，花3000多元买了一辆摩托车。这大概是家里父母两人打工一个月的收入。这次消费显然不是出于理性价值观念，虽然可以从父母溺爱、鼓励子女接受教育等方面去解释，但是从收入与消费的观点，一方面家庭收入能够承受这样的消费，另一方面可以看出人们的消费观念正在从理性向感性转变。

---

① ［美］乔纳森·弗里德曼：《文化认同与全球性过程》，郭健如译，商务出版社2003年版，第104页。
② 王宁：《消费社会学——一个分析的视角》，社会科学文献出版社2001年版，第41页。

小结

　　西方村的内部经济交换,仍然保留了村落社会长期存在的互惠交换、再分配交换。与过去相比,互惠、再分配交换方式虽然有了相当程度的简化,但是在村民的生产生活中仍然广泛存在,并且发挥了一定的社会整合作用。其中,互惠交换的社会整合作用主要体现在个人层面,再分配交换则主要体现在群体方面。与此同时,市场经济中人们对个体经济利益的关注正在对这种社会整合作用的发挥产生消解。经济的内部交换方式反映在社会关系上,体现出血缘、亲缘仍旧是村落社会人与人之间的纽带,只是这种以情感为纽带的村落人际关系逐渐向利益化趋势发展。西方村的外部经济交换,主要体现在与外部市场联系的紧密程度不断加深,村民生产、交换主要是为了满足消费的需求,在市场化的过程中村民的消费结构和消费观念发生了深刻改变,人们对主流社会的消费行为和消费观念逐渐认同的过程中,不断改造着传统的消费结构和消费观念,这种改造主要体现在生产投入的消费和日常生活的消费提高,娱乐消费的需求增加,并且在仪式消费中,人们更加倾向于用"钱"代替"物"。正如经济学家所说,消费是收入的函数。西方村人消费观念的变迁,不仅源自与外界主流社会的接触、交流增多,还源自收入水平的提高。正是劳动方式、社会交往方式、婚姻生活方式、文化娱乐方式和土地户籍制度改革等方面的原因,西方村黎族的消费方式、消费观念"从过去与传统农业生产相适应的分散化、个体化、封闭性、低层次的传统消费方式,逐步向集中化、社会化、市场化、重视享受与发展的现代消费方式转变","科学、文明、健康、开放的消费方式开始在农村形成和发展"。[①]

---

　　① 胡绍雨、申曙光:《农村消费方式变迁及其作用消费增长的机理》,《西部论坛》2014年第5期。

第四章

经济角色：从"生产者"走向"经济人"

在民族地区经济社会转型的过程中，经济活动主体的经济行为会出现不同于传统模式的因素，会发生超出传统行为模式范围的变化，并通过示范、模仿和扩散等效应而推动整个群体行为模式的现代转型。[①] 无论是小农经济时代，还是计划经济时代，西方村的黎族都是以一种农业劳动生产者的角色存在。他们日复一日地从事农业生产，只是能够获得基本的生活需要。在他们的意识当中，认为农业生产就是砍山栏、种水稻、上山打猎、下河摸鱼。市场经济的发展改变了黎族同胞生产上的经济意识，让他们懂得了农业多种经营能够获得更多的经济收益，让他们明白了打工是谋生的另外一个途径，让他们懂得了土地权益也能够带来经济收入。当市场的大门敞开之后，他们开始主动适应市场的需要，努力实现从"生产者"向"经济人"的转变。

一 "生产者"适应了市场体制

(一)"生产者"市场意识增强

金矿打工让村民初步建立了劳动力交易的市场意识。西方村人最初接触市场，并促使他们建立起市场意识的，是参与当地的金矿开采。1986年，当地发现金矿，并进驻开采公司，为了方便雇用劳动力，金矿开采公司从周围招募劳工。西方村是人口大村，村内劳动力丰富，村民听说金矿招工的消息后，纷纷前往务工。有的村民是为了挣钱，有的还抱有发财的

[①] 刘小珉：《民族地区乡村经济行为模式、动机体系及其变迁研究》，《黑龙江民族丛刊》2003年第5期。

想法。村民走出习惯的生活环境，在市场上与陌生人打交道，面临了很多困难。例如：语言交流的困难，受人歧视的困难。

  符 ZH（女，1968 年出生）：1986 年的时候，我们七个人去金矿挑沙，那个时候还不会普通话，海南白话也听不太懂。我胆子大，就跟老板讲工钱，本来想说每天 13 块，结果说成了每天 10 块 3。那时候没有电话，找工作都是到处找，有的老板态度不是很好，不给工作，连口冷水都不给喝。不懂老板说的话，还被老板骂"最笨的就是你们这些少数民族大笨猪"。

  从上述访谈记录可以看出，村民初次参与劳动力的市场交易时，心理上还是有非常大的压力，一方面，他们希望能够挣到更多的钱，但是由于语言交流障碍，自己提出的工钱价格反而成了别人压榨劳动的理由；另一方面，他们对于市场还是抱有很多的期望，期望老板可以给予一定的工作待遇和工作环境，但是在与外界进行接触的过程中，他们的心理期望都被现实否定了，这让他们有更多的自我保护意识。到金矿打工的经历，让村民看到了除农业生产以外的挣钱渠道，让他们初步建立了劳动力交易的市场意识。这是西方村后来打工经济盛行的开端，在金矿开发后期被政府严格管理后，西方村人开始转移视线，只要能够挣钱，他们会主动地寻找打工挣钱的机会。

  木薯种植让村民初次建立了农业生产的市场意识。2000 年左右，西方村开启了一场全村大规模种植木薯的生产活动。事情的起因是当时广西天旱，造成木薯大面积减产。此时，市场对于木薯的需求不断上升，木薯的收购价格上涨。最初，西方村仅仅有几户村民种植木薯，绝大多数村民并没有大面积发展木薯种植的想法。正是看到带头的几户村民种植木薯挣到了钱，加上木薯收购商在村里进行宣传，村民们开始大规模种植木薯。这种情况持续了 3—4 年的时间。用村民的话说，当时是全家老小齐上阵，坡地距离村子远的人家，在地里搭起了茅草房，把家搬到了地里。木薯种植让村民初次体会到了响应市场需求，会给他们的生产带来较高的收益。这种对市场需求信息的响应，对后来农业的多种经营产生了深刻的影响。

  2004 年，海南洋浦经济开发区创办造纸厂以来，对造纸原料桉树的需求不断增多，收购价格也在逐年提高。2011 年与上一年相比每吨上涨了 80 元，达到 380 元/吨。看到市场的需求形势，村民们种植桉树的积极性也越来越高，不断扩大桉树的种植面积。不仅仅是种植桉树，村民种植橡胶树的热情也是被市场需求带动的。

  符 ZK（男，1960 年出生）：听说白沙每家有四五株橡胶，每月收入都有 4000 多块。东河以后最富裕的是苗村，他们每家也有一两百株。橡胶是国防备用的，不会没人买，都是有人上门收的。一个家庭种四百株就可以很富裕了，种下六七年就可以等着割胶了。我已经种了 3 年了。

  符 ZK 的讲话中，不仅包括了对海南白沙县农民种植橡胶树获得收益的信息了解，还基于国防对橡胶的需求进行了市场分析，更加坚定了种植橡胶树的信心。村民符 WN 在他的带领下，把原来坡地上种植的木薯全部铲除，也种上了橡胶苗。由此可见，村民对农业生产的多种经营越来越紧跟市场的需求。

除此之外，村里有的头脑灵活的人，还学会了充分利用商机赚钱。符 CD 就是其中的一分子。村民评价他"脑袋里就想着怎么赚钱"。他之前看到村里人结婚、出殡到处借桌椅板凳，就购买了一批桌椅板凳和碗筷，提供出租服务。出租的价格是桌子每张 4 元，椅子、板凳 10 把 5 元。这种出租的方式受到村里人的欢迎，因为符 CD 不仅送货上门，而且直接租借还避免了到处借用和经常把借来的东西搞混的麻烦，费用也很便宜。2010 年，符 CD 看到东河镇到八所镇往来坐车的人需求增多，他自己购买了一辆二手面包车跑运输，每天的收入 300 元左右。后来，因为没有办理营运证，属于"黑车"，在街上拉客的时候被交管部门查处了四次，总共罚了 3000 多元，没有挣到什么钱，也就放弃了。

（二）"生产者"产权意识提高

土地承包责任制为村民建立产权意识奠定了基础。1981 年 9 月，在东方市政府的推动下，西方村实行了包产到户的"大包干"生产责任制。1991 年 11 月中国共产党十三届八中全会通过了《中共中央关于进一步加强农业和农村工作的决定》，提出把以家庭联产承包为主的责任制、统分结合的双层经营体制作为我国乡村集体经济组织的一项基本制度长期稳定下来，并不断充实完善。同年，西方村的村民就签订了《联产承包责任制合同手册》。

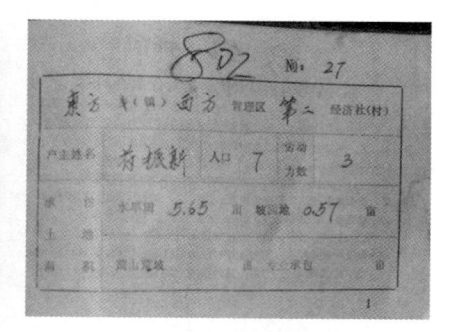

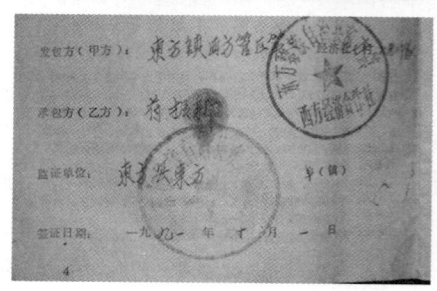

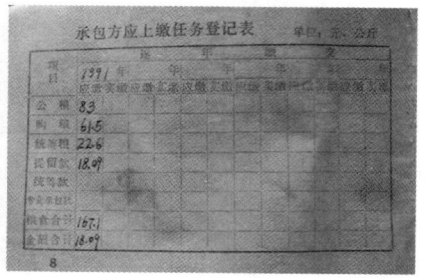

图 4-1　联产承包责任制合同手册①

图 4-1 所示为村民符 ZX 1991 年 10 月份签订的《联产承包责任合同手册》，手册上显示发包方是西方经济合作社第八生产队，承包方符 ZX，监证单位为东方黎族自治县东方镇人民政府，承包期 10 年（从 1991 年 1 月至 2000 年 12 月）。

　　土地承包到户，签订承包合同，这些土地承包制度的落实，让村民对土地的归属有了明确的概念。虽然，村民还要上缴农业税，但是交够农业税后剩余的粮食让村民真实体会到什么是多劳多得，更重要的是村民从那时起，就对承包在自己名下的土地有了初步的产权意识。

　　土地流转政策为村民获得产权收益提供了保障。国家农业部 2005 年颁布了《农村土地承包经营权流转管理办法》，《办法》规定"承包方依法取得的农村土地承包经营权可以采取转包、出租、互换、转让或者其他符合有关法律和国家政策规定的方式流转"，在不改变家庭承包经营基本

---

① 作者现场拍摄。

制度的基础上，把股份制引入土地制度建设，建立以土地为主要内容的农村股份合作制，把农民承包的土地从实物形态变为价值形态，让一部分农民获得股权后安心从事第二、第三产业；另一部分农民可以扩大土地经营规模，实现传统农业向现代农业的转型。《办法》出台后，海南省政府当年就推动了此项工作的落实，西方村的村民拿到了他们自己的《农村土地承包经营权证》。

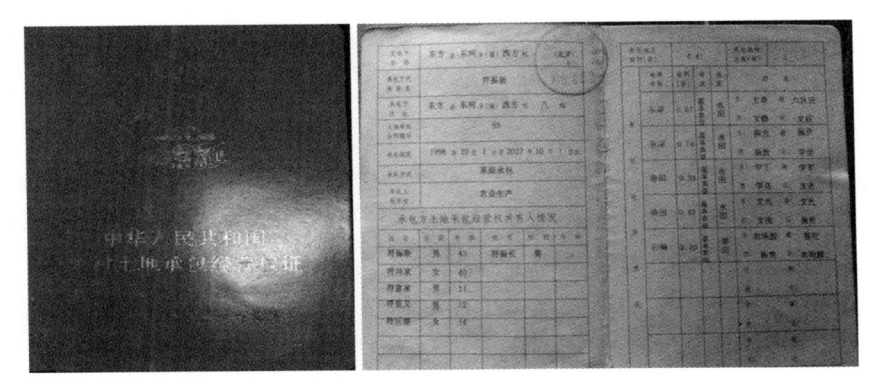

图 4-2　农村土地承包经营权证①

图 4-2 所示，村民符 ZX 的土地承包经营权证书是 2005 年 9 月颁发的，签订的承包期限是从 1998 年 10 月 1 日至 2027 年 10 月 1 日，承包期限 20 年，承包的土地面积为 4.41 亩。

合同或协议增强了村民的产权意识。一方面，土地流转政策的颁布为村民利用土地权益获得经济收益提供了政策支持，在海南农业规模化种植日益发展的过程中，越来越多的村民参与到土地流转活动中；另一方面，村民在参与土地流转的过程中，也越来越重视到产权的作用和市场交易中合同的重要性。虽然有的村民并不识字，但是他们对签订合同或协议书普遍持肯定的态度。

> 符 GQ（男，1961 年出生）：签合同当然好，有了这个，我们就不怕出问题。上面都写清楚了，老板要给多少钱，我们要干什么。写清楚了，就不怕老板赖账。

---

① 作者现场拍摄。

押金协议书

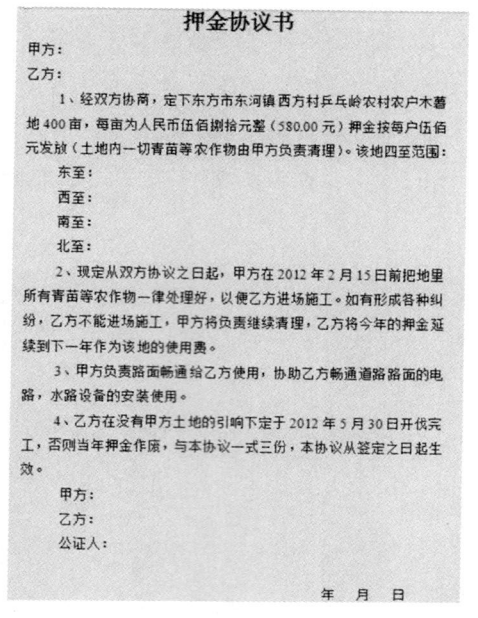

甲方：
乙方：
1、经双方协商，定下东方市东河镇西方村兵兵岭农村农户木薯地400亩，每亩为人民币伍佰捌拾元整（580.00元）押金按每户伍佰元发放（土地内一切青苗等农作物由甲方负责清理）。该地四至范围：

东至：
西至：
南至：
北至：

2、现定从双方协议之日起，甲方在2012年2月15日前把地里所有青苗等农作物一律处理好，以便乙方进场施工。如有形成各种纠纷，乙方不能进场施工，甲方将负责继续清理，乙方将今年的押金延续到下一年作为该地的使用费。

3、甲方负责路面畅通给乙方使用，协助乙方畅通道路路面的电路，水路设备的安装使用。

4、乙方在没有甲方土地的引响下定于2012年5月30日开伐完工，否则当年押金作废，与本协议一式三份，本协议从签定之日起生效。

甲方：
乙方：
公证人：
　　　　　　　　　　　　　　　　年　月　日

图 4-3　待签订的协议书①

图4-3所示为村民参与土地流转待签订的协议书。协议书对流转的地块信息、产生的费用信息以及双方应该承担的责任和义务进行了约定。从法律文书角度看，这份合同还存在很多漏洞，例如没有甲乙双方的身份证信息。但是，契约意识、产权意识却在合同签订的过程中，潜移默化地影响了村民的市场观念，他们开始慢慢地懂得了市场交易的规则、程序，以及个人权益的保障措施。

林地确权登记为村民进一步开展产权交易提供了保障。2000年，国务院颁布的《中华人民共和国森林法实施条例》规定："国家依法实行森林、林木和林地登记发证制度。依法登记的森林、林木和林地的所有权、使用权受法律保护，任何单位和个人不得侵犯。"海南省政府于2007年11月颁布了《海南省集体林业产权制度改革工作总体方案》，《方案》指出集体林权制度改革（以下简称林改）是我国农村土地基本经营制度的重要内容，是农村家庭联产承包责任制的丰富和完善，是从耕地向林地的延伸和扩展，是促进农民增收的机遇和途径。

---

① 作者现场拍摄。

2007年，集体林地确权的主要内容，涉及处理林地承包的历史遗留问题，解决自留山、责任山、林地分配不均和承包金问题以及完善集体林地的经营制度。在西方村按照黎族传统的习惯法，土地是谁开发的，所有权就是谁的，并且即便开发者曾经开发过某块土地，但是他并没有坚持耕种，出现了抛荒，那么后面的开发者对这块地就享有所有权。在计划经济的体制下，林地不能产生过多的经济价值，这种情况并没有引发村民之间的矛盾。改革开放后，随着市场经济的不断发展，国家对于农村土地的政策逐渐释放出土地的价值空间。20世纪80年代，国家在推行植树造林的过程中，曾经实行过"谁造谁有"的政策，更加加深了村民们将"谁造谁有"误认为"谁占谁有"的理解。

> 符GQ（男，1961年出生）：并不是每户都有林地，有的人面积也不同，有的人家有100多亩，有的甚至还不到1亩。这块地原来就是我爷爷开的，我们这一代，1986年搞金矿的时候就没有耕种了，后来村里有人在这块地上耕种，就归他了。

访谈的时候，符GQ的眼中流露出了落寞和愧疚，虽然心中充满懊悔，但是他表示承认这块林地现在的归属权。村民符ZQ对此却表示了不满，他认为这是一种不公平，既然是集体所有制，那么就应该像土地一样按照每户的人口进行分配。

图4-4所示是2011年西方村集体林地确权结果的第四榜公示表，这也是林地确权登记工作的最后一次公示，下一步政府部门将根据这个结果颁发林权证书。这也就意味着村民承包的林地可以正式进行土地流转。

（三）"生产者"重视生产技术应用

生产工具的机械化凸显了村民的技术意识。2000年左右，小型手扶犁田机、脱粒机等机械化工具开始进入村民的家中。2005年前后，犁田机在西方村逐渐被村民广泛使用。这标志着西方村的稻作生产已经开始抛弃传统的牛耕马拉方式，实现了初步的机械化。

> 符ZD（男，1971年出生）：过去用牛要半天多的，用机器只要1—2个小时。有的坡地不行，地面不平就不行，容易倒，这种就

用牛。

图 4-4　西方村集体林地林权证颁证结果公示表①

图 4-5　手扶犁田机②

正是由于生产工具的机械化大大提高了劳动效率，村民对机械化的生产工具逐步认可。犁田机、脱粒机刚刚兴起的时候，很少有村民会单独购

---

① 作者现场拍摄。
② 作者现场拍摄。

买，大多是几户联合购买，共同使用。随着村民收入的增加，和机器使用频率的提升，为了生产方便，现在基本上大家都购置了基本的机械化生产工具。

图 4-6 碾米脱粒机①

图 4-6 是村民符 GX 2002 年花了 700 元购买的金峰牌碾米脱粒机，目前放置在他家的门廊尽头。

> 符 GX 的老婆（女）：有了这个机器，每年收稻的时候很方便，稻子晒了放起来，想吃大米直接拿出来把壳脱掉，吃多少搞多少。

2004 年左右，外村的汉族人在村口开设了一个碾米加工部，专门加工村民的大米。因为加工的数量大、速度快，并且可以直接烘干稻谷，免去了晒稻谷的麻烦，加工稻谷也是免费，只要留下米糠即可，所以村民们都愿意到加工部加工稻谷。

学习生产技术显示了村民的技术意识。过去，村里农业生产是以水稻种植为主，村民对其他的农业生产技术没有掌握。在农业多种经营的过程中，村民逐渐体会到了生产技术的重要性。以种植杧果为例，符 FQ 选择种植杧果的原因，是看到村子周边的广坝农场在发展杧果种植，随后跟着

---

① 作者现场拍摄。

种杧果。种植杧果需要进行嫁接，但是他不懂嫁接技术，只能花高价从农场购买已经嫁接过的杧果苗。

> 符 FQ（男，1964 年出生）：开始买农场的杧果苗，一株是 4 块。市场上，一斤芽接苗也要 30 块，可以嫁接十几棵了。不懂技术，就要买高价。后来就到农场跟着学，自己试，搞成了，后来芽接都是自己搞了，不用去买。

符 FQ 正是从种植杧果的过程中体会到了技术的重要性，所以才下定决心向广坝农场的工人学习杧果的嫁接技术，并通过在自己的杧果地里搞试验，才最终克服了杧果嫁接的技术难题。如今，西方村种杧果的村民，他们的杧果嫁接技术大都是符 FQ 传授的，杧果嫁接的时候，大家会请他帮忙指导一下。

上述类似的事情还有很多。符 WF 在生猪养殖过程中，同样也经历过。他向普光农场养猪的人请教养猪技术，为的是提高母猪的受孕率和猪崽的抗病能力，当他知道可以直接用精子针进行母猪受孕的时候，就毫不犹豫地花 60 元购买了两管精子针试用。并且，他还了解了饲养生猪的配料技术和基本的病症治疗技术，所以符 WF 饲养的生猪出栏快，生病少。他也因此被村里人誉为养猪能手。在符 WF 的带领下，西方村有几家也跟着发展生猪养殖。

> 符 WF（男，1961 年出生）：刚买来的猪苗，要保持猪圈干净，2 个月之内要讲究，经常用水冲洗，喂料的水也要干净。猪大了就要搞清料了，加地瓜叶、木薯粉。天热还要经常看猪有没有生病。

符 ZK 认为农业经济的发展要重视四个方面，一是农业要搞循环经济；二是农业生产的长期、短期规划都要心里有数；三是要学习种植、养殖技术；四是要明白人多力量大、家和万事兴的道理。

> 符 ZK（男，1960 年出生）：一定要跟上形势，要专心，不专心搞不好。要看书学习，基本上不会赔，除非是市场价格不好。搞农业就要像大陆老板，要成片，不要一家种，家家种就会有人来收了。正

月我们这里都可以种瓜果、种蔬菜,这都是反季节的。搞农业就要引进老板来,先跟他打工学习。

从符 ZK 的访谈中,可以发现,近年来,大陆老板在海南发展规模化种植,村民通过到这些种植园打工,亲眼见证了技术对农业生产带来的经济效益,认识到了技术的重要性,所以他们在打工的过程中,也在逐渐学习这些先进的生产技术。

二 "中间人"发现了生财之道

"中间人",或称为中介人、线人、乡村网络专家等。他们往往利用职务或者职业之便,来帮助他人或者起到牵线搭桥的作用。有学者认为,村落中这些"中间人"人数虽然不多,但是他们具有控制和调动官方与民间社会资本的权力和威望,都很吃香,成为在广大底层民众中极受欢迎的人物。① 在西方村,道公正是利用个人职业身份获得的社会资本,将之转化为个人的经济收益的。

(一)"中间人"原是民间宗教信仰的代言人

黎族社会普遍存在民间宗教信仰,并且在宋代以后,随着汉族道教信仰的传入,黎族的民间宗教信仰呈现了黎、汉结合的特点。黎族早期信奉"万物有灵",认为天地之间存在各种"鬼",包括天鬼、水鬼、雷公鬼、石头鬼、祖先鬼等,民间宗教信仰中与这些"鬼"的交流,是通过"娘母""鬼公"完成的,他们负责主持拜鬼、驱鬼的仪式。宋代以后,汉族的道教信仰传入黎族地区,"道公"的称谓取代"娘母""鬼公",成为民间宗教信仰代言人的统称。现在,西方村的民间宗教信仰中,将主持"鬼"信仰仪式的人称为"黎道公",主持汉族道教信仰仪式的人称为"汉道公"。西方村的六个宗族,每个宗族都有一位汉道公,而黎道公全村只有3位。

道公作为民间宗教的代言人,其作用主要体现在各种宗教仪式活动

---

① 周大鸣、秦红增:《中国文化精神》,广东人民出版社2007年版,第185页。

中，例如婚礼、丧礼的祭拜仪式，宗族祭祀仪式以及祛病禳灾的仪式活动。汉道公的职能比较普遍，可以主持上述的各种仪式活动，特别是丧礼的仪式活动规模较大、时间较长、仪式较多，一般六个宗族的汉道公都会参加。黎道公的职能一般是主持祛病禳灾的仪式，参加人员以家族人员、家庭成员为主，仪式活动的规模、范围较小。

道公民间宗教信仰代言人的身份还体现在对宗族的传承。西方村六个宗族都有自己的家谱，家谱的修订都是由汉道公负责，例如家谱名字的排辈，1954年的调查中曾记载，符庆贤的祖公家谱排序是"荣、玉、全、明、安、秀、肇、庆、英、才"，但是当时并没有记载家谱排序的由来。此次调查，我们了解到家谱的排序都是由各个宗族的汉道公会同本族的老人一起确定族谱的排辈，现在符庆贤祖公的排辈增加了"贡、生、兴"，即是最近两年由汉道公确定的。

此外，道公还会主持或参与家庭、宗族矛盾的调解，两个宗族之间出现矛盾时，双方的道公同样也会负责中间的调停。因此道公受到村民的普遍尊重，在各种仪式活动中，村民会把祭祀中最好的供品留给道公食用，过年过节也会给道公送去慰问品等。因此，道公具有多种的社会功能，"他们既是巫师又是黎族传统文化的传承者，同时又是乡亲们的良师益友、心灵医师，人们日常生活中极需要的人，受乡村人的尊敬"。[1]

（二）"中间人"成为土地租赁的代理人

农业的规模化种植为土地租赁提供了市场机遇。1998年，大广坝水库建成之后，改变了这里山地、丘陵地区缺少灌溉用水的弊端，西方村所在的东河镇土地租赁日趋繁荣。大陆老板开始到当地承租土地，发展香蕉、杧果、西瓜等热带水果的规模化种植。规模化种植的需求，为当地土地租赁市场带来了机遇，土地租赁的代理人应运而生。他们负责为承租土地的老板提供信息，并利用熟悉地方情况的优势，联系农户；或者作为承包人的委托人，管理与村民签订土地出租合同，发放租金；或者为了承包连片的土地上门做村民的工作。

道公的身份为从事土地租赁业务提供了便利。黎族的鬼神信仰决定了

---

[1] 林日举、高泽强：《当代社会中黎族民间宗教信仰主持人的田野调查》，《广西民族师范学院学报》2016年第6期。

日常生活或宗教活动中，经常需要道公主持祭祀、婚丧嫁娶等仪式活动。一方面，道公的身份，决定了他们在村民当中享有一定的声誉，容易赢得村民的信任。他们在这些集体活动的场合，可以借机向村民宣传有人出资承租土地的事情，同时只要有人有意搭话问起，他也可以私下再进行沟通；另一方面，与普通村民相比，道公一般都有点文化，识字多并会说普通话、白话和黎话。此外，黎村的道公还会经常互相交流，他们能够及时获取外界信息。这些都为道公从事土地租赁的代理人提供了便利。

市场需求带来的机遇和道公身份的便利，成为道公从事土地租赁代理人的内外因素，道公由宗教代言人成为土地租赁代理人的根本原因是此项工作的经济收益。符 ZM 是西方村从事土地租赁代理道公之一，他是村内"nan'de"（南的）宗派的汉道公，初中文化，喜欢抽烟，尤其喜好抽水烟，身材颀长，可能是由于抽烟的缘故，他的身体素质不太好，皮肤白净的他看上去有些柔弱，不太做农活的样子。但是，他的普通话流畅，而且非常健谈，这也是他适合做"中间人"的优势。

> 符 ZM（男，1964 年出生）：2009 年的时候，我就经手租出去了 500 亩地，租给种香蕉的老板。租期是 3 年，老板一亩给我 40 元的抽成。

从访谈中可以得知，代理人的这项工作只需要在农户和老板之间完成信息的沟通工作即可，不需要付出什么特别的劳动。并且，站在道公的角度，代理人工作的经济收入还相当可观，谈成 500 亩的土地租赁业务，就可以获得 2 万元的收入，可谓是无本获利。有时，除了获得代理人的收入外，他们还有可能被承租老板委以其他的工作。

> 符 ZM（男，1964 年出生）：福建老板承包土地，是要给我工资的，我还要帮他管理，老板说了每月是 5000 元。土地承包是我联系的，老板还要一亩给我 60 元的抽成。

正是经济上的巨大收益，让道公对从事土地租赁代理人的工作更加坚定了信心，他们也更加热心地向村民宣传土地租赁可以带来经济收益。资本市场上流传这样一句话"收益越高，风险越大"。道公一味看重经济收益的同时，往往忽略了其中的风险。2010 年，符 ZM 联系了一笔土地租赁，就出现了老板跑路的事情，给他个人的声誉带来严重的打击。

  符 ZM（男，1964 年出生）：去年 3 月份，我联系了老板承包土地，合同写明的是初八开始进场控地，推平原来的地，5 月 15 日开始种香蕉，付给农户全部地租。总共 1400 亩地，老板给了 8 万元的押金，这些押金按照农户土地面积的大小，有的给了 200 元的押金，多的给了 2000 元。后来地里打不出水井，老板因为没有钱，跑路了。一直到去年年底，地就一直空着，这些人开始找我要损失赔偿。控地的时候，把农户种的小叶桉都铲了。我今年真的倒霉，家被人砸了，小孩被人打，眼角在骑摩托时还摔伤了。我出门联系大老板租地，是我带领西方村的老百姓致富。

  从上述这个事件中，可以看出，符 ZM 从事的土地租赁代理人工作并没有任何主动权，一旦承租人失信，他个人就会陷入"信任危机"，村民会把由此带来的损失，全部算作是他个人的。因此，土地租赁代理人并非无本收益，而是以道公的声誉作为信用抵押。但是，他们却并未看到这一点，仅仅是归因于老板跑路，或者是个人倒霉。此次事件，符 ZM 为了给愤怒的村民一个交代，他积极联系有承租需求的老板，2012 年年初的时候，事情出现了转机。

  符 ZM（男，1964 年出生）：我现在找了一个福建的老板，他在东方承包了很多地，愿意出 500 元/亩，承包 2 年。已经跟农户签了协议，老板也预付了 2 年的租金。这个事情我跟村委和镇上都做了备案。

  道公从事土地租赁代理人在西方村并非符 ZM 一例，黎道公符 ZF 也是其中一员。从符 ZM 的个案中可以看到，道公在从宗教代言人向土地租赁代理人的角色转变过程中，是将其社会角色赋予的权力进行了经济上的让渡，用道公的声誉作为经济行为的抵押物，从而获得经济上的收益。道公的生财之道，从积极方面看，是在逐渐适应市场经济的需要；从消极方面看，这种行为会导致道公角色的社会期望的降低，消解宗教在社会整合中的作用。

三 "经济人"实现了价值投资

"经济人"源自经济学概念，意指为经济利益而生存，一切行为在于追求利益最大化的人。本书意指熟悉市场经济规则，利用各种资源谋求经济利益的人。有学者以"文化农民"为代称，他们具有经济头脑灵活、有计划会变通、接受新事物能力强、有判断力等特征。[①] 在大多数西方村人只是开始逐步适应市场经济运行规律的时候，这部分人已经开始了价值投资。他们早期参与金矿开发中获得的原始积累，在市场经济不断发展的今天找到了增值、保值的投资渠道。他们摆脱了"生产者"的角色，在市场经济的舞台上学会了如何扮演"经济人"的角色，并且运用各种资源增加自己的价值收益。他们大都具有敢想敢干的性格，同时又具有号召力，这为他们早期进行原始积累和后期参与市场竞争埋下了成功的种子。

符 CL 是西方村"经济人"中的代表，他皮肤黝黑，还有些发红，身材中等偏瘦，说话嗓门比较大，因为从小就是村里的孩子王，有不少兄弟朋友，长大后又有在外工作的经历，所以讲话的时候有一种天然的优越感。他重义气，为人豪爽，有正义感。符 CL 现有 80 亩的杧果园，与人一起投资种植了 500 亩的甘蔗，还出资在表弟的 70 亩地上种植杧果。可以看出，符 CL 利用自身优势，将个人资本广泛投资在农业种植领域。他的角色转化充分体现了改革开放后，西方村的一名劳动"生产者"如何逐步成长为一名农业投资的"经济人"。

符 CL 兼具"管理者"和"经济人"的双重身份。他现任西方村的村主任，是 2010 年村委换届的时候当选的。2010 年西方村村委班子换届选举时，被列入东方市重点、难点村。东河镇的换届资料中注明"西方村存在的问题是村人口多，工作难度大，存在宗派，且势力大"。因为上一任村支书和村主任为同一人担任，各项工作在村内不透明，引起了较大民愤。在本次换届选举中，政府部门要求村支书和村主任不能由同一人担

[①] 秦红增：《乡土变迁与重塑：文化农民与民族地区和谐乡村建设研究》，商务印书馆 2012 年版，第 63—64 页。

任，符 CL 作为宗派因素和政治因素的双重考虑对象，当选村主任。

（一）"经济人"的政治（宗族）背景为资本积累提供了便利

符 CL 的资本积累源自金矿盗采。1986 年，西方村乒乓岭的位置发现了金矿。最初，由政府安排的开采公司负责挖掘，公司向周围村子招募民工。但是，受到巨大的利益诱惑，周围村子的村民盗采情况严重，并最终引发了争斗，造成人员伤亡。最终，1989 年，政府派武警部队驻守，才终结了金矿的私挖盗采。正是在 1986—1989 年，通过参与金矿的私挖盗采，符 CL 实现了资本的原始积累。

> 符 CL（男，1962 年出生）：1986 年，搞金矿的时候，我姐夫是镇上的党委书记，经常去矿上偷砂卖。后来学别人怎么采，用什么工具。和泽发、生智的老爸我们一共五个人，买了水钻、洗砂的工具，就自己开。洗砂就在西方水库。一个星期就赚 3000 多块。1989 年建这个房子的时候，已经有了 20 万块了。

由此可见，金矿开采为符 CL 带来了巨大的经济收益，这也是他日后从事农业生产投资的原始资本。

政治保护源自有亲戚在政府部门任职。"姐夫在镇上任党委书记"，这是符 CL 敢于参与金矿私挖盗采的一个主要原因。正是姐夫充当了政治上的保护伞，符 CL 更加有底气进行金矿盗采，并且他从最初在矿上偷卖矿砂，发展到购置专门的挖掘、洗砂工具，进行小规模的盗采。也正是"姐夫在镇上任党委书记"，在以后因争夺开采地盘发生打架斗殴，并引发人命案的时候，符 CL 才能够不被牵连。

宗族保护源自其自身较高的辈分。前文曾述，在西方村有六个宗族，其中"符庆贤的祖公"就是符 CL 所在的那个宗族。与其他宗族相比较，"符庆贤的祖公"到"才"字辈，已经有了十代人，人数最多，因此在村子里的宗派势力最大。当时，符 CL 在村里年轻一辈当中辈分最高，是他们公认的"头头"，具有很强的号召力。所以，在符 CL 进行金矿盗采时，村子里没有人敢和他争抢地盘。这也是他可以获得巨大经济利益的一个重要因素。

后来，符 CL 当选为村主任，其政治背景仍然给他带来了一定的经济收益。

> 符 CL（男，1962 年出生）：每年福建老板来收杧果，都要找我，每吨给我 5 分，还包吃喝、抽烟。

由此可见，市场过渡理论所关注的权力让渡问题在此得到了再现。正是受益于家中亲戚的政治背景保护，符 CL 才敢于参与金矿的私挖盗采，虽然那时的情况是西方村有相当多的人都在参与，并非他一人。但是，符 CL 之所以能够将普通的私挖盗采发展成为有专门工具、有专门分工的团队合作，也是基于对这一政治背景的依靠。他相信他的姐夫能够为他的经济收益提供保护。此外，在发生政府权力的经济让渡过程中，宗族的社会权力让渡也为他提供了一定的保护。这种宗教的社会权力让渡使得他在同村群体中占据了一定优势。

（二）"经济人"的合伙人为资本发展提供了帮助

金矿开发可以获得巨大收益的同时，也引来了利益上的纠纷，引发了社会矛盾。后来，国家开始派武警部队驻扎在金矿现场，私挖盗采现象被严厉禁止。符 CL 从那时起，在政府单位谋得了一份工作，直到 2010 年单位清退富余人员。符 CL 回村竞选村主任并当选，开启了他谋求资本发展的阶段。

技术合伙人为资本发展提供了技术帮助。姚 HZ 是符 CL 资本发展的重要技术合伙人。姚 HZ 原是昌江县的汉族人，会说流利的海南白话和普通话，早在西方村发现金矿的时候，姚 HZ 就从昌江县来到了东河镇，寻找发财的机会。广坝农场十七队，在挖金矿的时候成为主要的地下销售市场，同时也带动了当地服务产业的发展，很多小卖店、小饭馆鳞次栉比，相当热闹，在当时还有"小香港"的称号。姚 HZ 和符 CL 就是在广坝十七队认识的，并成为挚友。2010 年，符 CL 开始投资农业生产的时候，第一时间找到的就是姚 HZ。这不仅仅是因为他们长期建立的朋友关系，更重要的是姚 HZ 还掌握了农业生产的技术。姚 HZ 的父辈是昌江县农场的职工，金矿开发告一段落后，他就落户在了广坝农场十七队，成为广坝农场的职工，所以他是地地道道的农场二代，在热带农业作物种植方面掌握了一定的生产技术。

资本合伙人为资本发展提供了资金帮助。农业生产需要规模化的经营，否则很难收到效益。为了投资农业生产，符 CL 在自有资金无法担负前期投入的情况下，联系了广坝农场十七队的老张和老郑，商量共同出资，收益按照出资比例进行分成。最终，2010 年，符 CL 与老张、老郑各出资 26 万元，姚 HZ 出资 4 万元，承包了西方村顿风田的 500 亩地，发展甘蔗种植，并约定 3 年的甘蔗种植期内，每年按照出资比例分配收益，第 3 年收回成本。其间，如果发生亏损的情况，也是按照出资比例各自承担亏损。

甘蔗地的种植管理则交由技术合伙人姚 HZ 负责，姚 HZ 按月领取 2400 元的薪水。之所以让姚 HZ 也出资，符 CL 的观点是，只有出资了姚 HZ 才会好好管理。虽然无法判断这是符 CL 个人的观点，还是有其他两位合伙人的想法，但是，从中可以看出，符 CL 已经具备了商人的精明和算计，懂得了需要运用利益的手段进行捆绑，从而保证合伙人的思想能够一致，为资本的发展提供保障。

（三）"经济人"的市场历练为投资方向提供了经验

近年海南农业规模化生产现状，为投资农业生产提供了经验借鉴。市场经济的发展，使得资本要素在资源配置中的重要作用逐渐凸显。最初，海南农业的规模化生产是从大陆到海南投资的外地人所从事，他们凭借资本和对政策了解的优势，成为海南"掘金"的首批获益者。符 CL 在政府部门工作期间，亲自接触和经历了一些来海南投资的大陆人。这也成为符 CL 间接接触市场的宝贵经验，坚定了他后来开展农业投资的信心。

> 符 CL（男，1962 年出生）：现在发展就在农村，如果有地就可以赚钱，前年有人出钱 40 万元买我的 80 亩坡地，我不同意卖。2005 年，阿弟（他儿子的小名）订婚的时候，我就种了 400 株杧果，杧果苗是 4 元/株，挖坑、垫平的费用是 2 元/株，这些钱都是我出的，管理交给了村里的亲戚，就是村口那个干修理的。现在，每株杧果可以收 20 斤左右，每年应该有 1 万多元的收入。

从符 CL 访谈中可以看出，他通过亲自尝试，对于发展土地种植可以带来的稳定经济收益有着清醒的认识。另外，通过对大陆投资人在经营香蕉种植园的情况了解，让他更加清醒地认识到，资本要素要实现增值，更加需要扩大规模。

香蕉规模化种植能够带来高额的投资回报。对于这一点，符 CL 等人在投资农业生产之前，对于可能带来的资本收益曾做过了解。

> 符 CL（男，1962 年出生）：你们来西方村的路上的香蕉园，是广东的老板包的地，有 500 亩，他这两年发了财。种香蕉一年就可以得几十万元，他只用出钱包地，管理另外请人。收的时候再联系人来收就行。村里人也会去干工，大老板付给工钱。

对这片香蕉种植园，我们做了实地调研。出资承包土地种植香蕉的老板是广东人，当地人称为"大老板"。"大老板"承包土地之后聘请了 7 名广西人负责香蕉种植和日常管理，当地人称为"地老板"。"大老板"承担香蕉种植中化肥、农药、人工等所有的费用开支，并负责联系香蕉的销售；"地老板"的任务就是要保证香蕉种植的产量。以 2011 年为例，种植园的香蕉产量为 300 万斤，每斤的收购价格平均在 0.5 元，香蕉的产销收入为 150 万元。"地老板"大概每年从香蕉的种植和管理中收益 5 万元，7 位"地老板"合计为 35 万元。土地承包费用每亩为 400 元，共计 20 万元。另外除去化肥、用水、人工费等项，我们可以推算"大老板"的收益在 50 万元左右。

表 4-1　　　　　　　　实地调查中香蕉种植收益情况①

项目	收入	支出	备注
香蕉销售	150 万元		产量 300 万斤，收购价格 0.5 元/斤
土地承包费		20 万元	承包面积 500 亩，承包价格 400 元/亩
"地老板"工资		35 万元	"地老板"7 人，年薪 5 万元/人
种植材料费		25 万元	据"地老板"的估算
日常人工费用		20 万元	按 20 个雇工，工作 70 天，人均 140 元/天估算
"大老板"收入	50 万元		资本的收益占到 30%

---

① 根据实地调查数据整理。

由表 4-1 可见，香蕉种植收益的大部分属于"大老板"，占比为 30%，其次"地老板"的占比约为 23%，务工费用的支出占比约为 13%。实地调查的结果印证了符 CL 之前所说的投资收益。而且从表 4-1 中还可以看出，种植 500 亩香蕉，前期的资本投入需要大概 100 万元，但是带来的资本收益却高达 50%，这在任何投资领域都是非常高的资本回报率了。

投资规模化种植的项目，经过了前期考察，最终决定种植甘蔗。在这个过程中，技术合伙人告诉了我们具体的原因。

> 姚 HZ（男，汉族）：香蕉容易得黄叶病，不容易管理。种甘蔗就好管理，平常浇些水，施点儿肥就好了。种甘蔗也可以收三年。今年甘蔗每亩是 6 吨，一吨可以卖 577 元。

> 符 CL（男，1962 年出生）：昌江那边来的工人勤快，甘蔗地包种包收，不像黎族人太懒，什么都讲条件。砍甘蔗都要论把，一把 1 块钱，我们还要清点数量，很麻烦。如果按吨计算，就方便多了，但是他们不愿意。砍甘蔗包工是 80 元/天，装车是 25 元/吨，但是本地人不愿意装车，觉得太累。

图 4-7　符 CL 的甘蔗地①

符 CL 与其合伙人在 2010 年投资种植甘蔗为他带来了第一笔可观的收入。2012 年 1 月承包的 500 亩甘蔗地，获得了大丰收，估计可以收

---

① 调查组成员现场拍摄。

3000多吨甘蔗。按照每吨市场收购价577元计算，第一年的甘蔗收入约有173万元。砍甘蔗的人工费按照150元/吨计算，大概是45万元。除去土地承包费、材料费、管理费，总共收益是100万元左右。由于前期的投资费用是通过合伙筹资的方式解决的，每个合伙人的个人收益在30万元左右。

小结

　　西方村的黎族在计划经济时期，他们的身份还仅仅是普通意义上的"农民"，所有的农业生产围绕上级计划指令行动，生产上没有自主意识。但是，经过改革开放后的土地制度改革，他们在承包的土地上开始进行自主生产。一开始，受到计划经济的惯性思维，还仅仅是按部就班地按照原来的生产方式进行。但是，通过对外接触和对市场不断了解，逐步具备了市场意识、产权意识和技术意识，自觉地朝着现代农民的方向发展，这种发展与发达国家的现代农民相比结果上不能同日而语，但是西方村村民的意识觉醒的速度却是不慢的。他们中经济意识强的部分人，首先发现了可以将各种资源加以利用，从而达到经济收益的目的。其中，道公利用自己的宗教主持者的身份，可以接触到广大村民，做起了土地代理"中间人"；更加典型的是有人将政治背景、宗族社会背景作为资本积累的原始条件，在了解了资本经营规律后摇身一变，由"生产者"变成了"经济人"。

第五章

经济生活：从"传统"走向"现代"

生活是生动展示经济发展成就的舞台。市场化的经济制度变革带来的不仅是生产方式的变革，同时对人们的生活方式也产生了深刻的影响。通过调查中的日常观察、访谈中村民的历史记忆和查阅有关的文字图片资料，可以发现西方村黎族同胞的衣、食、住、行等生活方式正在经历着从"传统"走向"现代"的过程，生活方式的变迁一方面是由于经济条件的改善使得村民有能力购买自己喜欢的生活用品，更重要的是源自市场化促进了村民与外界的交流，接触到更多的现代文化，并且在主动的模仿借鉴中，改变了传统的生活习俗和文化观念，在文化变迁的背后有传承，有摒弃。

一 衣着服饰在模仿借鉴中变革、传承

（一）衣着方式普通化

早在民国时期，陈汉光到琼抚黎的时候，强令推行黎族人着汉族唐装，那时候起美孚黎男子便开始剪短发、穿唐装，不再佩戴耳环了。[1]"西方村'美孚'黎男子多已改穿汉装，但妇女仍保留'美孚'黎原有的特色，看不见有人改穿汉装。"[2] 这是中华人民共和国成立之初，对西方村黎族同胞衣饰的简短记载。

---

[1] 符兴恩：《黎族·美孚方言》，银河出版社2007年版，第191—192页。
[2] 中南民族学院本书编辑组：《海南岛黎族社会调查》，广西民族出版社1992年版，第420页。

符 YG（男，1955 年出生）：小的时候家里穷，没有几件衣服，衣服都是穿破了还要打补丁。衣服从八所买，男的没有穿筒裙，只有女的穿。原来男的是赤脚，后来穿木屐，还穿过"拱弄"的牛皮拖鞋，用生牛皮做鞋底，在鞋底的前面穿一个孔，在后面穿两个孔，用皮带做成"人"字形鞋带，三年自然灾害，就用轮胎皮做鞋底。人民公社的时候，为了干工方便，女的也开始跟男人一样穿裤子。

时过境迁，现在村民的衣着方式已经基本与主流社会无异。男子留短发、穿衬衫和裤子，不带任何配饰。大部分女子的着装除与主流社会无异外，有的还学会了化妆和佩戴在市场上购买的耳环、戒指等首饰，只有在节庆、婚嫁等时候，她们才会穿上传统的"筒裙"，以示隆重。老年妇女，尤其是 70 岁以上的，她们在日常生活中，还保留传统着装的习俗。

图 5-1　穿着传统服饰的老人①

衣着方式的变迁过程中，虽然民国时期的强制命令起到了推动作用，但是对外接触的增多才是推动服饰观念改变的主要因素。正如有学者指出，与主流社会接触的过程中，少数民族同胞通过对比服饰的差别，对自己的着装感到异样，认为这就是落后，进而产生对主流社会服饰的趋同心

---

① 作者现场拍摄。

理，达到认同。① 这种趋同心理在年轻人当中尤为普遍。

> 符 SZ（男，1991 年出生）：老人穿的衣服是落后的，穿出去只会被人取笑，只有他们才会觉得好看。穿那种裙子怎么干活？一点儿都不方便。

上述年轻人对传统服饰的看法，体现在与主流社会的接触过程中，已经将主流文化的审美观念根植于自己的内心，并且表现出一种强烈的认同。

衣着方式的变迁过程还体现出黎族的实用主义观念。无论是符 YG 对女子由筒裙改穿裤子的说法，还是符 SZ 认为穿裙子干活不方便，都体现出他们的实用主义观念。男子穿鞋的变化，也体现出他们在生活中的实用主义，正是由于木屐不方便，才用生牛皮代替，在三年自然灾害时期，村民更是创造性地用轮胎皮制作鞋底，解决了材料缺乏的困境。

（二）文身习俗基本摒弃

文身是黎族传统社会体现在衣着服饰中的一个古老风俗。王献军通过调查发现，黎族女子之所以自愿文身，是认为文身与传统服装搭配给人以美感。过去，女子文身的部位绝大多数都是衣服不能覆盖的地方，文身后的图案与衣服搭配相得益彰。② 黎族文身主要是以妇女为主，男子虽然也有一些人文身，但是所文的都是类似名字、"长生保命"等非常简单的内容。对于黎族文身的起源，学者或民间主要有图腾崇拜、母系氏族社会血缘家庭的标志、祖先崇拜、审美观念等解释。符兴恩在调查美孚黎族社会时，认为美孚黎族普遍认同祖先崇拜的说法。③ 曾昭璇等的调查中对文身的起源亦有过记录。

> 相传美孚方言黎族的亚贵和亚贝恋爱，因亚贝美丽，能歌善舞，被昌江岸西寨恶人老夹抢去成亲，三月三日，亚贵由东寨住处坐飞鹿

---

① 冯敏：《中国少数民族服饰研究发展的历程及几点思考》，《贵州民族研究》2006 年第 2 期。
② 王献军：《对黎族文身部位与图案调查后的思考》，《贵州民族研究》2015 年第 10 期。
③ 符兴恩：《黎族·美孚方言》，银河出版社 2007 年版，第 249 页。

将亚贝救出，逃往昌江上游，绝壁拦路，无处可逃。老夹家丁赶到，亚贝用簪向身上乱刺，体容俱毁。老夹见亚贝全身伤疤，丑态不堪入眼，放她回东寨与亚贵成亲。以后美孚方言黎族妇女全身文遍，表示对丈夫忠心。①

实地调查中，西方村的村民对文身起源的看法也是表述不一。

  符 ZW（男，1976 年出生）：以前有个传说，有个黎族姑娘长得很漂亮，有很多人追求她，让她很烦恼，不知嫁哪个，干脆文面让自己丑一点儿。
  符 SJ（男，1954 年出生）：不文身祖先不认，美孚都一样，但是长裙、短裙不一样，用白藤的刺文。

文身都是在女子 11—15 岁时开始，最快也要用三年的时间。文身的过程分为绘制文身图案，用藤刺条拍刺皮肤后再在打点出血的位置敷墨汁，清洗文身部位，检查文身纹线和打点等步骤。文身的部位多在面部、颈部、胸部、手臂、手背、小腿、脚背等，图案多为青蛙纹。②

  先文手臂和手背，十三岁文面部，十四岁文脖子，十五岁文至胸部，十六岁文下肢直线条，十七岁文下肢斜线条和点纹，十八岁文足部纹图，共用七年时间才完成文身，多数地区的姑娘都不用这么长的时间来完成文身，但最快也要用三年的时间才能完成，这没有硬规定的时间，主要是视个人的承受能力而定。③

黎族文身，历来都被主流社会视作陋习。"清《感恩县志》记载，早在明代万历年间，巡道林如楚就在琼岛图说中建议'各州县印官务将管下黎人严禁童女不得如前捏面文身'。在美孚方言黎族地区，据说中华民

---

① 曾昭璇、张永钊、曾宪珊：《海南黎族人类学考察》，佛山市机关印刷厂，2004 年，第 209 页。
② 何孝辉：《美孚方言黎族文身调查研究》，《湖北民族学院学报》（哲学社会科学版）2012 年第 4 期。
③ 符兴恩：《黎族·美孚方言》，银河出版社 2007 年版，第 252 页。

国时期陈汉光来琼'剿共'时，也曾被陈汉光强令革除，但都未果。"① 1954 年的黎族社会调查中曾记载，西方村"这里妇女文面文身的很普遍，现实十二三岁的少女仍然在脸上、胸前、手脚刺上许多繁杂的花纹（以线条形青蛇纹为主）"。2012 年，西方村全村的文身妇女大约还有 160 人，年龄在 50 多岁到 90 多岁之间。目前，西方村尚有文身者七八十人，她们年龄都是在 60 多岁以上。② 60 年的变迁，彼时的少女已经变成了今日白发苍苍的老妪，时光荏苒在她们的身上刻画出了道道皱纹，但是依旧无法掩去文身的印记。今后，她们也将成为西方村的最后一批文身女子，黎族文身的古老习俗在西方村也将成为历史。

（三）黎锦技艺继续传承

黎锦通过服饰表现样式，与审美物化形象实现了很好的结合，展示了黎族服饰的特点，也使黎族服饰呈现出与众不同之处。③ 随着文化交流的逐渐增多和国家对少数民族文化保护的不断增强，黎锦作为海南黎族特色文化的一部分，正在受到海内外的广泛关注。同时，随着海南旅游市场的发展，黎锦作为海南黎族的特色民族产品，也受到国内外游客的青睐。为此，西方村所在的东河镇，还专门建设了"黎锦艺术展示中心"，成立了"海南锦绣织贝实业有限公司"。

1. 传统扎染技艺受到关注

"美孚方言黎族聚居地区被称为黎族古老的印染法——'绞缬'之乡，其独特的具有创造性的扎染工艺，堪称一绝，是美孚方言黎族千百年纺织技艺美的全部沉淀，也是其他方言黎族所没有的。"④ 扎染的关键技术，首先是把纺好的白线一根一根地缠绕到一个大的木制框架上面，缠绕好的白色经线就是日后织造筒裙的经线；然后在白色经线上面用黑色的棉线，扎结出所需的图案，这些图案包括几何形、人物、动物、植物等各式各样；将扎结好的白色经线放入染缸染成深蓝色，晾干后套回扎结框架中，用小刀逐个将用来扎结图案的黑色绳结割掉，原来扎结的部位就保留

---

① 符兴恩：《黎族·美孚方言》，银河出版社 2007 年版，第 252 页。
② 何孝辉：《美孚方言黎族文身调查研究》，《湖北民族学院学报》（哲学社会科学版）2012 年第 4 期。
③ 常艳：《黎族传统织锦的文化价值及现代传承》，《贵州民族研究》2016 年第 8 期。
④ 符兴恩：《黎族·美孚方言》，银河出版社 2007 年版，第 185 页。

了原来的白色。完成了扎结工序的经线，硬化后就可以套入踞腰织机中，配上褐色、白色、红色的纬线，就可以织出美丽的黎锦。传统的美孚黎族扎染黎锦都是深蓝色打底，扎结的位置组成白色的图案。受到审美观念的影响，心灵手巧的黎族妇女会使用各色的棉线，织造出彩色黎锦，这些黎锦的图案都是她们随心而织，不需要事先画好或者描摹。

图 5-2　黎锦艺术展示中心①

西方村有一位海南黎锦的传承人——符 BMD，她曾被授予海南省非物质文化遗产项目"黎族传统棉纺织工艺"代表性传承人，并赴美国参加文化交流。

　　符 BMD（女，1955 年出生）：我从小就喜欢织"吉贝"，是从我

---

① 作者现场拍摄于东河镇政府。

图 5-3　符 BMD 织造的黎锦①

图 5-4　符 BMD②

妈妈那里学的。这些图案都是在我脑子里，不需要画出来，有的人要画。我织一件大概要一个月，以前利用农闲的时候，要一年多。我到三亚、到美国去的时候，他们都很喜欢我织的东西，外国人还专门看我织。在三亚的时候，还有人花钱买。我跟他们讲，这是我们美孚的东西，海南其他地方没有。

从对符 BMD 的访谈中，可以看出人们的关注和认可让她感到骄傲。

---

① 调查组成员现场拍摄。
② 调查组成员现场拍摄。

这种骄傲不仅仅是她个人，村里人谈起这位传承人的时候，也是交口称赞，认为她给村里人争了光，也把美孚黎族的传统扎染技艺向外界进行了宣传。同时，有人愿意出钱购买，显示出市场对黎锦的关注和认可，这更加提高了村民传承此项技艺的信心。

2. 传统织造技艺继续传承

西方村的黎族妇女传承了黎锦的传统扎染技艺，每位妇女都有一套自己的织造工具，如图5-5和图5-6所示。

图 5-5 织黎锦的阿婆①

图 5-6 黎锦的织造工具②

---

① 调查组成员现场拍摄。
② 作者现场拍摄。

图 5-5 和图 5-6 所示是正在织黎锦的阿婆和黎锦织造工具的近景，可以看到整套织造工具是由各式各样的木板、木片、木棍组成，其中的每个工具都有各自不同的功能。织造黎锦时，通常都是坐在一张长约 1 米、宽约半米的席子上，双腿伸直。双脚蹬在一张木片上，另外有一个宽约 5 厘米的带子拴在腰上，带子的另外两端用绳子系在靠近怀里的两根缠布的木棍上。每个工具在黎语中都有一个名称。

表 5-1　　　　　　　　　　黎锦的织造工具①

序号	工具的位置和作用	黎语名称	音译
1	腰上的带子	ka peng	卡彭
2	靠近怀里的缠布粗木棍	qi bao	奇抱
3	靠近缠布木棍的棍子	ruk long	如克隆
4	套有线的棍子	meng fu	蒙夫
5	卡线用的大木片	chi ong	尺翁
6	单独的挑线的木棍	qiao	撬
7	2 个相同的尖头木棍	shi po	是剖
8	穿线、提线的木棍	ka hao	卡好
9	缠线棍	niu fei	纽菲
10	小缠线棍	kang	康
11	脚上蹬的木片	je pa	节帕

　　限于语言沟通的障碍和对织造手法的陌生，调查时仅仅记载了黎锦织造工具的部分名称。黎锦的织造过程有点儿类似汉族的织布机，但是为了织出预设的图案，整个过程要繁复得多。一次织成的黎锦为一幅，"筒裙"是由这样的五幅黎锦拼接而成。黎锦织造过程之所以繁复，是因为要织出各种花纹、图案。在美孚黎族的妇女手中，这些图案都出自其独特的扎染工艺。

3. 政府与市场主体合作推动黎锦技艺传承

　　过去，织黎锦仅仅是出于生活的需要，在黎族女子中传承的一项技艺。女子在出嫁前，母亲都会利用农闲手把手地把黎锦的织造技艺传授给她们。现在，随着对外接触的增多，黎族对衣着的审美观念逐渐向主流社

---

① 根据调查记录，按照从腰到脚的顺序整理。

会靠拢,加之,市场经济的发展,使得获取日常所需的便利性大大提高,黎锦织造又费时费力,这都使得黎锦在日常生活中的功能性基本丧失。黎锦作为黎族文化的一部分,其传承更多的是人们对于文化的一种需要。这种传承和需要得到了政府和市场主体的共同关注。

举办黎锦传承培训班、培养传承人是推动黎锦市场化的一种主要方式。2011年7月,当我们走访东河镇中学的时候,意外发现有一群女孩子在指导老师的带领下正在学习织造黎锦。

图5-7 参加黎锦培训的学员①

苏LS（东河中学数学老师）：她们都是在参加黎锦的培训班,培训班是东方市文化局和东河镇黎锦织造公司开展的,培训的都是20岁以下的女生。这次的班有50多名女生,大都是初一、初二的黎族学生,来自周围的村子,西方村的有8名。这些孩子每天可以在这里吃顿午餐,还有20元的补助。培训班结束后,还会根据作品评奖,去年评奖一等奖是1人奖400元,二等奖2人每人奖300元,三等奖3人每人奖200元。目的就是鼓励她们能够学习黎锦文化。

黎锦传承培训班,从政府的角度,是出于对黎锦文化的保护,对办培训班提供经费支持；从公司的角度,是为了培养技艺熟练的生产者,提供培训老师；从学员的角度,她们利用暑假的时间参加培训,不仅学习了黎锦技艺,而且还可以免费就餐、领取补助,重要的是如果初中毕业不能升

---

① 作者现场拍摄。

学，她们还可以直接进入公司打工。由此可以看出，举办黎锦传承培训班的模式，实现了政府、公司、学员三方共赢，有力地推动了黎锦文化的传承，也为黎锦的市场化奠定了基础。

二 饮食方式传统与现代结合

"各民族的饮食是由本民族所从事的主要生产部门决定的，同时也受社会生产力发展水平的影响。由于生产活动受自然环境的制约，而吃什么不吃什么又受信仰习俗的影响，所以自然环境和传统观念也是影响饮食的重要因素。"[1] 对于黎族饮食结构的特点，有学者总结为：以稻米为主食，并辅以其他丰富的食品；民族嗜好品独具地方特色；喜食野生动植物、腌制食品。[2] 西方村的黎族饮食特点和饮食风俗在传统保留方面与自然环境息息相关，同时，经济生活水平的提高和市场购物的便利化，使得村民餐桌上的饮食内容也逐渐呈现多样化。在探究黎族饮食习俗变迁的原因时，有学者认为经济的迅速发展、政府的积极推动和民族交往的频繁是其中主要的三个因素。[3] 同时，也应注意到，饮食习俗的变化与饮食内容、器物的变化相比，还具有滞后性，说明了制度文化、精神文化的变迁往往在物质文化之后。

（一）饮食结构多样化

1. 饮食仍然以粥和酸菜为主

西方村黎族吃米粥的传统饮食习惯延续至今。当地煮米粥的习俗是，当米粥煮至八成熟后，会将灶火熄灭，然后用冷开水冲稀后食用。村民介绍，以前是用冷水冲稀，现在大家觉得用冷水不卫生，所以改用冷开水，但是，老人们还是习惯直接用冷水冲。"黎族适量冲进凉水的稀饭能充

---

[1] 徐万邦、祁庆福：《中国少数民族文化通论》，中央民族大学出版社1996年版，第87页。

[2] 吴艳：《黎族饮食文化初探》，《大众文艺》2013年第15期；廖玉玲、廖国一：《当代黎族饮食文化的基本特征及其成因》，《南宁职业技术学院学报》2007年第3期。

[3] 廖玉玲、廖国一：《当代黎族饮食文化的基本特征及其成因》，《南宁职业技术学院学报》2007年第3期。

饥，且米汤用于解渴，这与炎热、高温的气候不无关系"。[①] 村里人平常还喜欢吃一种名为"hou"的肉粥，是用煮肉之后的水汤和米饭一起搅拌而成。

酸菜（美孚黎语称为"nan'sang"）是人们吃饭时主要的菜肴。根据用料和制作方法的不同，分为"nan'sang"、"nan'sang'ding"和"nan'sang'liu"。酸菜的制作过程，大体上都是将萝卜叶、白菜、未熟的木瓜等洗干净后晒干，用盐边腌边揉，挤干水分，然后一层一层地铺在陶罐内并压实，注水密封几日后即可食用。加入用捣碎的河蟹制作的蟹酱，"nan'sang"就成了"nan'sang'ding"，有时也会放入腌鱼或腌肉。提到"nan'sang'liu"，村里人首先的反应是我们这些大陆来的人肯定不喜欢，因为他们认为我们会认为"nan'sang'liu"是很不卫生的。因为"nan'sang'liu"是用平常吃剩的米汤、肉汤或者骨头并少量的菜叶密封在陶罐内发酵，待发酵变酸后舀出后煮菜，或者直接食用。

节庆、婚嫁、丧事等重要场合，除了酸菜，人们主要的菜肴是煮熟的白肉，也就是将猪肉、牛肉或者鸡肉用水煮熟分切后直接端上餐桌，蘸着盐巴、辣椒食用，现在人们普遍食用酱油后，酱油也成为食用白肉时的一种佐料。

2. 商品市场为饮食多样化提供了便利

保留吃米粥、酸菜的传统饮食习惯的同时，村民的菜肴变得丰富多样。现在，农忙或者外出打工的时候，他们的饮食会相对简单，以大米粥和酸菜为主。农闲、重要节庆日或者招待客人的时候，村民会到市场上买来猪肉、豆腐、鱼虾等烹炒几盘菜肴，餐桌的饮食内容丰富多样。虽然，餐桌上的菜肴种类增多，但是，村民自己种菜的却非常少。

如图5-8所示，是两户村民的午餐，这是他们招待客人时特意准备的，有青菜、豆腐、鱼虾、炒鸡蛋等，可以看出主人已经不再将酸菜作为招待客人的菜肴。

饮食内容的变化，根本原因是经济生活水平的改善，提高了村民的消费能力。其次，由于村子距离镇上的市场较近，骑摩托车15分钟左右即可到达，给他们日常饮食消费提供了便利和更多的选择。这种便利是村民

[①] 文珍：《黎族传统饮食的文化解读》，《民族论坛》2012年第10期。

图 5-8　菜肴丰富多样的饮食内容①

不再自己种菜的原因之一，此外，外出打工时无暇顾及菜园，也是大多数村民弃种蔬菜的一个因素。村民在种菜和打工二者之间的选择，也体现出他们在不自觉地受到经济利益的驱动，最终做出价值最大化的选择。由此可见，村民饮食结构的变化，正在潜移默化中受到市场的影响，当市场能够提供更多饮食选择和他们的消费能力相匹配的时候，相信越来越多的菜肴会走上他们的餐桌。

（二）饮食器具现代化

黎族的传统灶名为"三石灶"（美孚黎语称为"qing'shao"），是用三块石头摆出一个三角形，然后在上面搭锅煮饭。按照原来的传统，"三石灶"是设置在船形屋内居室靠西檐墙的，两块石头靠近檐墙根，另外一块在外面摆放，整体呈三角形。灶的位置是固定的，灶的大小是根据家中使用的陶锅的大小摆放，其他煮饭的器皿如果较小，可以在三块石头上垫支陶片等。

过去，"三石灶"不仅仅是用来煮饭，并且还兼具了冬季取暖的功能。1954 年的调查中曾载，"各家都设两个灶，一个在屋外，是泥土密封灶，平日用来蒸酒、染布、煮狗肉和蛇肉（这些东西忌在屋里煮）和遇婚丧大事多人吃饭时，可用大铁锅在这大灶上煮。日常煮饭菜则用屋内的三石灶，冬天兼作烤火用"。在上述记载中特别提到了，屋内和屋外分别设有两个三石灶，并且功用各有分别，反映出黎族的禁忌观念。

现在，村民的灶具已经逐步实现了现代化。最主要的变化是，民居建

---

① 作者现场拍摄。

图 5-9　三石灶与新式灶台①

筑从茅草房改建成砖瓦房的过程中，厨房已经成为独立功能的建筑。过去屋内的"三石灶"已经被淘汰，村民的厨房基本都用上了罐装天然气灶或者沼气灶，烧柴的土灶多数都是在室外使用，只有上了年纪不会使用新式灶具的老人仍旧在使用室内烧柴的"三石灶"，但是有的室内"三石灶"也已改置到独立厨房中。

图 5-10　村民家中的独立厨房②

西方村人已经住上了砖瓦房，以前的居住习惯已经改变，家中都建有独立的厨房，"三石灶"的位置也是主人随意摆放，有的家中不再设"三石灶"而建起了与汉族相似的灶台，主妇做饭改原来蹲坐的方式为站立

---

① 作者现场拍摄。

② 作者现场拍摄。

式。与之前相比,屋外的灶不再常设,需要的时候可以随时垒砌,屋内的三石灶大多也不再使用,目前厨房已经单独成室,三石灶的取暖功能也随之消失。在灶具发生变化的同时,灶具使用的习俗仍然保留,屋外设灶的用途,涉及狗肉、蛇肉的禁忌,依然在保持并传承。

煮饭用的炊具,大多数村民使用的是现代的铁锅、铝锅,以往煮米饭用的陶锅现在很少用到,年轻人已经不再使用,只是年长的村民家中仍在使用。与以往使用椰子壳做的碗、木制的小勺相比,现在村民的厨房里菜刀、锅铲、铝盆、瓷碗、瓷盘、瓷碟等一应俱全。

图 5-11 陶锅①

以往,饭煮好后是摆在一个大箩筐(美孚黎语称为"lu'ong")上面,这种箩筐直径在 1 米左右,边框高约 5 厘米。吃饭时,家里人坐在高约 10 厘米的矮板凳(美孚黎语称为"ge'deng")上②,围在箩筐的周围。现在,大多数村民就餐都开始使用餐桌、椅子、凳子等,以往的就餐方式只有少数老年人或者丧葬、野外祭祀后的聚餐时才会出现。

(三)饮食习俗变迁体现的观念变化

1. 聚餐习俗的变化反映出经济观念增强

黎族是个喜欢聚餐的民族,聚餐往往在祭祀、节庆等仪式之后。在谈到黎族饮食文化的象征意义时,有学者认为:"黎族聚餐的文化意义除了

---

① 作者现场拍摄。
② "ge'deng"的另一个用途就是在田间劳作的时候,女人坐在上面,减轻弯腰插秧的劳累。

加强民族的内聚力和增进和谐交往的团结意义外,应该还包含着其他方面",即"在聚餐中,年轻人可以学习到饮食礼仪、敬酒方式、酒歌、酒令等与饮食相关的内容,甚至更多其他的传统文化"。①

图 5-12 野外祭祀后聚餐②

随着社会的发展、人们需要的变化,以及传统行为和观念的不断变化,西方村美孚黎族的饮食习俗与饮食文化也在发生嬗变。从聚餐的规模上看,祭祀和婚嫁的仪式聚餐人数较多,一般同宗、亲戚或者关系较为亲密的人都会参加,并且祭祀聚餐中多以中老年人为主,人数一般在 100 人左右;岁时节庆的聚餐,是以同龄人的聚餐为主,人数一般在 20 人以内。从聚餐的频次上看,野外祭祀拜鬼的频率最多,并且以中老人为主,参加者多为至亲,人数一般在 10 人以内。

从聚餐的规模、频次和参加的人员类别可以看出,聚餐习俗受到经济观念的影响,正在逐渐淡化。一方面,是由于村里的劳动力外出打工,只有逢年过节大家才能相聚;另一方面,年轻人普遍认为祭祀拜鬼属于迷信行为,不再参与其中,他们更多地愿意将时间用于娱乐。

2. 待客习俗的变化反映出男女地位平等

西方村黎族招待客人的传统习俗发生改变。以往,招待女客人,一般只由女主人作陪,在内居室地上席地吃干饭,有什么现成的菜,就以现成

---

① 文珍:《黎族传统饮食的文化解读》,《民族论坛》2012 年第 10 期。
② 作者现场拍摄。

的菜招待，多以酸菜为主，少有喝酒；招待男客人，则必须有酒有肉，在外厅把酒言欢，女主人如果在家则要在一旁陪场，否则会被认为是对客人的不尊重。现在，聚餐时虽然男女不坐同桌，但是所饮所食却并无差别，喝酒到酣处，为了活跃气氛，男女还会互相赛歌，并且招待客人时人数不多的情况下男女可以同桌而坐。通过待客习俗的变化，可以发现黎族社会中女性的地位在提高，男女地位逐渐趋向平等。

3. 饮酒习俗的变化反映出集体观念弱化

黎族历史上是一个尚酒的民族，不论男女都喜欢喝酒，他们认为饮酒可以愉悦身心、排解忧愁，增进人与人之间的感情。并且酒是各类过渡仪式、节日庆典中所必不可少的部分。饮酒是黎族生活方式的一部分，其功能在于突出了人际关系的亲疏，成为了彰显权力大小的工具。[①]《太平寰宇记》载：琼州生黎性好酒，酒熟以竹管吸。明代顾岕《海槎馀录》记：黎人每会聚亲朋，各席地而坐……饮醉，鼓众复饮。清朝张庆长《黎岐纪闻》亦载黎族独特的饮酒方式，用竹管从酒坛吸出。[②]

西方村家家都备有自酿的米酒，逢年过节更是要提前准备，酿好一坛坛的米酒用来招待客人、朋友。米酒主要有两种：一种是用大米酿的酒，美孚方言黎语称为"pao"，入口清淡，不上头；一种是用糯米酿的酒，美孚方言黎语称为"bing"，入口略带甜味，酒的后劲较大。由于糯米的产量远低于大米，所以糯米酒相对米酒就弥足珍贵了，平常是不喝的，家中来了贵客，主人才会端出糯米酒。正如史书所载，村民认为能够共饮一壶酒，同吃一锅肉，是感情深厚、互相认同的一种表现。通过这种方式可以对外展示出群体的凝聚力和向心力。以往，这种聚众共饮的饮酒习俗，只限于亲朋好友和同宗同族的人之间。现在，这种饮酒习俗已经不复存在，即便是至亲好友同桌饮酒，也都是分到各自的碗中。从饮酒习俗的变化，可以看出人们的宗族观念、集体意识出现了弱化。

[①] 周大鸣：《饮酒作为山地民族的一种生活方式——以黎、瑶、侗三个山地民族村寨为例》，《民俗研究》2018 年第 1 期。

[②] 转引自文珍《黎族传统饮食的文化解读》，《民族论坛》2012 年第 10 期。

三 居住方式以现代建筑为主

依照建筑外观，黎族的传统民居建筑称为"船形屋"，后来又历经了"半船形屋"和"金字形屋"。如今，东方市的"船形屋"建筑作为黎族文化保护遗产仅存于江边乡等少数几个村庄。西方村所在的东方盆地地区，由于宋代就曾在这里设置镇州，历史上受到汉族的影响较大，具体表现在民居建筑上，即西方村所在的东方盆地很早就已经从干栏式的"船形屋"演变成"半船形屋"。现如今，西方村的传统民居建筑已经被砖瓦房、楼房取代。在建筑样式的变迁过程中，建筑习俗也发生了变化。

（一）传统建筑方式逐渐成为历史

1. "半船形屋"建筑已经消失

西方村的传统民居建筑是一种筑有泥墙的茅盖屋，按照房屋的造型应归为"半船形屋"。西方村又将"半船形屋"分为"bong'gong"（榜贡）和"bong'chuan"（榜穿）两种类型。

榜贡，是一种直接将房屋的柱子深埋在屋基之中，然后以四周和中间的圆柱为主要支撑，而后搭梁，覆以树枝为骨架，用树皮或藤条外皮缚绑，整个建筑无榫无卯，房梁的搭建完全靠天然的树木枝丫或者在树木顶端人工砍凿出一个类似"丫"字型的缺口。

如图5-13所示，榜贡的建筑式样及房屋内部布局，榜贡是南北向纵向延伸，大门口是开在朝南的方向，朝北开一个小后门。房屋内部由中间的一道隔墙分为前后两节，"前厅"主要用来放置农具、杂物等，也兼做客房；"后厅"面积较前厅小，为主人卧房，兼做灶房。

榜穿，与榜贡的区别主要在于房屋的骨架和房柱。榜穿的骨架为榫卯结构，造型精致。榜穿的房柱是放置在地面的石板或石墩之上，如图5-14所示。

图5-14为榜穿的单排骨架结构图，整个房屋就是以2—3排骨架为基础，两排骨架之间以横木相连，起到互相支撑固定的作用，然后在此骨架上搭梁，覆以树枝为椽，围以竹篾、藤条、树枝为墙骨，再覆茅草为顶，敷泥巴为墙面。其内部格局与榜贡类似。

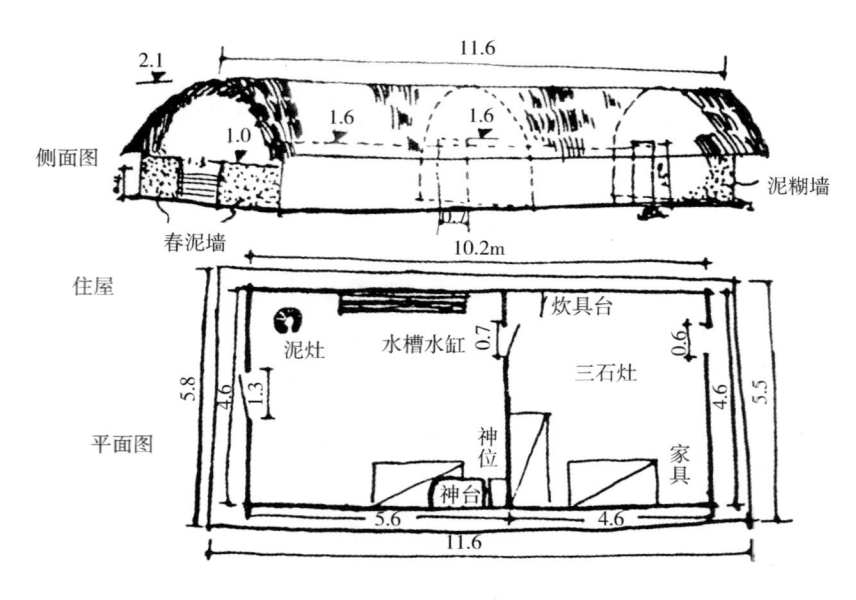

图 5-13 榜贡及屋内布局图①

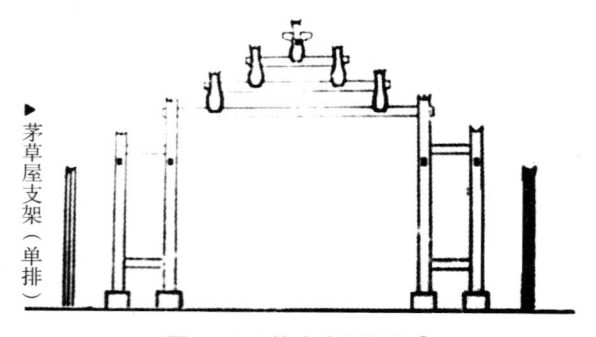

图 5-14 榜穿房屋骨架②

建造榜贡，都是同一家族的人互相帮忙，一般八天到十天即可完工。建造榜穿耗时要比榜贡长，打造骨架就需要耗时一个多月。战乱时期，由于房屋经常被烧，所以村民的房屋基本上以榜贡为主。

如图 5-15 所示，为村民符 JC 将原有榜穿的骨架保留，按照汉族的

---

① 中南民族学院调查组：《黎族社会调查》（下卷），广西民族出版社 1992 年版，第 422 页。

② 符兴恩：《黎族·美孚方言》，银河出版社 2007 年版。

房屋建造方式，梁椽之上覆瓦，四周以砖砌墙，建造成兼具有黎、汉两种风格结合的房屋。

图 5-15　现存的榑穿骨架①

符 JC（男）：过去都以能够建造和居住在榑穿中为荣，因为建造榑穿费时耗工，需要周围亲戚朋友的帮助，能够建造榑穿不仅仅是家庭财力的一种体现，同时也显示出某个家庭在村内的人缘好坏，所以只要条件允许村民们都会尽力建造或者改造住房为榑穿。（2011 年 7 月访谈记录）

符 JC 的房屋兼具有黎、汉两种房屋的优点：首先，以汉族的砖瓦代替原来的茅草、泥巴墙，显然增加了房屋的耐用性和安全性；其次，保留原来的骨架结构，使得房屋内部通风，这在炎热的海南岛是非常有必要的；最后，房屋的外檐保留船形屋的风格，尽量向外伸展，屋檐与地面的距离相较汉族的砖瓦房要低，这样保证了热的空气较少向屋内流动。整个房屋内部给人一种清凉的感觉。这种黎、汉结合的建筑，在西方村所见仅此一处。除此之外，西方村的"半船形屋"已经消失。

2. "金字形屋"建筑基本废弃

关于"金字形屋"，符兴恩认为在美孚黎族地区，"金字型的茅草泥巴墙房屋可以说是没有的。这些情况表明，美孚方言黎族传统住宅形式的演变，在汉族文化的直接影响下，没有经过横向金字屋这种形式便直接从

---

① 作者现场拍摄，符 JC 的房屋内部，此房屋是村内唯一的保留榑穿骨架的房子。

'船形屋'—'半船形屋'—砖瓦房的历史演变过程"①。

在1954年黎族社会调查中,记载"全村有好几个'祠堂',有些是砖瓦房,有些是泥糊墙上盖瓦,最简陋的是泥墙茅草盖……但基本上是金字形,门向一边开,与一般汉族农民住屋相似"。② 上述文献记载中,对金字形屋的表述仅限于祠堂,普通民居是否也存在金字形建筑,并没有说明。在实地调查中,我们发现了几处基本上已经废弃的"金字形屋",并且经过调查发现,西方村的"金字形屋",还经历了屋顶由茅草顶向砖瓦顶的过渡。

茅草顶的"金字形屋"。村民符WC的"金字形屋",坐北朝南,由东向西分为三间,长度是6—8米,房门向南开,房屋的整个墙体是由混合茅草的泥巴砌成,没有窗,屋顶搭盖茅草。从屋内观察,其房屋的骨架建造与榜贡一致,屋内南北纵深在3米以内。中间堂屋,靠近北墙和东墙的地方,摆了一些用来腌制酸菜的罐子;西北角放了一个木柜,是用来装大米用的,除了地上摆放的两个简陋的木制小板凳,再没有其他的物品。东边的房间,是用来做饭的灶房,进屋的西南角摆放了几个石块呈三角形,即是"三石灶";东南角放置了一个小水缸;从屋内檩子上悬下来几根绳子,绳子上挂了几个竹编的篮子,由于烟熏已经变得发黑。西边的房间是他的睡房,因为没有邀请我们参观,所以只好作罢。茅草房的东边是新盖的坐东朝西的三间砖瓦房。符WC告诉我们,新房目前是他的二儿子居住,因为住惯了茅草房,所以他并没有搬到新房居住,只是在来台风、下大雨的时候,为了安全,才住进儿子的砖瓦房。

砖瓦顶的"金字形屋"。如图5-16所示,符ZQ的"金字形屋",屋顶覆之以瓦片,而不是类似符WC的"金字形"茅草房。整个房屋的墙体沿用榜贡的建筑材料和建筑方式,先用木架、竹篾等编造骨架,然后覆之以混合茅草的泥巴。房屋的屋顶则采用砖瓦房的建筑方式,覆盖瓦片。房屋坐北朝南,从外部观察,房屋的宽、高以及纵深与符WC的"金字形"茅草房相类似。房屋的正门开在朝南的方向,还开设了窗。由于风吹雨淋,房屋现在已经有了残败的迹象,用来支撑屋顶重量的檐柱也腐朽

---

① 符兴恩,《黎族·美孚方言》,银河出版社2007年版,第258页。
② 中南民族学院调查组:《黎族社会调查》(下卷),广西民族出版社1992年版,第424页。

第五章 经济生活：从"传统"走向"现代" 149

图 5-16 砖瓦顶的金字形屋①

了。符 ZQ 介绍，当时建造房屋时，为了使屋顶能够承受瓦片的重量，将房子屋檐向前伸出，用檐柱进行支撑，所以对比符 WC 的金字形茅草房，才有了门廊。房屋原来是家里的老人居住，老人去世后就用来堆放些杂物。

（二）砖瓦房、楼房成为主要建筑方式

西方村建设砖瓦房最早是 20 世纪 60 年代。据符 SQ 老人回忆，1965 年政府部门在村外建立了窑厂，派驻了汉族工匠帮教当地的村民烧砖、烧瓦、烧石灰、盖瓦房。但是受到技术水平和当时政治环境的影响，所建砖瓦房数量很少。最初是用作村公社的办公场地。所以直到改革开放前，绝大多数的村民还是以居住茅草房为主。改革开放后，随着政府主导的改造工程和村民收入的增加，茅草房逐步被砖瓦房、楼房取代。目前，村内除了 10 余栋楼房外，绝大多数为砖瓦房。

1. 砖瓦房、楼房的建筑结构逐步现代化

20 世纪 80—90 年代建造的砖瓦房，多是请广东电白的汉族工匠建造，建造房屋所用的砖瓦都是从八所镇购买②。砖瓦房的外部结构，这个时期修建的砖瓦房都是白墙黑瓦，房屋坐北朝南，由东到西以三间为主。中间为堂屋，东、西两间为卧房。堂屋正门朝南开设，但是沿袭了传统茅草房的建筑习俗，在堂屋正门对面的墙上均开设有后门。

---

① 作者现场拍摄。
② 八所镇，是东方市市政府所在地。

图 5-17　砖瓦房近照①

图 5-18　砖瓦房远貌②

砖瓦房的内部结构。砖瓦房的建造过程中吸收了当时南方汉族地区建房时的习俗，在房梁上书写建造时间，在大梁上悬挂包有糯米的红布，保佑家宅平安。堂屋内的陈设基本相同，以村民符 CL 家为例，堂屋进门的右手边是一个盛放大米的米柜，长约 1.5 米，宽、高约 1 米，进门正对面

---

① 作者现场拍摄。
② 作者现场拍摄。

的墙上约 2 米的位置摆放了有祖先牌位的神龛，东面墙上约 2 米高靠近东北角的位置有一根两头插进墙内的铁棍，铁棍上挂有猪的下颌骨，据说是每年祭祀祖先时留下来的，有保佑家宅平安的意思。紧靠东墙摆了一张大床，西墙的墙根处摆了一排用来腌制酸菜、酸鱼的瓦罐，除此之外，没有其他的东西。东边的卧房，靠西墙摆了一个大衣柜和一个组合柜，衣柜上摆了两三个衣篓，靠东墙摆了一张大床。西边的卧房，是老人居住，床摆放在靠北墙的位置，床边放了一把木凳子，衣柜靠东墙摆放，西墙的墙根摆放了几个与堂屋相同的瓦罐。

2000 年以后，随着外出务工人员的增加，西方村与外界的接触更加频繁，受到汉族习俗的影响也更加深刻，越来越多地模仿汉族地区的各种建筑风格，例如建造平顶房，使用雕花的工艺砖、贴瓷砖等。近年来，浇筑技术也传入了西方村，这种省时省力的建筑技术被广泛用于新建平顶房或楼房的地板、屋顶。

图 5-19　正在修建的二层洋房[①]

如图 5-19 所示，是村民即将建造完工的二层洋房，整个房屋的建造形态模仿了汉族地区最新流行的风格，建造过程中使用了浇筑技术，进门处的门廊以及二楼的阳台带有欧式风格的建筑特点。第一层，进门面对的就是堂屋；东边有两个房间，前面一间是卧房，里面一间是厨房；西边有一间卧房，往里走就是上楼的楼梯。二楼中间是个空场地，东西两边各有

---

①　作者现场拍摄。

一个房间，由于房屋还没有建完，所以具体的功能还没有确定。这些新建的房屋内部不再像八九十年代那样，房间里只是配备了基本的生活用品，木质沙发、电视柜、整体衣柜、席梦思床等汉族地区流行的家具，以及电视机、音响、冰箱等家用电器都已经进入村民的家中。

2. 茅草房改造工程是砖瓦房建设的政策动力

海南省政府"从1992年开始，每年拨款1500万元作为少数民族地区民房改造补助款，从此在黎族苗族山区掀起了亘古未有的'建新瓦房、过新生活'的热潮"。① 自1992年政府茅草房改造工程的启动，西方村迎来了居住条件的大规模改善。茅草房改造工程以提供建筑材料或建筑款补贴形式对村民改造现有茅草房进行补贴。1994年以提供建筑材料的形式进行补贴，补贴标准为每间房屋政府提供0.5万块红砖，第一批和第二批补贴红砖共计22.5万块；1995年以建筑款补贴的形式进行补贴，补贴标准为每户700元，补贴款合计7.84万元。民房改造的统计情况见表5-2。

表 5-2　　　　　　1992—1995 年民房改造统计表②

年份	计划改造户数（户）	备注
1992 年	29	实际改造 29 户
1993 年	154	实际改造 110 户
1994 年	80	实际改造 37 户
1995 年	112	以补贴款的方式进行补贴
合计	375	——

表 5-3　　　　　　1993 年西方村居住情况统计表①

居住类型	户数（户）	人口数（人）	居住面积（平方米）
茅草房	332	1110	——
砖瓦房	323	1746	19380
合计	655	2856	——

---

① 陈立浩、于苏光主编：《中国黎学大观》（历史卷），海南出版社 2011 年版，第 233 页。
② 根据时任村支书符 WJ 工作记录整理。

由表 5-2 可知，从 1992—1995 年民房计划改造总户数为 375 户。其中，1992—1994 年实际改造户数为 176 户。结合表 5-3 中 1993 年全村总户数 655 户，可以看出通过 4 年的时间，全村的茅草房计划改造达到 57%。由表 5-3 可知，1993 年西方村砖瓦房比重达到 49.3%，惠及全村总人口的 61%，半数以上的村民居住条件得到改善。

2011 年海南省出台《海南省全面完成茅草房改造检查验收工作方案》，将原定于 2012 年全面完成茅草房改造的任务提前至 2010 年。2010 年，西方村最后的茅草房改造工程涉及村内的 56 户村民，随着最后一批茅草房改造工程验收，意味着经过 20 年的不懈努力，海南黎族彻底告别了茅草房。

3. 收入增加是村民自建房屋的经济动力

20 世纪 80 年代初，距离西方村不远的"乒乓岭"发现了金矿，有部分村民冒着危险，参与到挖金矿、盗金矿的活动中，并且获得了相当的收益。他们将这些收入用来建造砖瓦房，其中还有 8 户人家盖起了砖瓦结构的二层楼房。90 年代，随着市场上收购木薯价格的上涨，村民开始种木薯，实现了一定的经济收益。进入 21 世纪，村内又开始了外出打工。这些都促使了村民的经济收入增加，从而推动了村民自建房屋。

（三）附属建筑结构变迁中的观念变化

民居的附属建筑主要指还有谷仓、猪圈、厕所、院墙等。1954 年的调查曾对西方村的谷仓、厕所有过记载。如今，西方村的附属建筑与之前相比有的消失、有的增加，反映出黎族同胞生产观念、卫生观念和私有观念的变化。

1. 简易粮仓代替传统谷仓反映了生产观念的变化

按照黎族的传统习俗，谷仓都建在村子的外围，每家至少有一个谷仓用来储藏收获的粮食，有的富有的人家甚至还建有三四个谷仓。过去，谷仓的建造比较分散，而且距离自家的晒谷场地较近，方便粮食的存储，谷仓和晒谷场的周围用篱笆围护起来。之所以把谷仓建在村子的外围，主要是出于防火的考虑。传统谷仓外形高大，远远看去就像一个拱形的小房子，整个谷仓是搭建在四个石台（或土台）之上，谷仓的仓底与地面保持 30 厘米左右的距离，既有利于防水防潮，又能够防鼠防虫。谷仓主要用于储藏晒干的稻谷、稻把。计划经济年代，生产队除了建少量的专用仓库外，也仍然大量建造和使用这类谷仓。

改革开放之后，随着家庭联产承包责任制的实行，土地的开发利用和生活习俗的改变，这样的谷仓不但占用土地，而且基本上失去了用处。现在村子里已经看不到传统粮仓了，取而代之的是不锈钢铁皮制作的简易粮仓。一般放在正中的堂屋内，下面垫置一些木板用来防潮，最下面一节有个出米孔，用来取用日常所需的粮食。另外，除了这种新式的简易粮仓之外，我们还发现有的农户家中还保留有另外一种宽约1米、长约2米的木制的粮柜。

谷仓消失的原因是多方面的，一是主体建筑从茅草房改造为砖瓦房后，消除了火灾隐患，不再担心谷仓被火烧；二是实行家庭承包责任制后，取消谷仓可以腾出更多的耕地、居住面积，另外生产上的家庭制让人们的私有观念增强，谷仓放在屋内更加安全；三是生产工具的机械化，使得人们不再像过去那样晒谷、脱粒，机器提高了生产效率，给粮食保存提供了便利。这些反映出人们的生产观念从"传统"向"现代"的转变。

2. 猪圈和厕所的建设反映了卫生观念的增强

黎族传统的附属建筑没有猪圈和厕所。过去，村民养猪主要是为了食用，养的数量并不多，加之没有多余的粮食喂猪，所以都是散养。改革开放后，村民养猪除了自家食用外，更多的是为了卖钱，所以为了保证猪的成长，都会根据房屋周围（或院落）空间的大小或者饲养数量的不同，建设猪圈。但是，所建的猪圈没有排污设施，粪水污水直接排往村中道路上，污染环境。近年来，随着农村沼气池的推广建设，村民开始有意识地建沼气池，将猪圈的污水排入沼气池中。

黎族的传统附属建筑中是没有厕所的，受到政府政策引导和汉族文化的影响，逐渐开始修建。1954年的调查，认为西方村的"……群众向来没有使用厕所的习惯……1952年，卫生工作队进行宣传教育后曾盖了几个厕所，目前已全部倒塌，群众也不打算重建"。改革开放后，通过政府的不断推动和村民外出打工观察逐渐形成了一种卫生观念。20世纪90年代，村民在修建砖瓦房时，与房屋紧邻的地方，会砌起一人高的砖墙用来遮挡视线，建造所谓的厕所，主要的功能是洗澡或者小便。近年来，随着国家农村厕所改造工程的进一步推动和落实，村民开始建造带有便池的厕所。2010年海南省政府推广农村厕所改造工程，通过自愿申报的方式推动厕所改造,西方村有 48 户申报建造;2011 年,西方村开始三格式厕所的推广和改造工作,政府发放改造所需的 1 个便池、2 个化粪桶和 80 元补贴款,有 56 户参与了申报。

猪圈和厕所的建设体现了政府政策的引导作用,更重要的是反映出村民的卫生观念正在逐步增强。

3. 围墙和院门的建设反映了私有观念的增强

黎族传统的民居建筑,户与户之间没有建造围墙的习俗,但是在建造砖瓦房的过程中,人们逐渐改变这种习俗,模仿汉族的院落建筑样式,在主体民居的周围建造围墙,并设置院门。早期,围墙是用树枝、木板编造的篱笆墙,院门也是木制。后来,篱笆墙慢慢由砖墙来代替,同时院门也由木门演变成铁门或者是铁栏门。调查过程中,我们看到一处正在盖院墙的人家,院墙也不再是用砖堆砌,而是用空心砖、水泥垒砌。建造围墙、院门的人家,以村子外围和临近水泥路的居多,村子内部的人家有的由于地方狭小,并没有多余的地方建造围墙。

围墙和院门建筑从功能上,是为了保护家庭的财产不受到侵犯,体现出村民的经济条件得到改善的前提下,拥有了更多值得保护的家庭财产;从意识上,是私有意识的外在强化表现,体现出对集体、对宗族的一种独立意识。因此,反映了村民的私有观念正在增强,市场经济的发展使得家庭取代了宗族、生产队等组织,成为经济社会生活的基本单位。

四 交通与通信方式基本现代化

市场经济体制下,人们越来越意识到交通环境是发展经济的基础,"要想富、先修路"的标语口号之所以可以迅速流行,正是因其简洁明了地阐明了其中的道理。因此,交通环境也是经济社会发展水平的一个重要体现。经过 60 多年的发展,特别是改革开放后,政府对道路交通的投入,使得西方村的交通更加便利,村民的交通和通信工具也从"传统"走向了"现代"。

(一) 外部交通环境的改善带来更大便利

过去,"这里距离东方县城不远,有牛车路相通,而村中有不少人专门造牛车出卖，因此本村的交通条件是相当优越的"①。长期以来，牛车是西方村交通运输的主要工具。牛车的车辕和车板是由木板和竹板拼制的，底部车厢的车轮位置用木制厚板拼接，厢体的边框也是厚板，但车厢的两侧竖体部分是竹板制成的。车轮是由厚木板拼接成圆形，木板之间靠铁片固定，使之成为一个圆形。牛车主要用来运送比较大的东西，生活中的一些小物品还是用肩挑箩筐运输。直到20世纪八九十年代，村民还在用箩筐挑稻米到东河镇上脱粒，在金矿上打工的时候，也是用箩筐挑矿砂的。

20世纪50年代，东河镇是东方县城的所在地，从西方村的土路走到东河镇的第一个路口，右手边就是县政府的所在地，对着县政府主干道就是当年的商品贸易中心。由此可见，西方村的交通状况从50年代起，就具备良好的基础条件。如今，西方村连接东河镇的公路实现了水泥硬化，道路平整。西方村到东河镇乘坐摩托车仅需要15分钟左右的时间。此外，东河镇所属的行政村已经实现了农村公路"村村通"，西方村到周边的广坝农场、土蛮、土新、中方等村子的交通快捷、非常便利。如果要前往东河镇以外的地方，可以在东河镇汽车站乘坐大巴车，这里定点发送往来八所镇、公爱乡、天安乡等地的班车。

图 5-20　东河镇上的班车②

如图5-20和图5-21所示，东河镇的集市道路是交通的主干道，客运、货运车辆经常穿行而过。主干道上熙熙攘攘，都是到集市上买卖的当

---

① 中南民族学院本书编辑组：《海南岛黎族社会调查》，广西民族出版社1992年版，第425页。

② 作者现场拍摄。

地人。每当客运车辆停靠的时候，马路两边载客的三轮车就会上前拉客，有时还会造成交通拥堵。

图 5-21 载客三轮车①

西方村外部交通条件的改善，促进了村子的对外交流和市场交易，村民日常生活所需的用品都可以在集镇的市场上购买到。交通还为农产品贸易提供了便利，货车可以直接开到村口，村民种植的杧果、桉树等作物，不再需要用拖拉机转运到东河镇上。

（二）内部交通环境的建设仍然需要努力

过去，西方村是被一圈由刺竹、荆棘等灌木密生林建造的篱笆墙所包围，篱笆墙共设有六个门，每个门都有一个专门的名称。② 1958 年，为了响应大炼钢铁的政策号召，筹集炼钢燃料，篱笆墙才被拆除。后来，包围村庄的篱笆墙慢慢形成了一条 1 米多宽的土路。

2010 年，海南省开始推进国际旅游岛的战略发展部署，为了改善发展环境，同时为了配合新农村的建设，海南省及东方市投入专款用于农村基础设施建设。西方村原来的篱笆墙拆除后形成的围村土路，被列入改造

---

① 作者现场拍摄。
② 西方村篱笆墙六个门的名称："bong'zhai'long""bong'zhai'bong'nie""bong'zhai'gong'gai""bong'zhai'nam'de""bong'zhai'yong'slai""bong'zhai'fen'gao"（美孚黎方言）。

计划，水泥路面的铺设工作已于 2011 年 1 月基本完成。这次道路改造初步改善了村子外围的交通状况。

围村的道路改善了，但是村内的道路还是原来的泥土路、渣滓路。村内越来越密集的房屋建筑，不断挤占公共道路，使得通行的道路越来越窄，除了几条主要的路面相对较宽外，其他都是羊肠小道，有的地方行人就是在两栋房屋之间穿行。1954 年的调查中曾记载："西方村……集中在坡地上居住，一家家房屋靠的很紧，两座房屋之间的园圃被建筑物排挤掉了，仅在村落的边沿地带仍有其残余形式。房屋的排列很杂乱，这是园形村落的特点。"[①] 1976 年左右，为了扩大土地耕种面积，政府主导了一次村子搬迁工作。

> 符 WJ（男，1943 年出生）：当时政府想把村子东南部、地势较低、易于改造成农田的茅草房，搬迁至原篱笆墙外西北方 200 米左右的位置。这次搬迁，虽然是政府主导，但是并没有得到大部分村民的支持，不久后，陆续有人搬回来，只有小部分村民没有搬回。

1976 年前后的搬迁中没有迁回祖宅的，是最早一批向外搬迁的村民，此后为了缓解居住紧张，陆续有村民搬到村子的外围居住。有的村民搬迁至西北方地势高的地方，有的则是搬迁至东南方地势低的地方。更多的村民，没有选择搬迁，随着人口的增加，在各自的祖宅附近改建、扩建房屋，村内能够用来建造房屋的地方被见缝插针地加以利用，以至于村内的通道被越挤越窄。

除此之外，西方村到目前为止没有修建任何排污设施。村子所在的坡地是西北高、东南低，生活、养殖产生的污水平常全部排放在路面上，等到下雨的时候，靠雨水冲刷。路面的污水在天气热的时候散发出阵阵的臭气，平常时候从这样的路上走过都要踮着脚，雨天的时候更是无处落脚，地势低的地方污水有的没过了脚踝。

> 符 ZK（男，1960 年出生）：以前村里的道路也不宽，但是路面

[①] 中南民族学院本书编辑组：《海南岛黎族社会调查》，广西民族出版社 1992 年版，第 404 页。

平整、干净，不像现在这么脏。现在生活好了，用水也方便，产生的污水就直接倒在地上，久而久之变得越来越脏。去年村里请人拖垃圾，拖出去了上百车，但是现在又堆满了，生活好了，垃圾也多了。现在，政府出钱给村里建了垃圾堆放点，还请了专门打扫卫生的人，政府给工资。

图 5-22　村内的小道①

图 5-23　村内的大道②

村内的交通环境虽然得到了改善，但是整体上还是比较差。除了村子外围的道路做了硬化，大部分还是土路。交通环境的改善涉及村庄的整体

---

① 作者现场拍摄。
② 作者现场拍摄。

规划，1976 年的搬迁主因虽然是为了增加耕地面积，但是同时也可以视作村庄居住的一次规划调整，但是村民的祖宅意识使得搬迁计划搁浅。加之，村内人口的增加，使得有限的道路资源被不断挤占了；经济发展改善带来生活垃圾的增加，缺少生活污水排放管道的硬件设施，使得交通道路环境更加恶化。值得肯定的是，这些问题正在得到政府的重视，出资建设水泥路、建设垃圾堆放点、雇请专门的道路保洁人员。在这些方面需要政府的努力，也需要加强村民环保意识的教育。2016 年，政府出资修缮了村里的作为垃圾废水倾倒的灌溉水渠，虽然水渠得到了加固清淤，但是由于上游缺水的缘故，灌溉水渠仍然成为村民丢弃垃圾废物的地方。

（三）现代交通、通信工具成为生活必备品

提起交通工具，村里人都感慨生活条件确实发生了不小的变化，原来出门靠步行或者坐牛车。20 世纪 70 年代村里的大队有了拖拉机、自行车。改革开放以后，村民在经济条件允许的情况下，开始购买自行车，作为家庭必备的交通工具。

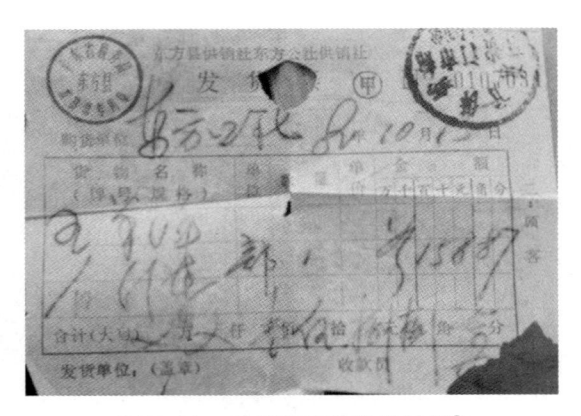

图 5-24　购买自行车的发货单①

如图 5-24 和图 5-25 所示，是符 WJ 在 1980 年购买自行车时的发货单和办理的自行车证照。当时，一辆 28 寸的自行车的价格是 158.87 元，差不多是一个普通工人三个月的工资。由此可见，村民的经济收入已经有了较大的进步。1991 年左右，村里开始有人购买摩托车。

---

①　作者现场拍摄。

第五章 经济生活：从"传统"走向"现代"　　161

图 5-25　自行车证照①

符 ZL（男，1966 年出生）：1991 年的时候，村里就有第一辆摩托车了，是嘉陵 50 的二冲程摩托车，烧的是汽油掺机油，1∶25 的比例。我们叫这种摩托车"lei'gong'ma"。（符）ZF 是 1992 年买的嘉陵 70，买的是二手的，要 4600 元，新车是 7800 元。1992 年的时候，村里只有 4 辆摩托车，很少。泽风是买彩票中奖，才有钱买的。我是 1995 年买的，也是二手的。那个时候如果用来买地，现在就发财啦。

现在的西方村，自行车被摩托车淘汰了，摩托车成为了人们的主要交通工具，也是家庭的必备品。生活条件好的家庭中，每位男性家庭成员都有一辆摩托车。村民认为摩托车就是他们的脚，摩托车已经成为了村民生活的一部分。

符 ZL（女，1979 年出生）：在我们村子里，摩托车就好比脚一样，出去干工离了摩托车不行。

调查中我们了解到，村里有十几户人家买了三轮摩托车或者把摩托车改装成载客三轮车，在东河镇范围内从事载客生意，方便了村民往来东河镇的集市。在 2008 年前后，村里两户富裕的村民率先购买了小汽车，符 ZF 便是其中一人。

---

① 作者现场拍摄。

图 5-26 村民家中的摩托车①

图 5-27 村民家中的小汽车②

符 ZF（男，1962 年出生）：挖金矿的时候，挣了钱。我 1984 年的时候就买了一辆手扶拖拉机。1989 年的时候我就买了 BP 机，花了 1600 元，后来看到广东的大老板用"大哥大"，我也买了一个二手的，好像是 3000 多元。当时村里人看到我，认为我是傻了，自己跟自己讲话……现在买的这辆车也是二手的，两万多元，主要是方便做生意，我的地要经常去转转，到八所也方便。

---

① 作者现场拍摄。
② 作者现场拍摄。

从 20 世纪 80 年代、90 年代,到 2000 年代,每过一个十年,体现当时现代化的交通或通信工具就相应地进入村民的家庭。虽然,类似符 ZF 这种紧跟时代潮流的人,在西方村极为少见,但是正是在符 ZF 这类极少数的人的带领下,西方村人对外部世界有了初步的了解,当他们的经济收入一旦达到购买的能力,他们便会毫不犹豫地购置这些现代化的工具。这些都是改革开放后,村民经济收入不断增加的有力证明。

小结

生活方式属于文化现象,一个社会或一个民族的生活方式特点具有极大的稳定性;同时又总是随着社会生活条件的变迁而发生变异,体现为稳定性和变异性的统一。① 从上述变迁描述中,可以看出西方村黎族同胞的衣着方式已经基本汉化,饮食结构也在趋向多样化,传统的"半船形屋""茅草房"也被砖瓦房、楼房所取代,摩托车、手机等交通、通信工具成为家家户户的必备品。从这些外在的形式变化,可以看出西方村黎族生活方式发生了巨大的变化。美国社会学家奥格本认为,现代社会变迁的主要动力来源于物质文化的变迁。② 从文化变迁因素的角度分析,西方村美孚黎族衣食住行等日常生活的变迁更多是由诸如经济发展、与主流社会接触等外部环境引起的,同时不可否认的是,在外部因素发生作用的同时,黎族同胞主观上对于这些变迁采取的是主动、接受的态度。衣食住行等外在形式、方式从"传统"向"现代"变迁的背后,体现了人们审美观念、经济观念、私有观念、卫生观念等生活观念的变迁,在观念的变迁过程中,有的方面吸收、借鉴了主流社会的因素,有的方面还在保留本民族的传统,体现出文化上的调适与稳定。

---

① 王雅林:《生活方式研究评述》,《社会学研究》1995 年第 4 期。
② 贾春增主编:《民族社会学概论》,中央民族大学出版社 1996 年版,第 199 页。

第六章

西方村经济变迁的影响因素

现代进化论者强调技术、经济、人口、环境是社会发展的动力和决定因素。马克思、恩格斯认为"物质生活的生产方式制约着整个社会生活、政治生活和精神生活的过程"。而物质生产本身，又包含着生产力和生产关系的矛盾运动，这对矛盾和另一对矛盾即经济基础和上层建筑的矛盾都是社会的基本矛盾。[1] 上述观点正是从社会冲突理论的角度，阐述了变迁的动力因素。从经济基础与上层建筑的辩证关系出发，经济基础决定上层建筑，上层建筑反映经济基础，并具有相对的独立性，对经济基础有反作用。西方村经济变迁主要受到制度、环境、教育等因素的影响。

一 制度因素主导了经济变迁

马克思、恩格斯曾指出，阶级斗争和革命是"现代社会变革的巨大杠杆"。[2] 黄淑娉、龚佩华两位学者在对黔东南苗族社会文化变迁研究中认为，"新中国建立了社会主义制度，废除了民族压迫制度，进行了社会改革，实行民族平等团结和各民族共同繁荣的民族政策，划时代变革引起苗族地区巨大的社会文化变迁。社会主义制度促进各民族及其文化发展繁荣，苗族的传统文化得到了保留和发展；社会主义现代化建设，特别是改革开放政策使苗汉文化接触朝着新的方向发展"。[3] 受惠

---

[1] 黄淑娉、龚佩华：《文化人类学理论方法研究》，广东高等教育出版社2004年版，第236—237页。

[2] 《马克思恩格斯选集》第4卷，人民出版社1995年版，第685页。

[3] 黄淑娉、龚佩华：《文化人类学理论方法研究》，广东高等教育出版社2004年版，第237、240页。

于新中国建立的民族区域自治制度，以及土地改革、社会主义改造、家庭联产承包责任制等制度，黎族社会同苗族等其他少数民族一道迈入了历史发展的新时代。

1951年8月，党中央派出民族访问团深入海南少数民族地区，宣传党的民族区域自治政策，进行社会调查。1952年7月1日，经中央人民政府政务院批准，正式成立了海南黎族苗族自治区人民政府，标志着民族区域自治制度在海南民族地区的正式实施。此后，党和政府对海南黎族苗族从人力、物力、财力等更多方面给予优惠政策，通过培养和使用黎族干部，加快黎族地区的各项事业建设，改善人民生活。在公路、农田水利建设、民房改造等方面提供建设经费和补贴。中华人民共和国成立后，正是在党的民族工作方针、政策的正确指引下，黎族社会开启了加快发展的步伐。[①]

(一) 土地制度改革为经济发展奠定了基础

1. 土地改革实现了耕者有其田

通过土地改革来满足广大农民千百年来梦想的农地所有权、经营权和收益权，是调动农民生产积极性，尽快恢复和发展农业生产的根本手段。1950年5月海南岛解放，当年的6月中央即召开了七届三中全会，刘少奇在《关于土地改革问题的报告中》指出："土地改革的基本目的，不是单纯地为了救济贫苦农民，而是为了要使农村生产力从地主阶级封建土地所有制的束缚之下获得解放，以便发展农业生产，为新中国的工业化开辟道路。"[②] 随后，中央人民政府正式颁布《中华人民共和国土地改革法》，作为实行土地改革的法律依据。在这样的时代背景下，海南岛1951年开始了减租减息运动，1952年推行土地改革。土地改革让西方村无地或少地的村民，实现了"耕者有其田"，调动了农民的生产积极性，农业生产焕发出了生机和活力。经过第一轮土地改革，西方村黎族同胞实现了耕者有其田，但是生产工具、家庭劳动力等生产资料缺乏和个体小规模经营造成的农业产量低、粮食无法满足基本生活需求的问题却并没有得到彻底解决。

[①] 《黎族简史》编写组：《黎族简史》，民族出版社2009年版，第160—167页。

[②] 中共中央文献研究室：《建国以来重要文献选编（1949—1950）》（第一册），中央文献出版社1992年版，第289—209页。

2. 社会主义改造开启了经济的计划生产

1953年，中央政府开始了社会主义改造运动，改造的目的就是将生产资料私有制转变为社会主义公有制。在这样的社会背景下，1954年，西方村成立了农业生产互助组，实现了"土地私有、共同劳动"；1955年，成立初级生产合作社，"土地入股、统一经营"。据《东方县志》记载[①]，1955年，西方村所在的东方（小）县，开始按照中央《关于发展农业生产合作社的决议》精神，组织建设以常年互助组为基础试办农村生产合作社的工作，初级生产合作社，多为一村一社。同年，根据毛泽东同志《关于农业合作化问题》的讲话精神，搞初级社转高级社试点工作，至1956年年底，东方（小）县入社农户占全县农户的93.3%，基本上完成了农业的社会主义改造。在农业社会主义改造的初期，对于推动农业生产的发展确实起到了重要作用。例如，当时修建的灌溉水渠，直到2000年左右都还在发挥作用，中华人民共和国成立至今，西方村的农业生产历程见证了这条灌溉沟渠无可替代的作用。1956年，政府还组织了农科队的同志到村里传授水稻的改良种植，从那个时候西方村的黎族人才开始学习水稻选种、育秧移栽、施肥等种植技术。

计划经济的集体生产为个体生产中存在的劳动力不足、水利设施缺乏、生产技术低下等问题提供了解决方案，促进了农业生产水平的提升。以1976年西方村第一生产队的情况为例，当时生产队有57户，人口245人（其中男112人，女133人）。生产队的劳动力人口91人（其中全劳力82人，半劳力9人），无劳动能力154人。当年水稻晚造种植254亩，产量77839斤，平均亩产约300斤。除了留种、上交公粮外，生产队分配的口粮有43540斤，下半年按7个月计算，人均每月25斤口粮。另外，种植花生91亩，产量2663斤，按照劳动力人口分配，每人29斤。当时，生产队的生产资料还有牛38头（其中水牛21头、黄牛17头），用来下地的耕牛16头；一部脱粒机、一部手摇风谷机。可见，社会主义计划经济在当时的历史条件下，对提高农业生产率发挥了不可替代的作用。

3. 家庭联产承包责任制解放了劳动生产力

1978年12月中国共产党十一届三中全会的召开，吹响了农村土地制

---

① 海南省东方市史志编纂委员会编：《东方县志》，新华出版社2011年版，第217—218页。

度改革的号角。十一届三中全会提出、十一届四中全会通过的《中共中央关于加快农业发展若干问题的决定》指出:"人民公社的各级经济组织,必须加强定额管理,认真执行按劳分配原则,建立必要的奖惩制度,坚决纠正平均主义。"从1981年开始,全国大多数农村逐步实行多种形式的联产承包责任制,承包方式逐渐从以组、队为承包单位转变为以户为承包单位,最后发展为包干的形式。1978—1983年春,全国实行"包产到户、包干到户"的生产队就达到了95%以上。[①] 1981年9月,在东方市政府的推动下,西方村实行了包产到户的"大包干"生产责任制。[②] 有学者评价:"从评工记分到联产计酬、包干分配,是分配方式的一次突破,后者不是沿着前者的路子作修修补补,而是从旧模式的死胡同里退了出来,开辟了一条新的计量劳动的途径,克服了社员之间因'评工记分'制度产生的分配上的平均主义,解决了社员与社员、社员与集体之间的矛盾"[③]。1980—1984年,我国农业生产年均增长率高达9%,其中有一半以上应归功于家庭联产承包责任制所带来的农民生产积极性的提高。[④]

1991年11月中国共产党十三届八中全会通过了《中共中央关于进一步加强农业和农村工作的决定》,提出把以家庭联产承包为主的责任制、统分结合的双层经营体制作为我国乡村集体经济组织的一项基本制度长期稳定下来,并不断充实完善。[⑤]

一方面,家庭联产承包责任制作为农村经济体制改革第一步,在土地公有制的基础上,使农村获得生产和分配自主权,突破了"一大二公""大锅饭"的旧体制。承包制的推行,将付出与收入挂钩,使得农民生产的积极性大增,解放了农村生产力,推动了农业的发展;另一方面,家庭承包责任制仅仅解决了农民的温饱问题和最低限度的生活保障,却无法解决农民的致富问题。在家庭承包责任制的条件下,土地被农民一家一户小规模的分散经营,不能产生大规模的经济效益,加上市场信息的闭塞,造

[①] 孔祥智、涂圣伟、史冰清:《中国农村改革30年:历程、经验和前景展望》,《教学与研究》2008年第9期。

[②] "大包干":交够国家的,留足集体的,剩下全是自己的。

[③] 戴银秀:《1952—1984年中国农业生产领域个人收入分配方式的历史变革》,《中国经济史研究》1991年第3期。

[④] 《世界经济导报》,1988年5月2日第3版。

[⑤] 中国广播网:http://www.cnr.cn/09zt/60zn/dgxj/200909/t20090909_505462640.html。

成了一旦价格有利，便一哄而上，一旦价格下跌，便一哄而下的后果。并且对于"赔不起"的农民来说，往往会数年无法翻身。

值得注意的是，2006年1月1日，国务院宣布《中华人民共和国农业税条例》废止，农业税这个中国农民缴纳了2600年的"皇粮国税"终于走下了历史舞台。有人评价在新中国历史上，这是继土地改革、联产承包责任制之后的"第三次革命"，从此以后，作为中国农民的一部分，西方村的村民们又少了一份后顾之忧。

4. 土地流转制度为农民增收创造了条件

农村土地流转是指在农村土地所有权归属和农业用地性质不变的前提下，将土地使用权（经营权）从承包经营权中分离出来，转移给其他农户或经营者。① 2002年，国家出台《农村土地承包法》，明确"保护承包方依法、自愿、有偿地进行土地承包经营权流转"。2005年，国务院颁布《农村土地承包经营权流转管理办法》。这些法律法规的出台，为土地承包经营权流转，实现土地要素可流动、可增值提供了法律、制度保障。在国家政策放开的前提下，海南省于2004年即出台《关于进一步加强农村土地流转管理工作的通知》，贯彻《农村土地承包法》。虽然在这之前，海南地区2000年前后已经陆续有私人企业租赁土地开展种植园经营，但是在2004年海南政策正式出台后，租赁土地发展种植园经济才在西方村及周边大范围展开。此后，随着土地确权等系列土地流转配套政策的出台，促进了海南农村土地要素的流动，规模化、集约化农业得到大力发展，农村劳动力得到释放和转移，越来越多的农民加入打工的队伍。同时，在意识到土地出租能够带来稳定收益后，更多的农民参与到土地流转当中，这为增加农民收入等起到了积极作用。

2004年以后，随着西方村及周边土地流转后种植园经济的兴起。一方面，为村民就近打工提供了便利，另一方面，村民将土地出租后可以享受地租收益，扩大了收入来源。得益于海南岛得天独厚的地理资源和自然条件，海南发展集约化、规模化热带农业有着广泛的前景，土地要素的收益率也将不断增加。加上国家对土地流转政策的倡导和鼓励，今后将不断提高农民的收益。

---

① 冯润民主编：《中国千村农民发展状况调研报告2008》，学林出版社2009年版，第14页。

（二）农垦制度为经济发展带来双重影响

1949年中华人民共和国成立后，中央为了开发边疆、建设边疆和保卫边疆，在黑龙江、内蒙古、甘肃、新疆、西藏、云南、广西、广东、海南等边疆省区，建立了数量众多的国营农场和大批相应的工交建商企业，同时在此基础上还创办了配套的教科文卫等社会事业，边疆农垦由此诞生。农垦制度的建立对于推动边疆经济发展，发展文化社会事业，维护社会稳定，保卫国家安全，起到了重要的作用。1952年1月1日，华南垦殖局海南分局成立（现海南农垦前身）。① 从此，海南农村与农垦结下了不解之缘。

海南农垦的准军事化开垦方式，在较短的时间里开发建设了一个集场区、学校、医院、交通、公安保卫等在内的庞大的企业社会服务体系。同时以农场场部为依托，在海南建成了一批小城镇，带动了周边农村经济社会的发展。西方村紧邻的广坝农场创建于1960年，现有人口10700人，在职职工2600多人。拥有土地面积17.5万亩，国有橡胶4.8万亩。职工家庭经营杧果和香蕉各1万亩，龙眼、荔枝、木瓜等优质水果和瓜菜5000多亩。②

1. 农垦用地挤占了土地资源

广坝农场创建于1960年，与西方村紧邻。广坝农场建立之初，农场的土地有很大一部分是从西方村的土地中划拨出来的。按照西方村村民的说法，这些地都是世代祖传下来的。农场建立以来，西方村与广坝农场曾存在长期的争地纠纷。争议的地块是广坝农场十四队至十五队公路东面的一块地，当地称为"顿风地"，有1500多亩。1964年，政府把这块地划给了广坝农场生产使用，但是关于土地的权属问题并没有明确。1985年，西方村与广坝农场因为争夺此块地的所有权发生械斗，当时政府部门曾出面控制事态，但是土地的归属问题并没有最终解决。1988年，西方村再次与广坝农场发生纠纷，在政府的协调下，当年10月东方县国土局做出处理决定，"顿风地"按照西方村和广坝农场六四开（西方村为六）的比例分割，并划定地界（吴早并山脚下160米高地东侧线沟向北直至农场

---

① 赵义、何丹：《改革方法论 海南农垦改革风云录》，中信出版社2012年版，第163页。
② 广坝农场介绍：http://baike.baidu.com/view/4378783.htm? fr=aladdin。

四队的水沟交叉点），界东北为农场使用，界西南为西方村使用。

通过上述事件可以看出，1964年调整土地使用人的时候，并没有引起西方村和农场之间的纠纷。究其原因，是当时的生产力和生产条件决定的，虽然西方村拥有大片的土地，但是村民却无力耕种。并且，当时人民公社运动的时代背景，也决定了西方村并不会有多大的质疑。对于"顿风地"的争议之所以在1985年出现，是土地改革的政策让村民们意识到土地就是资源，土地能给他们带来经济利益。所以，站在西方村村民的角度，农垦用地确实损害了他们的切身利益。

2. 农垦生产传播了先进技术

从市场经济的角度，土地面积的减少在一定程度上给西方村造成经济利益的损失。但是纵观西方村60年的发展历程，农场起到了重要的推动作用。很多先进的生产技术、劳动技能，西方村的黎族人都是从农场的技术工人那里学来的。另外，一些先进的生产工具也是从农场购买的。日常的往来中，西方村的村民有的与农场工人还成为朋友，成为生意上的伙伴。

村民们现在种植的黑糯米，据说就是从广坝农场得来的种子。20世纪90年代，西方村大规模地种木薯，也是因为看到广坝农场种植木薯取得了不错的收益，才跟着一起学种木薯的。村民符FQ是西方村种植杧果的能手，村里人种植杧果的嫁接技术都是他传授的。说起杧果的嫁接，符FQ说他其实也不是什么能人，他的技术也是从广坝农场的工人那里学来的。

符ZX、符GX、符ZW等几个村民，是村里干建筑的一支队伍。他们打工的范围近在东河镇、八所镇，远至海口、三亚。从事大型的建筑工程一般是从包工头那里分包，至于镇上、村里建房，他们基本上可以全部承担。问起他们是怎样学会干建筑的，他们告诉我们，从20世纪80年代初开始，碰到农场建房的时候，他们几个人就相约去一旁观察学习，有时候从旁帮忙，虚心请教。后来，等到1986年左右，当时村子里的人因为挖金矿挣了钱，相继盖起了砖瓦房。他们就用建房剩下的材料，建造自家的小房子，实践学来的建筑手艺，有问题的地方一起商量讨论，或者到别家建房的工地上直接请教学习。随着实践锻炼次数的增加，他们的建筑手艺也日趋精进。再后来，村子里的朋友、亲戚们就主动来找他们建房，因为建筑手艺好、工费少，很快就在东河镇其他的村子里传开了。我们此次走访调查的时候，恰好碰到符 ZX 家自己建的新式平房，整个房子就是由符 ZX 父子两人完成的，原本是打算盖二层小楼的，由于资金不够，所以只盖了一层，上面的一层等到攒够了钱后再接着盖。

图 6-1　符 ZX 自建的新房①

通过上述的介绍，可以发现，西方村黎族无论是在农业发展还是在民居建筑等其他方面，在很大程度上受惠于农垦制度在海南的推广。正是农场的技术工人使用的先进的生产技术和生产资料，开阔了西方村人的视野，他们从模仿学习中获得了自身经济的发展。在这个过程中，作为农业生产中心地位的农场，其农业经济的发展带动了处于周围边缘地带的黎族社会的发展。从变迁动力的角度，正是通过与农垦文化的接触，黎族传统社会借鉴和吸收了主流文化的先进成分，从而促进了经济社会的发展和文化的变迁。

二　环境因素制约了经济发展

（一）自然生态不利于农业生产

西方村地处海南省西部，干湿季交替的热带季风性气候，造成这里降雨量分布不均匀，水热比例失调。每年的 7—9 月是降雨季节，夏季台风

---

①　作者现场拍摄。

一般多在海南东部、东南部登陆，遇上强台风也避免不了受到影响。这里光照、热量虽然充足，但是每年3—6月干热的西南风也会加重土壤水分的蒸发，造成干旱。当地有句谚语"人怕老来穷，稻怕九月风"，可见当地的季风气候对农业生产的影响还是非常大的。1954年的社会调查中也曾记载，这里"约有80%的田只能年种一造"，这也说明了气候条件对当地生产造成的不利影响。此外，台风造成的损失往往是巨大的。以1985年10月份的一次台风为例。当时造成水稻损失面积超过1500亩，甘蔗损失面积超过500亩，有11亩的橡胶林受到不同程度的损毁。

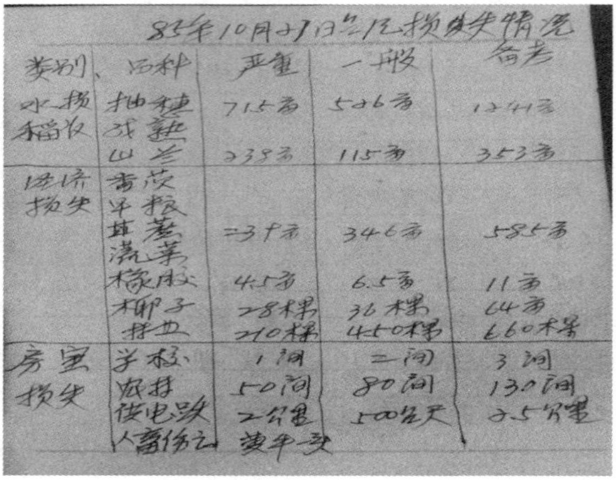

图 6-2　1985 年台风损失情况统计表①

西方村水资源的短缺，既有气候条件的因素，同时也与它所处的地理位置有关。西方村隶属东方市东河镇，东方市位于海南岛的西部，东枕群山、西环大海，地势东高西低。东河镇位于东方市的东部，地势相对较高。因此，在缺乏水利设施的年代，雨季不能蓄水，旱季无水可用。1954年的调查中曾记载，"这里附近没有河溪，水源比较困难"。② 后来，在西方岭下修建的西方水库、青梅水库都是靠蓄存雨水缓解旱情；修建天安水库后，才实现了引水灌溉。在后续的引水灌溉过程中，为了加强引水、用水的管理，避免引发矛盾，每年村里都会安排各生产队派专人在分水点进

---

① 图片拍摄自符 WJ 工作笔记。
② 中南民族学院本书编辑组：《海南岛黎族社会调查》，广西民族出版社 1992 年版，第 422 页。

行监督。同时,还会安排农户定时维护灌溉水渠,保证水渠通畅,能够正常使用。

图 6-3 西方村的地理位置①

20 世纪 50 年代的水利建设,正是认识到水资源短缺给农业生产带来的不利影响。实现引水灌溉以后,村民对于引水干渠的管理,以及灌溉用水的管理,都体现出人们对于农业用水的重视。对于水资源的重视却在商品经济的大潮中被人们所忽视。2000 年左右,水库上游的土地被承包,开始了建设各类水果、蔬菜的种植园。种植园的用水也是来自天安水库。随着生产规模的扩大,用水需求逐年增长,以致出现了种植园与农业生产争水的现象。村民们说,种植园的老板资金雄厚,水库的水都被他们高价买走了。缺少用水的村民向政府反映,却并没有得到政府部门的重视。于是 2004 年左右,水渠断水,由西向东穿过村子中央的引水渠成了村民倾倒垃圾、污水的排污沟,这便是现今西方村的"龙须沟"。

水资源的短缺不仅影响农业生产,同时也给村民的生活带来不便。曾经,"村里开有几口浅浅的水井",水井里的水"旱天便成了灰白色的泥

---

① 作者现场拍摄于东河镇政府。

水"、"群众饮用煮食都取自于此",牲畜用水都是田边小水塘的蓄水。[①] 为了解决村民的吃水问题,政府陆续在村子的周围打了五口深井。在一定程度上缓解了吃水困难的问题。改革开放后,随着生活水平的提高,为了方便吃水,村民陆续在院子里打井。几户共用一口井,有钱出钱,没钱出力。目前,村民生活用水基本上都是干净的井水。根据 2008 年东河镇《村庄环境综合整治基础调查表》数据,西方村共有水井 150 口,平均深度 8 米。村民生活用水都是几户共用一口水井,有的水井甚至是十几户共用。由于西方村的地势东南低、西北高,所以村子地势高的水井不仅深度要深,而且井水的深度也仅有半米不到。原来,村民吃水都是要用水桶打水,用起来不方便,而且费力。后来随着抽水泵的普及,80%以上的村民都开始在水井里安装抽水泵,通过塑料管道将井水引至家中。

1999 年,海南省出台《生态省建设规划纲要》,从发展战略层面明确了生态建设对经济发展的重要作用。正是得益于此,西方岭的生态公益林才得到有效保护。但是,从西方村的变迁看,仍旧无法避免"先污染后治理""先破坏后恢复"的传统经济发展模式。西方村灌溉水渠的废弃即是最好的例证。由于上游地区种植园的大规模兴起,农业用水得不到保证,水渠废弃、农田抛荒。在这个过程中,各级政府的唯 GDP 观念、种植园商人的唯利益观念、村民经过最初抗争后的漠视态度都是加速灌溉水渠废弃的重要原因。可见,在环境保护方面既需要战略发展规划,又需要建立环保意识。另外,村子环境的脏乱差,也是长期以来村民缺乏环保意识的一种体现。龙祖坤在研究民族地区村寨经济发展模式时,指出生态、社会、经济三个子系统既相互联系又相互制约,它们之间通过不断的物质和能量的交换来实现这一开放系统的稳定。[②] 因此,西方村的经济发展离不开良好的外部生态环境。

(二) 宗族社会限制了对外交往

中国传统"乡村社会以血缘为主要的联系纽带,以一定的地域为界限,在自给自足的小农经济的基础上,以族权控制基层政权,以神权控制

[①] 中南民族学院本书编辑组:《海南岛黎族社会调查》,广西民族出版社 1992 年版,第 422 页。

[②] 龙祖坤:《民族地区村寨经济的发展模式探析》,《湖南大学学报》(社会科学版) 2010 年第 2 期。

思想意识，以夫权控制伦理家庭，三者相互结合，内生出独立的组织和调控系统，形成一个比较封闭的稳定空间"。① 西方村正是这样一个典型的美孚黎族乡村社会。

西方村现有六个宗派，分别是"wo'peng"（窝蓬）派、"nan'de"（南的）派、"ne'fu"（呢夫）派、"beng'ya"（蹦呀）派②、"beng'nie"（蹦涅）派、"wo'hen"（窝痕）派。③ 村里的村民都隶属于这六个宗派的其中一支。宗派在当地被称为"ken"（裉），就是以父系血缘组成的宗族组织。裉"内部没有固定的首领，遇事由辈分高的长者临时召集所有男性成员讨论，如要集体行动，则众人推举临时首领，事情完成后临时首领地位随之消失"，并且裉"内部都定有道德规范、道德法规，全体成员自觉遵守，违反会受到谴责或处罚"。④ 由此可见，历史上宗族组织在村子里的影响力非常大。村民们说，原来只要是从外地迁来西方村的人，都会改姓选择依附其中某个宗派，否则就会受人歧视和欺负，这也是为什么全村都姓"符"的原因。窝蓬派在历史上是村子里势力最大的一个宗派，村子里的几户哈黎当初来到西方村，就是依附在窝蓬派。后来，窝蓬派由于宗族组织的规模过大，分为了现在的窝蓬派和呢夫派，村内的哈黎被分到了呢夫派。按照传统习俗，不同宗派之间可以互相通婚，同一宗派内则不能通婚。这一习俗至今在西方村仍在传承，即便是现在窝蓬派与呢夫派已经分开，由于这两个宗派之前同宗，现在也不能通婚。此外，历史上西方村人对于对外通婚是非常排斥的，一般情况下，男女婚配都是限制在本村，特殊情况下，男子可以外娶，但是女子不准外嫁。

西方村黎族人的宗派观念不仅表现在婚姻方面，同时在居住习俗中也有所表现。据村民介绍，原来围绕村子的篱笆墙曾建有六个门，并且每个门分别有各自的名称。在村子的北门（即村子的大门）"beng'zhai'long"的东边住的是窝蓬派，西边是蹦涅派；"bong'zhai'beng'nie"的周围居住的是蹦涅派；"bong'zhai'gong'gai"周围居住的是蹦呀派

---

① 吴敏先：《中国共产党与中国农民》，东北师范大学出版社 2000 年版，第 301 页。
② "beng'ya"（蹦呀）派，又称为"gong'gai"（功盖）派。
③ 对应 1954 年社会调查："窝蓬"派即是指符学昭的祖公、"南的"派即是指符志攀的祖公、"呢夫"派即是指符其生的祖公、"蹦呀"派即是指符庆贤的祖公、"蹦涅"派即是指符有珍的祖公、"窝痕"派即是指符世贵的祖公。
④ 符兴恩：《黎族·美孚方言》，银河出版社 2007 年版，第 95—96 页。

和南的派；"bong'zhai'nan'de"周围居住的是南的派；"bong'zhai'fen'gao"周围居住的是窝痕派；向西开的小门"bong'zhai'yong'slai"，周围居住的是呢夫派。因此，从六个门的名称就可以推断出，村落内部的居住格局是划分为六个居住区域，每个宗派分别靠近一个篱笆门居住。

在传统宗派观念的影响下，西方村人一直生活在相对封闭的环境中。现在，绝大多数的西方村人还保持对内通婚的传统，从侧面印证了他们保守的观念。观念的保守，还体现在西方村人与外界接触的过程中保持着很重的戒备心理。以我们的调查经历为例，初到西方村的时候村里人无论是男女老幼，都保持着一种冷漠、观望的态度，甚至当我们第二次来到西方村，村里人也始终与我们保持一定的距离，第三次的调查村里人才放下戒备，热情地迎接、招待我们，在调查中能够无所顾忌地畅所欲言。另外，调查中村民对出远门打工所持的态度普遍是不认可，一方面他们认为出远门家里的土地和房屋就没有人照顾，另一方面他们觉得语言交流是个障碍，语言交流的不通畅让他们对外面世界充满了一种莫名的恐惧。除此之外，对于部分年纪稍长的村民来说，黎族人传统的祖先崇拜观念，也是其中的一个因素，离家距离太远、时间太长，那么他们就会失去祖先的保佑。正是西方村人的这种传统宗族观念，造成他们安于生活在祖辈的土地上，满足日出而作、日落而息的平静生活。

（三）人口增长过快造成资源匮乏

1954年调查时，西方村有227户，人口1099人。2017年，西方村人口达3481人。60多年的时间，村子的人口增加了2382人。现在，西方村是东河镇下辖人口最多的自然村，也是东方市少数民族人口最多的村落。

《海南省人口与计划生育条例》第十八条规定，"少数民族聚居地区的农村居民，夫妻双方或者一方是少数民族的（不含人口在一千万以上的少数民族），可以生育两个子女；生育两个子女都是女孩的，由夫妻双方提出申请，经所在地乡镇人民政府审查，报人口和计划生育行政部门批准，可以再生育一个子女"，即是西方村村民所说的计划生育"两个半"。20世纪90年代，曾有学者对黎族人口发展进行过研究，认为计划生育政策、传统生育观念、相对封闭的社会领域造成黎族人口发展快，严重影响了黎族地区经济的发展，影响了黎族人民生活的改善，使两种生产不大协调。①

西方村的人口发展，自改革开放以来，一直呈现线性增长的趋势。人口数量的不断增加，对生态环境造成了很大的压力，人口的饮食、居住等物质需要使得西方村人均耕地面积减少，村内房屋建筑呈挤压态势。人口数量的增加对经济发展的制约愈加明显。人口的发展带来的是土地平均供给的减少，既包括宅基地，也包括农业生产用地。在这期间，由于人口增加带来的居住需要，村民有的将农田变为宅基地。我们将有西方村发展过程中记录可查的耕地数据进行了统计汇总，见表6-1。

表6-1　　　　　　　西方村人均耕地面积变化表②

年度	人口（人）	水旱田面积（亩）	人均耕地面积（亩/人）
1984	2004	2150	1.07
1992	2524	2266	0.89
2010	3283	1901	0.58
2014	3381	2000	0.59
2017	3481	2000	0.57

从表6-1中可以看到，1984年人均耕地面积为1.07亩，1992年人均耕地面积为0.89亩，到了2010年，人均耕地面积仅有0.58亩，此后人均耕地面积再无较大变化。从1984年到2010年的26年间，人均耕地面积减少了0.49亩，减少了将近一半。

人多地少的现象已经成为西方村发展中所要面临的突出问题。人口发展带来的环境保护问题也同样严峻。以地下水资源为例，人口的增长带来用水需求的增加。对地下水的持续开采，造成地下水水位的降低，目前村内地势高的水井水位仅有半米不到。生活用水的变化不仅仅是地下水位的降低，还存在细菌超标、伴有混浊物等水质问题。同样的还有生活卫生、污水排放、垃圾增多都是与人口增长相伴而生的环境问题。因此，造成西方村环境卫生差的原因，除了传统的生活习俗、村民的环境保护意识外，

---

① 周瑾：《海南黎族人口发展与分布的状况、趋势及对策》，《南方人口》1993年第3期。
② 1984年和1992年数据根据时任村支书符WJ工作笔记整理，2010年数据源自第六次人口普查，2014年、2017年数据为调查数据。

人口发展也是其中之一。

三 教育因素限制了劳动力素质提升

"百年大计，教育为本"，教育水平的高低和接受教育的质量不仅影响人们对外来事物、新生事物的接受和辨别能力，影响人们思想观念的变化，同时教育的影响也体现在经济、文化等诸多方面。教育对于提高人口质量，促进经济发展有着重要的推动作用。经济学家鲍曼早在1963年就试图用数字来说明识字率和经济发展之间的潜在关系。她指出识字率为30%—40%是大多数国家人均收入超过300美元、所有国家人均收入超过200美元的先决条件。她还认为"识字会使我们懂得习惯传统以外的各种可能性——办事的各种途径，包括萌生谋求其他职业的念头"。[1] 美国学者阿西莫格鲁研究发现，以人均受教育年限为代表的人力资本存量与经济增长之间存在着显著的正相关关系。[2] 中国学者韩晶实证研究表明，农村受教育年限每增加一个单位，农民收入增加0.31个单位，教育对经济有显著的促进作用。这些作用体现在"能够加快农业现代化进程、能够加快农村剩余劳动力的转移、能够有效提高贫困地区农户利用和获取信息的效率、能够降低农村人口数量和提高人口质量、能够影响农民的思想观念"。[3] 闵维方认为：今后十年中国经济社会发展面临的最重大、最紧迫的课题是转变经济增长方式。尽管众多因素对转变经济增长方式具有深刻影响，但教育在这一转型过程中具有基础性、先导性、全局性的重要作用。[4] 现代人力资本理论认为：人，特别是具有专业知识和技术的高层次的人是推动经济增长和经济发展的真正动力。[5]

西方村没有村办企业，没有专业合作社，甚至没有种植或者养殖大

---

[1] 杨鑫辉主编：《现代大教育观：中外名家教育思想研究》，江西教育出版社1990年版，第121—123页。

[2] 闵维方：《教育在转变经济增长方式中的作用》，《北京大学教育评论》2013年第2期。

[3] 韩晶、杜亚敏、宋涛：《农村教育对农村经济影响的实证研究》，《中国延安干部学院学报》2011年第3期。

[4] 闵维方：《教育在转变经济增长方式中的作用》，《北京大学教育评论》2013年第2期。

[5] 王明杰：《西方人力资本理论研究综述》，《中国行政管理》2006年第8期。

户。村民普遍缺乏现代生产知识，较少掌握现代生产技术，仅仅满足于体力劳动的打工。可见，人口素质的提高是经济增长的必要条件。提高人口素质的途径，从短期看是通过技术培训，从长期看是重视和加强文化教育。从经济发展的角度，随着今后产业结构的调整升级和智能制造的创新发展，这些没有掌握现代生产技术和知识的农民，将逐渐被现代化的生产淘汰。届时，体力劳动的劳动价值也将大打折扣。从调查的情况看，西方村 90%以上的义务教育阶段的适龄儿童，是没有接受完整的义务教育的，他们大多数在小学阶段就逐渐退学了。这种教育状况需要引起政府教育主管部门的关注，因为风气一旦形成，改变它就需要付出艰苦的努力。再加之，西方村人对接受教育持无所谓的观念，更加加重了改变的难度。

（一）教育基础薄弱

西方村现有一所小学，名为"西方小学"，从村口右侧岔路前行 50 米，即可看到小学的教学楼。西方小学的建筑分前后两栋，前楼是二层教学楼，后面的平顶房是教师宿舍。教学楼的前面就是一个面积不大的操场，操场目前还是泥土地，围绕操场的砖墙有几处已经倒塌，或者有个豁口。"这个学校 1952 年开始创办，1963 年才搬到现址，1987 年建教学大楼"，早在 1987 年的时候就"已是危房不能用"，后来虽经改建，但是直到 2008 年接收日本政府的捐款才改建成现在的水泥建筑。2002 年调查时，"西方小学只办到五年级六年级就要到镇里去上。目前有 11 名教师……按学生和教师之比，还缺 9 名教师，实行双语教学"。[1]

历史上，虽然西方小学的办学条件较差，但是可以看出西方村是有一定教育基础的。调查中，通过对 50 多岁以上的村民访谈，20 世纪 60 年代，大部分村民曾经在扫盲班里学习过，有部分村民还接受了小学、中学甚至高中教育，但是受到"文化大革命"政治运动的影响，学习期间基本上也是以劳动为主。当时，村民接受的教育基本上以海南本地的军话授课。改革开放以后，国家逐渐恢复正规的教育教学体系，各级政府部门对教育的重视程度逐渐加强，在这样的背景下，村级组织对教育的关注在一定程度上有了改变。符 WJ 的工作笔记中，有关教育情况的记录主要集中在 1985—1986 年，其他时间并没有涉及教育的记录。

---

[1] 海南省民族学会编印：《黎族田野调查》（内部资料）2006 年，第 183 页。

表 6-2　　　　　　　　　1985 年受教育统计情况①

统计项目		数量（人）	各年龄段不同群体占相应年龄段人数的比例	女性数量（人）	女性所占比例
总人口		2096		1065	51%
7—11 岁人口	总数	290		138	48%
	已入学人口	273	94%	131	48%
	未入学人口	17	6%	12	71%
12—15 岁人口	总数	177		94	53%
	在校人数	84	47%	40	48%
16—40 岁人口	总数	696		316	45%
	高中生	42	6%	1	2%
	初中生	97	14%	6	6%
	高小生	96	14%	27	28%
	半盲人	145	21%	17	12%
	文盲人	316	45%	211	67%

表 6-2 对 1985 年的村民受教育情况做了一个较为详细的统计。7—11 岁的小学适龄儿童中的入学率达 94%，12—15 岁的中学生的入学率为 47%。中学生的入学率不足 50%，说明很多学生仅接受完小学教育后，就辍学了。在 16—40 岁的人口中，文盲和半文盲的人口比率高达 66%，接受过高中教育的人口比率仅有 6%，接受过初中教育的人口比率也只有 14%。由此可见，西方村人口的受教育程度还是处于一个非常低的水平。

（二）学生受教育意识不强

富晓丹在总结黎族学生的特点时指出，成长环境差异较大、文化基础薄弱、基础教育质量不高；民族自卑感较强，求理解和尊重；诚实守信、竞技运动能力强，时而不遵守纪律、自控能力较差；家庭素养普遍低下，父母、长辈对教育的重视程度不够，性别歧视、不懂得尊重他人、爱护同学等是其突出的特点。② 西方村的中小学教育及在校学生与

---

① 根据时任村支书符 WJ 工作笔记整理。
② 富晓丹：《浅析黎族学生的特点及教育对策》，《科技导报》2017 年 3 月 24 日。

此大致相同。

2002 年的调查，曾记录"西方小学有一个值得注意的现象：越往高年级的学生越少"，在调查记录中还对当年的各年级学生情况做了详细记录。① 现将 1987 年、2002 年的西方小学学生就读情况进行对照。

表 6-3 　　　　1987 年、2002 年西方小学学生就读情况对照表②

年级	1987 年	2002 年
一年级	219	169
二年级	105	120
三年级	45	58
四年级	29	38
五年级	14	5
合计	412	390

通过表 6-3 可以看出，西方村适龄儿童接受小学教育的情况，在 1987 年与 2002 年两个年度从一年级至五年级有着相同的变化。根据 2011 年的调查，这样的变化仍在持续。因此，可以推断，西方村适龄儿童接受教育的情况，人数从低年级到高年级逐年减少，辍学率不断提高。2002 年的调查将这种现象归因于"是经济困难，父母早早就叫他们回去干农活"。③ 经济困难的背后，西方村教育状况落后还包括教学水平落后、受教育意识不强、家长疏于管理等其他因素。

西方村小学针对四五岁的本村儿童于 2010 年设立了学前班，没有专门的幼儿教师和幼儿教学、娱乐设备。村内家庭条件较好的有的把孩子送到普光农场幼儿园。由于村民的日常交流基本上通用美孚黎语，为了交流、沟通，学前班的教育仍以黎语为主，兼用海南军话④；西方村现设有

---

① 海南省民族学会编印：《黎族田野调查》（内部资料）2006 年，第 183 页。
② 数据来源：符 WJ 工作笔记和 2002 年海南省民族学会黎族社会调查。
③ 海南省民族学会编印：《黎族田野调查》（内部资料）2006 年，第 183 页。
④ 军话是分布于广东海南等少数地区，由明代卫所兵眷后裔使用的官话方言。

六个年级,每个年级1个班,每班学生在10—30人。本村的老师也仅有3人,其他均为外村教师;村内小学升初中对口中学为东河镇中学,因为中学距离西方村较近,村内的初中生都是走读。也有极少几个孩子在八所镇的中学读初中。

访谈对象:苏老师,东河中学初二年级的数学老师。
访谈内容:
问:您带的班上有没有西方村的学生?
答:有,我的班上有8个学生家是西方村的。
问:他们的学习情况怎么样?
答:学习都不太好,比较懒散,不用功。
问:您知道西方村有多少学生在东河中学读书吗?
答:目前全校有30多名西方村的学生。我们给西方村分配的指标有80多个,但是从来都没有招满过。现在全校30多个已经算多的了。读书的学生差不多没有毕业就出去打工了。

最近两年,每年东河镇中学升入高中的学生中,西方村的学生只有1人;2004年,西方村有1个考入大学的学生,此后陆续又有几个考入职业院校的学生。

(三) 家庭对待子女受教育持放任自流的态度

黎族是一个只有语言、没有文字的民族。传统的黎族社会是一个比较封闭的团体。生活困难的年代,村民首先要满足的是吃饭穿衣的需求。中华人民共和国成立后,经过土地改革,村民们得到了基本的生产资料,通过自给自足的方式,满足了吃饭穿衣的最基本需求。1952年,建立小学之后,在政府的宣传教育下村民们才萌发求知的欲望。但是,直到改革开放以后,西方村村民的生活也仅仅是满足温饱。受制于家庭条件,村里的适龄儿童入学教育始终得不到家长的重视。西方村历史上也没有读书求学的风气和氛围。陈立浩在总结黎族教育的特点时指出,黎族社会教育的特点体现在社会大教育具有极大随意性和灵活自主性,"如黎族对儿童多以教唱歌、讲述故事为启蒙教育;对青年人则进行成年礼俗教育和传授有关的生产技艺","这种教育的结构是松散的,功能是综合的,既无规范性,又无制度化"。① 因此，黎族的家庭教育理念，是建立在平等的基础之上，如果孩子没有学习的意识，家长则认为是他们自己没有学习的兴趣，不会勉强或者逼迫。接受系统的学校教育完全是凭着孩子个人的喜好和兴趣，如果在孩子心智尚未成熟的阶段，一旦出现厌学的情绪，则很容易就会辍学。由此可见，之所以没有形成读书的风气，在很大程度上取决于传统的家庭教育观念。

调查中，村民们关于教育问题的反思，一方面认为村里的教学资源和教育质量较差，另一方面对不良的读书风气则认为始发于当年挖金矿造成孩子纷纷辍学，出于经济利益的短视效应延续至今。

> 符 SQ（男，1939 年出生）：家里有文化的人会教育孩子读书，自己不认字的也不让孩子读书，当年挖金矿的时候，我就教育自己的孩子"黄金不比黑金贵"，不让他们参与。

现在，西方村孩子们一般不到小学毕业，就已经辍学务工了，即便是升入初中的学生一般也会在毕业后选择放弃升学，或者中途退学。一方面学业的压力让他们觉得读书既枯燥又很累；另一方面主要是受到周围同龄人或者兄长、姊妹的影响，他们外出务工挣钱，可以买自己喜欢的东西，做自己喜欢做的事情，这让读书的孩子们感到读书让自己不自由，向往他们的生活，产生盲从心理。此外，父母忙于打工，早出晚归，有的时候因为远距离打工十天半月不回家也是常有之事，无暇顾及孩子的教育问题。

小结

制度、环境、教育是影响西方村经济变迁的三大因素。这些因素对于经济变迁的影响有正面的，也有负面的，甚或是双重的。从历史发展的轨迹可以看出，制度是经济变迁的主导因素，对经济发展的影响是深远的，它是解放生产力的根本因素；环境包括自然环境和人文环境，事实已经证明对于自然环境的保护或破坏，会直接作用在经济发展的结果中，要么促

---

① 陈立浩：《黎族教育史（选载）》，《琼州大学学报》（哲社版）1994 年第 2 期。

进经济的发展,要么制约经济发展的步伐。人文环境的影响亦是如此,人口的发展使得人多地少、资源紧张这些问题,在发展过程中逐渐凸显。宗族社会的力量也在村子的周围形成一个包围圈,将它与外界隔离开。教育的关键性在于对于新兴事物的接受能力,技术的发展和革新日新月异,如果西方村人整体的受教育程度无法提升,那么对于今后的发展将会形成无法逾越的障碍。这些因素对西方村经济社会的影响将是持续性的。

总结与讨论

"中国乡村近百年来的发展历经了一个从再造农民到农民再造乡村的转型过程。前者是从改造农民入手,通过塑造'理想农民'来建立理想的乡村生活或乡村制度,后者是通过农民自己来发展乡村,尊重农民的意愿,激发农民的主动性和创新意识,更有效地促进乡村可持续发展。"[①] 西方村经济变迁的历程,也正印证了上述的总结。中华人民共和国成立后,为了建立稳固的经济基础,国家推行计划经济体制,从土地制度、社会结构、生产组织等方面实行统一的再造农民的政策。在这个过程中,西方村黎族原本封闭的经济体系开始被从外部介入,改变了原来生产落后、生活困苦的情况。改革开放后,国家推行市场经济制度,打破大锅饭、集体化的生产格局,实行土地承包责任制,激发农村、农民发展的内生动力,为农民再造乡村提供了宽松的政策环境。面对逐步开放的外部市场,西方村黎族的经济体系也在逐步适应市场的要求。总结西方村经济变迁过程中的特征、经验,对相关的问题提出对策建议,希望对于少数民族村落的经济发展有一定的借鉴意义。

一 西方村经济变迁的特征

(一) 变迁过程符合海南岛少数民族地区经济变迁的一般规律

陈光良在研究海南经济史时认为:海南岛"汉族和少数民族杂居区的商品经济因素发展的较快些,而少数民族聚居区发展则慢些;从地理因

---

① 秦红增:《乡土变迁与重塑:文化农民与民族地区和谐乡村建设研究》,商务印书馆2012年版,第52页。

素考察，则是近海沿河一带发展得快些，而内地山区发展得慢些，并且这种经济特征一直延续到现代"，"如果将海南岛作为一个区域整体或是一个经济系统来考察，可以看到，少数民族经济与汉族经济从来都是互为条件、互相促进的"。① 60 年来，西方村在生产工具、生产技术、生产结构等方面发生了深刻的变革，现代农业生产工具的使用、农业生产技术的革新提高了生产效率，使得经济基础得到了稳步增长。改革开放后，随着国家市场经济制度的推行和不断完善，西方村的黎族逐渐建立了商品经济的概念，了解和熟悉了市场经济体制，通过发展养殖、种植，改善了农业生产结构，通过外出打工，增加了经济收入。经济生活方面，由于历史和居住地理位置的原因，西方村的黎族同胞与汉族接触的时间较长，受到的影响也是日渐加深，所以在衣着方式方面较早地出现了变化。中华人民共和国成立后，村民的日常生活方面在保留传统习惯的同时，也逐步发生了变化，特别是进入 21 世纪后，家庭收入的增加，提高了村民的购买力和自主能力，在衣食住行各个方面出现了更多的现代化元素，西装、皮鞋、电视、电话、摩托车等进入了普通村民家中。

（二）变迁过程主要源自外部政策推动

社会或文化的变迁，一般来说是某一社会其内在的原因或和他文化接触而引起的。当变迁的原因或鼓动者是在社会系统内时，我们称之为内发变迁；当新的思想来源于社会系统之外时，我们称之为关联变迁。内发变迁是社会系统成员，在几乎没有外界影响的条件下，创造和发展出新的思想，并在系统内推广；关联变迁是社会系统之外的新思想被传送进来引起的变迁。② 西方村的经济变迁可归结为关联变迁。中华人民共和国成立后，在社会主义改造过程中，通过土地制度改革这个关键手段，西方村黎族的社会关系、经济结构发生了重大变化，由过去的小农经济、家庭生产演变为集体经济、集体生产，从而完全打破了原有的社会经济制度，与全国各地的农村一样走向了合作化生产的道路；改革开放后，家庭联产承包责任制的实行，西方村的黎族同胞也开启了打破大锅饭，解放生产力的改革进程，直到今天土地流转政策、林地确权政策的执行，同样把西方村带

---

① 陈光良：《海南经济史研究》，中山大学出版社 2004 年版，第 466 页。
② [美] 埃弗里特·M. 罗吉斯、拉伯尔·J. 伯德格：《乡村社会变迁》，王晓毅、王地宁译，浙江人民出版社 1988 年版，第 12 页。

（三）变迁过程体现出由被动接受到主动适应

克莱德·伍兹曾指出："比较起较大的、工业化、都市化的社会来，较小的、封闭的、不发达的社会更可能出现这种情况——某些社会处于一种或多或少有些完美的平衡或稳定的状态，因为文化的保守主义战胜了变迁的力量。"[1] 黄泽在对西南民族节日文化的研究中，亦提出"从节日文化系统的比较看，西南民族社会中越是封闭、自称体系的人口较少民族的社会，其社会变化发育越迟滞，其内部尚未形成吸收交流异质文化的有效机制，唯恐缺乏对抗制衡力量而丧失自我，故往往对异质文化采取逃避、隔绝以求自存的方式，变迁阻力很大"[2]。但是，通过对西方村经济变迁的研究，可以发现黎族社会在与主流社会不断的接触中，非但没有以文化保守主义的态度囿于传统、故步自封，反而是以其开放、包容的民族性格，学习和借鉴主流社会中的先进因素，促进了经济社会的发展。中华人民共和国成立时，生产技术落后、生活条件恶劣是西方村经济水平的现实境况。但是面对当时的环境条件，西方村的黎族同胞无力改变。在社会主义改造和社会主义建设的历史潮流中，西方村首先选择的是被动接受，他们接受社会主义改造、接受土改政策、接受农业生产的新技术。水稻的育种、育秧新方法都是从那个时候学来的，也是从那时起，村民们用上了犁铧。甚至说，村民至今酒后吟唱的革命歌曲、样板戏，都是在那个年代学会的。如果说社会主义改造初期，西方村黎族同胞对待变革的态度是被动接受，那么广坝农场的建设，为村民们打开了认识外界的另外一扇窗户。他们对待变革的态度开始转向主动，主动学习生产技术，主动引进农业新品种。杧果的嫁接技术、砖瓦房的建造技术以及良种水稻，这些都是村民们从农场技术工人那里学到的新技能或得到的新品种。特别是改革开放之后，经济收入的增加，以及与外界联系的不断紧密，他们逐步摆脱了戒备心理，主动学习和适应外界的新鲜事物。如今，西方村的村民在使用现代化农机具、农资农药等方面可谓得心应手，在使用现代化生活电器、

---

[1] ［美］克莱德·伍兹：《文化变迁》，施惟达、胡华生译，云南教育出版社1989年版，第1页。

[2] 黄泽：《西南民族节日文化》，云南大学出版社2012年版，第240页。

交通工具方面可谓驾轻就熟。

二 西方村经济变迁的启示

（一）经济发展既需要外源推动也需要内源自觉

计划经济时期主要是通过政府的外源推动，实现了经济的初步发展。正是在这一时期，西方村的经济在政府主导的集体化生产模式下，通过推广农业生产技术，组织建设水利设施，解决了生产的基础问题，在一定程度上实现了生产效率的提升和生活水平的改善。但是，国家实施计划经济的结果是通过剪刀差获取"贡税"的低价统购统销的经济政策，通过农业合作化形成的政社合一、一大二公的人民公社组织架构、控制人口和劳动力流动的城乡分割的户籍制度，在为工业发展提供积累的同时限制了农业的自我积累能力和农业发展。[①] 因此，在经历了外源推动初期带来的经济发展后，分配制度上的平均主义、高度集权的生产模式和沉重的税收负担严重制约了个体生产的积极性和主动性。

市场经济时期政府主要通过释放政策红利，放松经济管制，激发生产活力。在这个过程中，政府对于村落经济不再进行直接管控，经济的发展主要源自村民的内源自觉。西方村的内源自觉还仅仅停留在个体层面，主要是村民个体在与外界的接触中，学习模仿先进的生产技术和生产方式，村民在经济生产中，向农场的工人学习种植杧果的技术，学习建房的技术；向农场及周边的村子学习发展橡胶、热带经济作物种植；他们开始关注市场需求，有针对性地学习汽修技术、学习参与市场经营。在经济生活中，他们学习模仿主流社会的衣着方式、饮食方式、建筑方式以及交通与通信方式，由此带来农业生产结构由单一向多元的转变、第三产业的发展、生活方式的现代化以及对外经济交换的增加。这种个体的内源自觉还没有上升为集体的自觉，因此经济发展中都是靠单打独斗，并没有形成发展合力，经济上发展较好的是个别人，大多数的村民还是停留在有吃有喝的水平，还在为每天的生计担忧。在个体内源自觉的同时，其负面影响是

---

① 张晓山、李周主编：《新中国农村 60 年的发展与变迁》，人民出版社 2009 年版，第 3—4 页。

村民的集体观念逐渐弱化，村级组织仅仅成为政策上传下达的工具，个体的内源自觉无法上升为集体的内源自觉。西方村社会生产组织的缺位就是很好的例证。

总结计划经济时期和市场经济时期西方村经济发展的经验，可以发现，村落经济的发展既离不开外源推动，也离不开内源自觉。在村落劳动力素质不能满足市场化经济发展需要的前提下，要通过外源推动使个体的内源自觉上升为集体的内源自觉。只有如此，才能够实现乡村振兴战略提出的"产业兴旺、生态宜居、乡风文明、治理有效、生活富裕"的目标。

（二）经济发展需要发挥生产组织的作用

从计划经济到市场经济，实行家庭联产承包责任制后，最显著的变化就是终结了集体化的生产模式，开始了家庭化的生产模式。初期，这种改变在一定程度上激发了以家庭为单位的个体生产的积极性。但是，土地承包也造成土地分散经营的格局和农田水利设施的损坏和失修。"种好责任田，不管百家事""包产到了户，不要村干部"等思想在村民的意识中开始盛行。

经济生产组织缺位造成农业经济面临困局。1998年以后，西方村上游天安水库周边农田大规模被大陆老板承租发展种植园，由于灌溉用水的需要，与处于下游的西方村争夺用水权，造成西方村农田灌溉缺水抛荒弃种。西方村的引水渠逐渐失去作用，最终沦为村内的臭水沟。计划经济时期一直沿用的按生产队组织灌溉分水的模式也分崩离析。西方村的土地重新成为"望天田"，农业生产不再旱涝保收。对于这种结果，村民认为是村干部没有发挥作用，当干部的只想谋求个人利益，不为大家着想；村干部认为他们人微言轻，虽然向上级政府反映了，但是也不被重视。西方村农业生产面临的问题，根本上，还是社会生产组织的缺位造成的。土地实行承包制之后，村级组织不再承担计划经济时期组织生产的责任，而以家庭为单位的个体生产在缺乏组织的情况下，谁也无力单独承担农田水利修缮中的人力、物力和财力投入，以及使用中的协调沟通工作。

经济生产组织缺位造成个体经济缺乏竞争力。随着市场在生产要素配置中的作用逐步加强，土地分散经营的弊端愈加明显，加之农业个体经济在面临生产风险时的脆弱性，以及面对市场信息时的不灵敏，使得个体经济举步维艰。以种植杧果为例，符ZX家有400株杧果，从种植到结果需要3—4年的时间，其间打药、施肥的成本每年1000多元。等到结果时，每株杧果树的产量是40斤左右，品相好的果子收购的价格只有每斤六七角，如果果子外表有伤痕，收购商还会压价收购，每斤1角钱都不到。村民个体面对收购商根本没有议价的权力，都是收购商说了算。符ZX算了一下，辛辛苦苦种杧果，还不如出去打工挣得多。所以，当看到土地出租可以带来收益时，村民们大都积极主动地将自家的土地出租，转而纷纷加入打工的行列，因为打工可以保证他们干一天活儿，就有一天的收入，种地反正挣不到钱，索性不种。种地如此，发展养殖也是如此。符ZH之所以选择养鸭，是因为要比养猪的风险小，并且他认为养鸭挣的钱"也不比打工挣得多"。可见，村民自身知识水平的限制和对市场需求、市场信息的缺乏了解成为制约发展个体经济的主要因素。

要解决西方村农业经济、个体经济面临的问题，需要发挥经济生产组织的力量，通过经济生产组织在市场和农民中架起经济的"桥梁"，提升经济发展的空间。例如通过成立农业生产合作社，或者引进农业经营公司的方式，整合个体经济的资源和生产力，发展集约化、规模化的农业，从而在市场中提高竞争力。

（三）经济发展需要重视村落人际关系的重构

费孝通先生曾指出，中国传统村落中的人际关系是一个以血缘和姻缘为中心的差序格局。[①] 这种差序格局的实质就是人们以血缘和姻缘上的远近亲疏确立的互惠关系。但是，西方村传统人际关系格局受到市场经济利益观的影响正在发生显著变化。

市场经济扩大了生活空间，弱化了人们之间传统的社会关系。市场经济的发展改变了村落传统经济自给自足的模式，使得人们的经济获得方式变得更加广泛。以往，无论是小农经济或是计划经济，人们的生产生活范围仅限于村落内部，互相之间的联系紧密而频繁，这也是互惠交换得以广泛存在的基础。如今，市场经济使得村民生产生活不再囿于传统村落的地域范畴，市场经济的交换需要扩大了人们的生活空间。尤其是打工经济的盛行，村民对外接触的范围更广、频次更多，留待村内的时间大大减少。这使得当互惠的需要发生时，并不能得到空间上分隔的人们之间的及时响

---

① 费孝通：《乡土中国　生育制度》，北京大学出版社1998年版，第27页。

应，造成互惠范围缩小，从而进一步导致村落人际关系呈现松散状态。从西方村的婚丧仪式，尤其是葬礼，大多数是村内的上年纪的中老人参加可见一斑。婚礼一般可以提前通知，但是，葬礼常常是突发的，人们外出打工成为缺席仪式的主要原因。此外，村里有的年轻人外出打工两三年才回家一次，参加"转年"的朋友群体往往出现缺席，有的群体更是因为缺席人数太多而无法开展。正如有学者指出，市场经济下的农村打工带来的人员强流动性，成为冲击传统村落社会人际关系网络的重要原因。[①] 这种流动性带来的直接结果就是从空间上造成原有保持互惠关系群体的分隔，进而导致互惠范围的缩小。

市场经济强化了利益交换，弱化了传统人际关系的社会约束力。市场交换出现在村落之后，平等的利益关系逐渐取代对等的互惠关系，人们逐渐以利益关系确立人际关系。从西方村劳务型互惠的变化，可以看出市场经济对于人们在衡量劳动价值时其潜在影响作用正在增加。人们在提供劳务互惠的时候，更多地需要考虑市场对于劳动力的定价。例如，人们需要在无偿提供劳务互惠和外出打工之间进行选择时，往往会选择外出打工，特别是当外出打工所获得的经济收入较多，或者打工机会来之不易时。村民符 WJ 在杧果树需要嫁接时，之所以只能找到 5 个人帮忙，并不是他不想找更多的帮手，而是他进行嫁接的时候，碰巧是人们都要动身外出打工，能来帮忙的人都是上了年纪的不会去打工的。市场经济下，当人们迫于生活的压力，在经济和感情之间进行选择时，首选的是前者。另外，市场经济的竞争规则也使得人们越来越关注个人经济利益是否受损，争取打工机会，有时比打工收入还要重要。人们面对互惠需要时的选择，在潜意识中运用了经济学的机会成本，市场经济已经潜移默化地影响了人们的价值判断。在这种价值判断逐渐成为共识的时候，互惠规则的约束作用也在逐渐被消解。当人们的价值天平越来越偏向经济一方的时候，情感、道德、声望等对人们的约束就会变得越来越低。

[①] 秦红增：《乡土变迁与重塑：文化农民与民族地区和谐乡村建设研究》，商务印书馆 2012 年版，第 187 页。

三　西方村经济变迁的对策建议

（一）加强民生工程项目的监督和落实

1998年海南建省后，将农村沼气池建设纳入重要日程，掀起了建设高潮。2001年，西方村所在的东河镇开始推行农村沼气池建设，提出建造申请的农户补贴700元。虽然政府有补贴，但是村民建造的积极性并不高，据时任村支书符ZK介绍，目前村内建有沼气池的人家也就10多户。影响村民建造沼气池的主要原因有：首先，经济上拿不出这么多钱，除了政府补贴外，每户还要自己拿出将近1000元；其次，每户居住的空间有限，能够腾出空间建造沼气池的人家不多；最后，大家看不到沼气池带来的便利和影响。此外，调查时我们发现，建造有沼气池的农户，还在继续日常使用的不多，很多已经废弃。村民对建设沼气池的态度和原因，在农村厕所改造工程中也有所体现。2010年海南省政府推广农村厕所改造工作，主要是采取申报制度，西方村有48户申报建造；2011年，西方村开始三格式厕所的推广和改造工作，政府发放改造所需的1个便池、2个化粪桶和80元补贴款，有的村民进行了申报，但是发放的便池和粪桶却搁置起来，并没有用于建造厕所。现在国家提出"厕所革命"，虽然海南省在此方面比国家政策出台较早，但是从实际效果看并不明显，希望地方政府能够把握此次国家政策的契机。

西方村村民生活用水基本上都是井水，根据2008年东河镇《村庄环境综合整治基础调查表》数据，西方村共有水井150口，平均深度8米。村民生活用水都是几户共用一口水井，有的水井甚至是10多户共用。由于西方村的地势东南低、西北高，所以村子地势高的水井不仅深度要深，而且井水的深度也仅有1米不到。原来，村民吃水都是要用水桶打水，用起来不方便，而且费力。后来随着抽水泵的普及，80%以上的村民都开始在水井里安装抽水泵，通过塑料管道将井水引至家中。2011年1月，我们第一次到村子做调查时，原村支书符ZK告诉我们，东河镇计划引大广坝水库的水到村子，从东河镇到西方村铺设自来水管，主管道已经铺设完成，还未安装到户。安装工程结束后，预计东河镇每天的供水量大致有300吨。2011年3月，第一批申请安装入户水管、水表的村民共有168

户，管道入户和安装水表的费用每户200元，采取自愿的原则缴纳。申请安装的农户，只占到全村总户数的1/5。2011年7月，当我们第二次到西方村调查的时候，村里的文书符SQ告诉我们，他们家的自来水已经安装到位，但是由于水压不足，供水不能得到保障，自来水时有时无，日常的生活用水主要还是打井水。当我们询问其他没有安装自来水的村民，下一步是否打算安装时，有的人明确表示不打算安装，觉得现在井水能吃，也没有因为吃水生病，不花钱的井水挺好；有的人则显得很犹豫，他们一方面觉得自来水应该比井水卫生，另一方面又觉得安装后如果无法保证日常供水，那么花了钱，还没有达到目的，划不来。虽然针对安装自来水村民们有各自不同的态度，但是村民们已经认识到地下水的缺失和污染问题已经越来越明显。2017年进行电话访谈的时候，村副主任符DF告诉我们自来水还是时断时续地不能保障使用。

针对上述问题，政府一方面需要加强民生工程项目的监督和落实，防止出现雷声大雨点小或者虎头蛇尾的烂尾工程，真正发挥项目解决民生实际需要的作用；另一方面还要发挥村干部、宗派领头人物的示范带领作用，让村民切身体会民生工程带来的好处。

（二）切实解决村落土地权属纠纷

西方村与大田乡二甲村存在长期土地纠纷问题，需要引起政府的重视。两个村子虽然隶属于不同的乡镇，但是由于历史原因对位于广坝农场十四队至十五队公路东面的两村相邻的集体土地——"顿风地"存在权属纠纷。西方村的村民认为这块地历史上就是由他们的祖辈在耕种，其耕种历史甚至早于成立二甲村。1964年，政府把这块地划给了广坝农场生产使用，当时的划地协议书由西方村与广坝农场领导签订。1978年，东方县政府出版的各公社行政区划图，把"顿风地"划归在二甲村。1985年，西方村曾经因为"顿风地"与广坝农场发生过争议，并在后来实际占用此地块种甘蔗。1988年，西方村与广坝农场再次发生争议时，东方县国土局做出处理决定（《关于国营广坝农场与东方镇西方村土地争议问题的处理决定》），"顿风地"按照西方村和广坝农场六四开（西方村为六）的比例分割，并划定地界（吴早并山脚下160米高地东侧线沟向北直至农场四队的水沟交叉点），界东北为农场使用，界西南为西方村使用。1990年，西方村将处理后的六块地发包给麦HM、符SC等人种树。

但是在1992年，国务院布置的全国性土地详查中，按照权属界线的调整、核定将"顿风地"归属二甲村，理由是源自1978年的行政区划图。此后，西方村与二甲村开始了围绕"顿风地"权属的纠纷，时间从1994年持续至2002年。2002年，东方市人民政府根据二甲村提出的申请，做出处理决定：（1）争议地1402.7143亩地所有权属国家所有。（2）以引水渡槽南边小山塘的合水线，沿合水线向南向上延伸至争议地交界线为界，合水线以东725.6243亩地使用权划拨西方村，合水线以西677.09亩地使用权划拨二甲村。双方都不认可此次处理决定，矛盾逐步升级。

西方村与二甲村的土地纠纷由来已久，双方村民又分别在此地块上进行过作物种植，并且牵涉到政府在不同历史时期做出过的不同处理，因而埋下了矛盾隐患。这一土地纠纷在土地价值不断上升的市场背景下，愈演愈烈，双方为了能够争取到土地所有权，甚至不惜武力相向，非常容易激起群体性事件。有鉴于此，政府应该切实履行职责，化解矛盾纠纷，而不是掺杂人情因素，偏袒偏向。在调解过程中邀请双方村子有代表性、号召性的村民参加。必要时，政府可以建议双方走法律程序，并为双方村子协助提供法律援助。

（三）加大金融惠民政策支持力度

海南省农村信用社已经实现了省、市（县）、乡镇三级小额信贷服务网络。各乡镇成立了小额信贷服务站。针对农户很难提供抵押物的问题，专门为农户设计了无须抵押的贷款品种，只要无不良诚信记录、无赌博、无吸毒、无违法犯罪记录，自愿组成5户联保小组，就可以获得2万元以下的贷款；有3年以上经营经验的商户，组成3户联保小组一次性可贷款2万元。对符合条件的农村小额贷款申请人，可获得财政（扶贫）贴息。对于小额信贷，村里人多少都有些了解。村民符XD的三个儿子看到国家鼓励个体养殖生猪的消息时，还申请贷款用来建养猪场。问起有关贷款的事情，符XD告诉我们，申请贷款还比较方便，提供材料后在东河镇的服务站就可以办理，但是他认为贷款期限太短，只有一年。2011年，生猪收购价是10.8元/斤，2012年年初只有9元/斤，看着快要出栏的生猪，估算下来，一年的辛苦差不多白干了。由于要偿还到期的贷款，所以他们没有办法继续维持养猪的规模，如果生猪的收购价格一直往下跌的话，恐怕他们都无法保本。由于农产品受到市场价格波动的影响很大，对个体农户来讲承受风险的能力非常弱，当一次投入无法形成回报时，大多数农户选择的是彻底放弃，这样做既浪费了前期投入，又降低了政府的公信力，伤害了农户的感情。

从上述的情况来看，政府的金融惠民政策虽然在支持农业生产发展方面起到了一定作用，但是在政策的支持力度方面还需要进一步加强，一是要放宽条件，二是要加大资金扶持力度。

（四）引导村民克服经济生产的依赖心理

从经济发展的角度，西方村经济的依附性体现在土地承包经营权出租和低层次的务工两个方面。所谓依附，一方面在土地承包经营权出租时，受到法律意识淡薄、维权能力较弱的制约，村民处于劣势。有的承租人在没有先期支付租金的情况下，就开始平整土地，然后因为无法取到水源，撂荒跑路，造成村民的财产损失；另一方面，村民务工绝大多数局限于农业生产领域，例如砍甘蔗、砍蕉牙、摘辣椒等没有技术含量的工作，属于低层次的体力劳动，这种务工受农业生产规律的影响较大，经常无工可做，收入不稳定。从正面影响的角度，通过外来承租人的土地租赁，可以进行规模种植，提高土地的生产力水平，起到示范带头作用。如果引导得当，规模化种植带来的经济收益可以激发人们联合生产的积极性，提高农业生产技术和生产力。这一点从村子里已经有人开始模仿外地承租人的方式，开展规模化种植，得到印证。从负面影响的角度，土地承包经营权的出租过程中村民少有议价的主动权，他们主要看中短期收益，很容易上当受骗。由于村子周边都是大型的规模化种植园，农忙的时候务工需求量大，大多数村民满足于低层次务工的现状，没有提高生产技能的内生动力。并且村民会逐渐习惯于将土地经营的主动权让渡给外来承包者，怠于农业生产。

为了保护农民的权益不受损害，政府对于土地租赁可以出台指导价格，防止商人恶意压价。在经济生产过程中，政府还要通过提供技能培训、组建农业合作社、加强政策宣传等方式提高村民的劳动技能和生产竞争意识，从正面引导鼓励村民学习先进的生产技术，而不是产生依赖心理。

参考文献

一 史志类

（南宋）范成大著，胡起望、覃光广校注：《桂海虞衡志辑校证》，四川民族出版社1986年版。

《汉书》，中华书局1964年版。

《明英宗实录》，上海书店1982年版。

《史记》，中华书局1963年版。

（明）唐胄：《正德琼台志》，彭静中点校，海南出版社2006年版。

（清）张庆长：《黎岐纪闻》，王甫校注，广东高等教育出版社1992年版。

周文海、卢宗棠、唐之莹纂修：《民国感恩县志》，海南出版社2004年版。

二 著作类·中文

安华涛、唐启翠：《"治黎"与"黎治"：黎族政治文化研究》，上海大学出版社2012年版。

曹锦清、张乐天、陈中亚：《当代浙北乡村的社会文化变迁》，上海远东出版社2001年版。

陈光良：《海南经济史研究》，中山大学出版社2004年版。

陈吉元：《当代中国的村庄经济与村落文化》，山西经济出版社1996年版。

陈立浩、于苏光主编：《中国黎学大观》（历史卷），海南出版社2011年版。

陈明远：《知识分子与人民币时代：〈文化人的经济生活〉续篇》，上海文汇出版社2006年版。

陈庆德：《经济人类学》，人民出版社 2001 年版。

陈庆德：《民族经济学》，云南人民出版社 1994 年版。

陈庆德、潘春梅、郑宇：《经济人类学》，人民出版社 2012 年版。

揣振宇主编：《中国民族学 30 年（1978—2008）》，中国社会科学出版社 2008 年版。

邓春玲主编：《微观经济学》，东北财经大学出版社 2013 年版。

范生姣、麻永恒：《苗族侗族文化概论》，电子科技大学出版社 2009 年版。

费孝通：《费孝通自选集》，首都师范大学出版社 2008 年版。

费孝通：《江村经济：中国农民的生活》，商务印书馆 2001 年版。

费孝通：《乡土中国 生育制度》，商务印书馆 2011 年版。

冯润民主编：《中国千村农民发展状况调研报告 2008》，学林出版社 2009 年版。

符兴恩：《黎族·美孚方言》，银河出版社 2007 年版。

高宣扬：《当代社会理论》，中国人民大学出版社 2005 年版。

高言弘：《民族发展经济学》，复旦大学出版社 1990 年版。

高泽强、文珍：《海南黎族研究》，海南出版社 2008 年版。

海南民族研究所：《海南民族研究论集》（第一辑），中山大学出版社 1992 年版。

韩立收：《不落夫家：黎族传统亲属习惯法》，法律出版社 2015 年版。

郝翔、朱炳祥：《周城文化：中国白族名村的田野调查》，中央民族大学出版社 2002 年版。

何明主编：《全球化背景下少数民族农村变迁的符号表征——以云南为例》，民族出版 2009 年版。

［美］黄宗智：《华北的小农经济与社会变迁》，中华书局 2000 年版。

黄淑聘、龚佩华：《文化人类学理论方法研究》，广东高等教育出版社 2004 年版。

黄泽：《西南民族节日文化》，云南大学出版社 2012 年版。

贾春增主编：《民族社会学概论》，中央民族大学出版社 1996 年版。

《黎族简史》编写组：《黎族简史》，民族出版社 2009 年版。

李甫春、赵明龙：《中国南方少数民族的变迁》，民族出版社 2010

年版。

林惠祥：《中国民族史》（上册），商务印书馆 1937 年版。

林聚任、何中华主编：《当代社会发展研究》（第 4 辑），山东人民出版社 2009 年版。

林耀华：《金翼：中国家族制度的社会学研究》，生活·读书·新知三联书店 1989 年版。

林耀华：《凉山彝家的巨变》，商务印书馆 1995 年版。

刘一皋、王晓毅、姚洋：《村庄内外》，河北人民出版社 2002 年版。

罗荣渠：《现代化新论》，北京大学出版社 1993 年版。

牛凤瑞、边春友：《一个华北自然村落——辛集市新垒头村调查》，知识出版社 1998 年版。

潘春梅：《论民族社会中的经济交换》，博士学位论文，云南大学，2012 年。

彭兆荣、潘年英：《摆贝》，生活·读书·新知三联书店 2004 年版。

秦红增：《乡土变迁与重塑：文化农民与民族地区和谐乡村建设研究》，商务印书馆 2012 年版。

沈关宝：《一场悄悄的革命：苏南乡村的工业与社会》，云南人民出版社 1993 年版。

施琳：《经济人类学》，中央民族大学出版社 2002 年版。

石奕龙：《文化人类学导论》，首都经济贸易大学出版社 2010 年版。

孙海兰、焦勇勤：《符号与记忆：黎族织锦文化研究》，上海大学出版社 2012 年版。

唐玲玲、周伟民：《"凡俗"与"神圣"：海南黎峒习俗考略》，上海大学出版社 2014 年版。

王国全：《黎族风情》，广东省民族研究所 1985 年版。

王建成主编：《首届黎族文化论坛文集》，民族出版社 2008 年版。

王铭铭：《村落视野中的文化与权力》，生活·读书·新知三联书店 1997 年版。

王铭铭：《社会人类学与中国研究》，广西师范大学出版社 2005 年版。

王铭铭：《社区的历程：溪村汉人家族的个案研究》，天津人民出版社 1996 年版。

王宁：《消费社会学——一个分析的视角》，社会科学文献出版社 2001 年版。

王献军：《黎族文身：海南岛黎族的敦煌壁画》，民族出版社 2016 年版。

王献军、蓝达居、史振卿主编：《黎族的历史与文化》，暨南大学出版社 2012 年版。

王献军主编：《黎族现代历史资料选编》，海南出版社 2016 年版。

王雪萍：《黎族传统文化》，新华出版社 2001 年版。

王雪萍主编：《中国黎族》，民族出版社 2004 年版。

王养民、马资燕：《黎族文化初探》，广西民族出版社 1993 年版。

王玉芬主编：《番茅村调查（黎族）》，中国经济出版社 2012 年版。

翁乃群主编：《南昆铁路建设与沿线村落社会文化变迁》，民族出版社 2001 年版。

吴浩主编：《中国侗族村寨文化》，民族出版社 2004 年版。

吴敏先：《中国共产党与中国农民》，东北师范大学出版社 2000 年版。

吴汝康、杨东亚、吴新智等：《海南岛少数民族人类学考察》，海洋出版社 1993 年版。

吴永章：《黎族史》，广东人民出版社 1997 年版。

萧亮中：《车轴：一个遥远村落的新民族志》，广西人民出版社 2004 年版。

谢东莉：《传统与现代：美孚黎祖先崇拜文化研究》，广西师范大学出版社 2014 年版。

徐万邦、祁庆福：《中国少数民族文化通论》，中央民族大学出版社 1996 年版。

杨鑫辉主编：《现代大教育观：中外名家教育思想研究》，江西教育出版社 1990 年版。

曾昭璇、张永钊、曾宪珊：《海南黎族人类学考察》，佛山市机关印刷厂 2004 年版。

张晓琼：《变迁与发展：云南布朗山布朗族社会研究》，民族出版社 2005 年版。

张晓山、李周主编：《新中国农村 60 年的发展与变迁》，人民出版社

2009年版。

张薰华、洪远朋：《〈资本论〉难句试解》（第1册），上海人民出版社1977年版。

张跃：《中国民族村寨研究》，云南大学出版社2004年版。

张跃、何明主编：《中国少数民族农村30年变迁》，民族出版社2009年版。

张跃、周大鸣主编：《黎族：海南五指山市福关村调查》，云南大学出版社2004年版。

赵德馨主编：《中华人民共和国经济史纲要》，湖北人民出版社1988年版。

赵义、何丹：《改革方法论海南农垦改革风云录》，中信出版社2012年版。

折晓叶：《村庄的再造：一个"超级村庄"的社会变迁》，中国社会科学出版社1997年版。

中共中央文献研究室：《建国以来重要文献选编（1949—1950）》（第一册），中央文献出版社1992年版。

中国少数民族社会历史调查广东省课题组：《黎族社会历史调查》，民族出版社1986年版。

中南民族学院本书编辑组：《海南岛黎族社会调查》，广西民族出版社1992年版。

周大鸣、秦红增：《中国文化精神》，广东人民出版社2007年版。

周大鸣：《凤凰村的变迁：〈华南的乡村生活〉追踪研究》，社会科学文献出版社2006年版。

三 著作类·译著

［美］埃弗里特·M.罗吉斯、拉伯尔·J.伯德格：《乡村社会变迁》，王晓毅、王地宁译，浙江人民出版社1988年版。

［波］彼得·什托姆普卡：《社会变迁的社会学》，林聚任等译，北京大学出版社2011年版。

［英］C·A.格雷戈里：《礼物与商品》，杜杉杉、姚继德、郭锐译，云南大学出版社2001年版。

［美］C.伯恩、M.伯恩：《文化的变异——现代文化人类学通论》，

杜杉杉译，辽宁人民出版社1988年版。

［美］丹尼尔·W. 布罗姆利：《经济利益与经济制度——公共政策的理论基础》，陈郁等译，生活·读书·新知三联书店1996年版。

［澳］德里克·弗里曼：《玛格丽特·米德与萨摩亚：一个人类学神话的制造与破灭》，夏循祥、徐豪译，商务印书馆2008年版。

［美］杜赞奇：《文化、权力与国家：1900—1942年的华北农村》，王福明译，江苏人民出版社2003年版。

［法］费尔南·布罗代尔：《15至18世纪的物质文明、经济与资本主义》第2卷，顾良等译，生活·读书·新知三联书店2002年版。

［美］弗里曼、毕克伟、赛尔登：《中国乡村，社会主义国家》，陶鹤山译，社会科学文献出版社2002年版。

［日］冈田谦、尾高邦雄：《黎族三峒调查》，金山译，民族出版社2009年版。

［美］葛学溥：《华南的乡村生活：广东凤凰村的家族主义社会学研究》，周大鸣译，知识产权出版社2012年版。

黄树民：《林村的故事：一九四九年后的中国农村变革》，索兰、纳日碧力戈译，生活·读书·新知三联书店2002年版。

［英］卡尔·波兰尼：《大转型：我们时代的政治与经济起源》，冯刚等译，浙江人民出版社2007年版。

［美］克莱德·伍兹：《文化变迁》，施惟达、胡华生译，云南教育出版社1989年版。

［英］拉德克利夫·布朗：《安达曼岛人》，梁粤译，广西师范大学出版社2005年版。

［英］拉德克利夫·布朗：《社会人类学方法》，夏建中译，山东人民出版社1988年版。

［美］莱斯利·A. 怀特：《文化科学》，曹锦清等译，浙江人民出版社1988年版。

［日］栗本慎一郎：《经济人类学》，王名等译，商务印书馆1997年版。

［英］M. M. 波斯坦等主编：《剑桥欧洲经济史》第2卷，钟和等译，经济科学出版社2003年版。

［法］马塞尔·莫斯：《礼物：古式社会中交换的形式与理由》，汲喆

译，商务印书馆 2016 年版。

［美］马文·哈里斯：《文化人类学》，李培茱、高地译，东方出版社 1988 年版。

［美］马文·哈里斯：《文化唯物主义》，张海洋、王曼萍译，华夏出版社 1989 年版。

［美］马歇尔·萨林斯：《石器时代经济学》，张经纬、郑少雄、张帆译，生活·读书·新知三联书店 2009 年版。

［英］马凌诺夫斯基：《文化论》，费孝通等译，中国民间文艺出版社 1987 年版。

［英］马凌诺夫斯基：《西太平洋的航海者》，梁永佳、李绍明译，华夏出版社 2002 年版。

［美］麦克尔·赫茨菲尔德：《什么是人类觉识：社会和文化领域中的人类学理论实践》，刘珩等译，华夏出版社 2005 年版。

［英］莫里斯·弗里德曼：《中国东南的宗族组织》，刘晓春译，上海人民出版社 2000 年版。

［德］齐美尔：《社会是如何可能的》，林荣远编译，广西师范大学出版社 2002 年版。

［美］乔纳森·弗里德曼：《文化认同与全球性过程》，郭健如译，商务出版社 2003 年版。

［法］让·鲍德里亚：《物体系》，林志明译，上海人民出版社 2001 年版。

［日］小叶田淳：《海南岛史》，张迅齐译，（台湾）学海出版社 1979 年版。

［美］阎云翔：《礼物的流动：一个村庄中的互惠原则与社会网络》，李放春、刘瑜译，上海人民出版社 2000 版。

杨懋春：《一个中国村庄：山东台头》，张雄、沈炜、秦美珠译，江苏人民出版社 2012 年版。

［加］伊莎白·柯鲁克、［英］大卫·柯鲁克：《十里店（一）：中国一个村庄的革命》，龚厚军译，上海人民出版社 2007 年版。

［德］史图博：《海南岛民族志》，中国科学院广东民族研究所编印，1964 年。

四 外文著作

Brokensha D, D. M. Warren, and O. Werner (eds.). *Indigenous Knowledge Systems and Development. Washington*, DC: University Press, 1980.

Buckley, Walter. *Sociology and Modern Systems Theory, Englewook Cliffs: Prentice Hall*, 1967.

Karl Polanyi. *The Great Transformation*. Boston: Beacon Press, 1957.

Mair L. *Anthropology and Development*. London: Macmillan, 1984.

五 论文类

安德烈斯·范拉斯科、张逸波:《依附理论》,《国外社会科学文摘》2003年第3期。

敖带芽:《完善收入分配方式的重大举措——论按生产要素分配》,《武汉大学学报》(哲学社会科学版)1998年第4期。

白振声:《西方马克思主义民族学剖析》,《中央民族大学学报》(社会科学版)1998年第1期。

蔡仲淑:《海南岛黎族"合亩制"社会和社会主义改造的调查研究》,《史学月刊》1958年第3期。

曹璇、张擘:《市场转型的再验证:2008年中国社会结构的变化》,《经济研究导刊》2015年第7期。

岑家梧:《宋代海南黎族和汉族的联系及黎族社会经济的发展》,《中南民族学院学报》(哲学社会科学版)1981年第1期。

常艳:《黎族传统织锦的文化价值及现代传承》,《贵州民族研究》2016年第8期。

陈诚:《略论外国资本主义对海南黎族地区的经济侵略及其影响》,《新乡学院学报》(社会科学版)2010年第4期。

陈诚:《试析近代海南黎族地区社会经济快速发展的情况及其原因》,《琼州学院学报》2010年第4期。

陈凤贤:《关于海南岛最早居民问题的探讨》,《中央民族学院学报》1990年第4期。

陈光良:《黎族农耕文化探源》,《三亚日报》2017年6月25日。

陈光良:《论海南少数民族地区经济社会的演变——以黎族"合亩

制"为例》，《海南大学学报》（人文社会科学版）2006 年第 4 期。

陈立浩：《精神文明建设与振兴民族经济——从海南黎族苗族山区的深刻变革看精神文明建设的巨大作用》，《中央民族大学学报》1997 年第 1 期。

陈立浩：《黎族教育史（选载）》，《琼州大学学报》（哲社版）1994 年第 2 期。

陈庆德：《封建依附关系新探》，《思想战线》1991 年第 1 期。

陈庆德、潘春梅：《经济人类学视野中的交换》，《民族研究》2010 年第 2 期。

陈庆德、潘盛之、覃雪梅：《中国民族村寨经济转型的特征与动力》，《民族研究》2004 年第 4 期。

陈志荣：《白沙经济发展现状及其对策》，《琼州大学学报》1998 年第 1 期。

陈志永、陈继军、盖媛瑾：《民族贫困地区村寨经济发展模式变迁及启示——贵州雷山县乌东苗寨经济发展模式变迁引发的思考》，《凯里学院学报》2011 年第 4 期。

戴敬东：《海南黎族传统体育研究现状及问题》，《琼州学院学报》2016 年第 3 期。

戴银秀：《1952—1984 年中国农业生产领域个人收入分配方式的历史变革》，《中国经济史研究》1991 年第 3 期。

邓春：《民族地区特色旅游经济发展策略研究——以陵水黎族自治县为例》，《贵州民族研究》2017 年第 4 期。

杜娜：《海南岛的地名与民族迁移》，《中国地名》1996 年第 2 期。

杜倩萍：《五指山黎族婚俗的变迁》，《黔南民族师范学院学报》2017 年第 1 期。

范士陈、陈思莲：《建省办特区以来海南岛黎族地区社会变迁研究》，《海南大学学报》（人文社会科学版）2010 年第 5 期。

冯敏：《中国少数民族服饰研究发展的历程及几点思考》，《贵州民族研究》2006 年第 2 期。

冯肇伯：《彝族奴隶社会的商品交换——试论凉山彝族社会（解放前）的商品交换与生产方式的辩证关系》，《财经科学》1958 年第 2 期。

富晓丹：《浅析黎族学生的特点及教育对策》，《科学导报》2017 年 3

月 24 日。

高彬、敖小兰、王志强：《海南汉族黎族青年心理类型及其特征研究》，《中国青年社会科学》2016 年第 6 期。

高登荣：《经济生活与社会文化变迁——对云南坎村彝族的考察》，《贵州民族学院学报》（哲学社会科学版）2002 年第 1 期。

高强：《浅析社会交换及其与经济交换的关系》，《当代经济》2013 年第 22 期。

高泽强：《黎族族源族称探讨综述》，《琼州学院学报》2008 年第 1 期。

龚天平、李海英：《论经济交换的伦理价值及其道德规则》，《河海大学学报》（哲学社会科学版）2015 年第 1 期。

郭雷鸣：《日军占领海南时期对黎族地区的经济掠夺》，硕士学位论文，海南师范大学，2017 年。

郭世胜、绳军涛：《加强社会结构和社会交换方式研究》，《中国社会科学院院报》2008 年第 4 期。

韩晶、杜亚敏、宋涛：《农村教育对农村经济影响的实证研究》，《中国延安干部学院学报》2011 年第 3 期。

何传启：《现代化研究的十种理论》，《中国社会科学报》2015 年 5 月 29 日。

何孝辉：《美孚方言黎族文身调查研究》，《湖北民族学院学报》（哲学社会科学版）2012 年第 4 期。

贺雪峰：《退出权、合作社与集体行动的逻辑》，《甘肃社会科学》2006 年第 1 期。

胡彩娟：《黎族村落研究的演进历程与新趋势》，《新东方》2012 年第 5 期。

胡绍雨、申曙光：《农村消费方式变迁及其作用消费增长的机理》，《西部论坛》2014 年第 5 期。

黄润柏：《试论壮族消费生活方式的变迁》，《广西民族研究》2000 年第 2 期。

黄昕、周晓阳：《论马克思主义文化冲突理论及其现代价值》，《湖南商学院学报》2010 年第 2 期。

江应樑：《忆家梧》，《中南民族学院学报》1985 年第 1 期。

蒋英菊：《苏村的互助——乡村互惠交换体系的人类学分析（上）》，《广西右江民族师专学报》2004 年第 1 期。

荆三林：《关于中国生产工具史阶段的划分》，《中国农史》1986 年第 1 期。

孔祥智、涂圣伟、史冰清：《中国农村改革 30 年：历程、经验和前景展望》，《教学与研究》2008 年第 9 期。

兰林友：《人类学再研究及其方法论意义》，《民族研究》2005 年第 1 期。

李海新：《建国后中国共产党农地政策研究》，博士学位论文，东北师范大学，2007 年。

李利：《海南毛感高地黎族的经济生活分析》，《改革与开放》2011 年第 24 期。

李然：《吴泽霖与中国人类学的发展》，《贵州民族研究》2009 年第 1 期。

李善峰：《20 世纪的中国村落研究——一个以著作为线索的讨论》，《民俗研究》2004 年第 3 期。

李始文：《海南三亚市荔枝沟落笔峒发现了旧石器时代晚期人类化石》，《中国文物报》1992 年 12 月 19 日版。

李亚锋：《民国至海南建省前黎族调查述论》，《海南师范大学学报》（社会科学版）2017 年第 4 期。

练铭志：《关于海南黎族族源的研究》，《广东技术师范学院学报》2003 年第 5 期。

廖玉玲、廖国一：《当代黎族饮食文化的基本特征及其成因》，《南宁职业技术学院学报》2007 年第 3 期。

林日举、高泽强：《当代社会中黎族民间宗教信仰主持人的田野调查》，《广西民族师范学院学报》2016 年第 6 期。

刘操、吕妍：《砥砺前行三十载，团结奋进奔小康——海南省六个民族自治县成立三十周年经济社会发展成就综述》，《中国民族》2018 年第 1 期。

刘冬梅：《海南黎族传统民间信仰论析》，《社会科学战线》2017 年第 9 期。

刘华军：《文化转型与少数民族脱贫——以贵州少数民族为例》，《西南民族大学学报》（人文社科版）2016年第8期。

刘美崧：《唐、宋对海南的经营及黎族社会经济的发展》，《中国社会经济史研究》2010年第2期。

刘咸：《海南黎族起源之初步探讨》，《西南研究》1940年第1期。

刘小珉：《民族地区乡村经济行为模式、动机体系及其变迁研究》，《黑龙江民族丛刊》2003年第5期。

龙祖坤：《民族地区村寨经济的发展模式探析》，《湖南大学学报》（社会科学版）2010年第2期。

罗晰文：《西方消费理论发展演变研究》，博士学位论文，东北财经大学，2014年。

罗香林：《海南岛黎人源出越族考》，《青年中国》创刊号1939年。

马明良：《撒拉族消费文化》，《青海民族研究》（社会科学版）1994年第2期。

马玉华：《20世纪中国人类学研究评述》，《江苏大学学报》（社会科学版）2007年第11期。

满都尔图：《白沙黎族自治县经济社会发展现状与前景的探索》，《云南社会科学》2002年第6期。

孟祥义、王建平、牛清臣：《试述清末民初赫哲族从以物易物到商品经济的演变》，《黑龙江民族丛刊》2000年第1期。

闵维方：《教育在转变经济增长方式中的作用》，《北京大学教育评论》2013年第2期。

农华西：《生产工具的发展与人的解放》，《广西民族学院学报》（哲学社会科学版）2004年第S2期。

潘春梅：《论民族社会中的经济交换》，博士学位论文，云南大学，2012年。

乔臣：《经济现代化范式理论及其模型建构》，《湖北经济学院学报》2006年第3期。

乔淑英：《旅游开发背景下海南黎族社会文化变迁研究——以海南槟榔谷黎苗文化旅游景区、社区访谈透视》，《青海民族研究》2017年第4期。

任放：《近代中国乡村研究的社区范式》，《近代史学刊》2010年第7辑。

沈德理:《技术与社会: 黎族现代化变迁》,《新东方》2015 年第 4 期。

石浦南、罗明灿:《元江主体少数民族生产生活方式的调查与分析》,《中国林业经济》2013 年第 5 期。

石涛:《我国收入分配方式的演变及启示——基于马克思主义经济学的视角》,《求实》2011 年第 10 期。

苏儒光:《论古代岭南"吉贝"与黎族"吉贝"》,《广西民族研究》1994 年第 2 期。

孙立平:《实践社会学与市场转型过程分析》,《中国社会科学》2002 年第 5 期。

孙立平:《市场过渡理论及其存在的问题》,《战略与管理》1994 年第 2 期。

孙秋云:《从人类学观点看海南黎族来源的土著说》,《中央民族学院学报》1991 年第 3 期。

孙荣誉、郭佳茵:《海南黎族传统民居的地域性表达研究》,《华中建筑》2015 年第 2 期。

覃雪梅:《少数民族村寨经济的当代变迁》,博士学位论文,云南大学,2010 年。

谭滟莎:《黎族经济发展的新契机》,《中国民族》2008 年第 2 期。

田北海:《市场转型与社会分层: 理论争辩的不同视野及反思》,《求索》2008 年第 7 期。

田珍:《改革开放 30 年来农民消费方式的变迁》,《求实》2009 年第 5 期。

童小俊:《再论黎族"合亩制"的社会性质》,《广东民族学院学报》(社会科学版) 1988 年第 1 期。

汪先平:《当代农村土地制度研究》,博士学位论文,南京师范大学,2007 年。

王冰、张军:《对现阶段我国农村社会保障制度的经济分析》,《中国人口·资源与环境》2007 年第 1 期。

王承权:《海南岛黎族的传统文化与商品经济》,《广西民族研究》1988 年第 3 期。

王辉山:《海南黎族传统民居文化》,《今日民族》2002 年第 1 期。

王建国:《贫困的奢侈——中国南方少数民族贫困山区消费陋习探微》,《贵州民族研究》1991年第3期。

王建民:《中国人类学西南田野工作与著述的早期实践》,《西南民族大学学报》(人文社科版)2007年第12期。

王敏:《海南黎族村寨社会变迁及其动因分析——基于海南省乐东县头塘村的田野调查》,《北华大学学报》(社会科学版)2017年第3期。

王明杰:《西方人力资本理论研究综述》,《中国行政管理》,2006年第8期。

王沫:《海南黎族地区传统村落建筑文化的保护探讨》,《艺术评鉴》2017年第4期。

王穗琼:《略论黎族的族源问题》,《学术研究》1962年第6期。

王献军:《对黎族文身部位与图案调查后的思考》,《贵州民族研究》2015年第10期。

王献军:《民国文献中对黎族各族群的称谓》,《新东方》2016年第5期。

王逍:《走向市场:一个畲族村落的农作物种植与经济变迁》,博士学位论文,厦门大学,2007年。

王雅林:《生活方式研究评述》,《社会学研究》1995年第4期。

王振威:《嗜酒习俗与原始宗教信仰的现代维系——以黎族杞黎地区为例》,《贵州民族研究》2014年第11期。

王智军:《对我国现时期收入分配方式的思考——从按劳分配到按生产要素分配》,《理论探讨》1998年第5期。

文珍:《黎族传统饮食的文化解读》,《民族论坛》2012年第10期。

吴卿仪、白清田:《中华人民共和国成立以来我国农村生产方式的变迁及启示》,《学理论》2015年第31期。

吴晓林:《20世纪90年代以来国外社会整合研究的理论考察》,《广东行政学院学报》2011年第1期。

吴晓琳、杨宝康:《佤族消费文化变迁的人类学考量——以云南西盟县大马散村为例》,《云南民族大学学报》(哲学社会科学版)2008年第5期。

吴艳:《黎族饮食文化初探》,《大众文艺》2013年第15期。

奚建武:《城镇化进程中农地增值收益的分配方式创新》,《重庆社会科学》2012 年第 12 期。

肖思：《中国民族村寨研究省思——以 20 世纪中叶以来的学术著作为对象的讨论》，《民族研究》2008 年第 4 期。

肖小芳、曾特清：《马克思社会整合理论的新诠释——从帕森斯、洛克伍德到哈贝马斯》，《伦理学研究》2015 年第 2 期。

谢东莉：《当代美孚黎婚姻制度变迁六十年——基于海南省西方村的田野考察》，《广西民族研究》2012 年第 1 期。

辛逸：《对大公社分配方式的历史反思》，《河北学刊》2008 年第 4 期。

邢淑芳：《治穷先治愚　扶贫先扶本——保亭黎族苗族自治县扶贫工作调查》，《中南民族学院学报》（哲学社会科学版）1993 年第 2 期。

徐杰舜、彭英明：《岑家梧先生的治学经历及人类学民族学研究述评》，《中南民族学院学报》（人文社会科学版）2001 年第 6 期。

许丽、张梦：《从黎族传统手工艺看民俗文化符号的表述》，《美与时代》（上）2017 年第 9 期。

杨定海、肖大威：《海南岛黎族传统建筑演变解析》，《建筑学报》2017 年第 2 期。

姚顺增：《云南少数民族村寨向"经济型、社会型、全面型"发展》，《云南民族大学学报》（哲学社会科学版）2010 年第 1 期。

于金富：《马克思主义分配理论与我国国民收入分配结构及其调整》，《长春市委党校学报》2011 年。

曾水泉、邓华：《海南岛土壤资源特点及其合理利用问题的研究》，《重庆环境保护》1984 年第 5 期。

张敦福：《依附理论的发展历程和新进展》，《山东师大学报》（社会科学版）2000 年第 1 期。

张峻：《黎族互助组织中的关系分析》，《广西民族大学学报》（哲学社会科学版）2009 年第 3 期。

张鹏：《"美孚黎"民居建筑的变迁——基于海南省西方村的田野考察》，《海南大学学报》（人文社会科学版）2014 年第 5 期。

张琴：《海南民族地区农村社会面临的困境探析》，《商》2016 年第 16 期。

张群群、陈尊厚：《市场过渡的理论分析及其启示》，《教学与研究》

1999年第7期。

赵吉林：《中国消费文化变迁研究》，博士学位论文，西南财经大学，2009年。

赵巧艳：《象征交换与人际互动：侗族传统民居上梁庆典中的互惠行为研究》，《广西民族研究》2016年第1期。

赵卫华：《消费社会的议题——消费社会学的研究视角及其流变》，《人文杂志》2006年第5期。

郑和平、蒋洋：《收入分配方式研究主要论点综述》，《理论视野》2013年第7期。

郑玮娜、王军锋：《中廖村：传统黎族村落"破茧成蝶"》，《农村·农业·农民》（A版）2017年第8期。

郑宇：《仪式、经济与再生产——以云南省红河州元阳县箐口村哈尼族"昂玛突"仪式为例》，《中南民族大学学报》（人文社会科学版）2011年第1期。

郑宇：《中国少数民族村寨经济的结构转型与社会约束》，《民族研究》2011年第5期。

郑宇：《中国少数民族生计方式转型与资源配置变迁》，《北方民族大学学报》（哲学社会科学版）2015年第1期。

周大鸣：《饮酒作为山地民族的一种生活方式——以黎、瑶、侗三个山地民族村寨为例》，《民俗研究》2018年第1期。

周瑾：《海南黎族人口发展与分布的状况、趋势及对策》，《南方人口》1993年第3期。

周铁水：《论传统分配方式存在的问题及变革方向》，《商业时代》2010年第5期。

朱洪：《加速广东少数民族地区经济发展的几个问题》，《中央民族学院学报》1984年第1期。

庄启东、李建立、韩孟：《社会主义市场经济条件下的分配原则与分配方式》，《内部文稿》（现《红旗文稿》）1998年第2期。

六 工具书类

《辞海》（第六版），上海辞书出版社2009年版。

《辞海》，上海辞书出版社1979年版。

刘树成编：《现代经济词典》，凤凰出版社、江苏人民出版社 2005 年版。

苏英博、梁定基、符泽辉等主编：《中国黎族大辞典》，中山大学出版社 1994 年版。

七　资料类

东方县农业区划委员会编印：《东方县农业区划报告集》（内部资料），1985 年。

海南省东方市史志编纂委员会编：《东方县志》，新华出版社 2011 年版。

海南省民族学会编印：《黎族田野调查》（内部资料），2006 年。

八　电子资料类

《2011 年海南省经济和社会发展统计公报（全文）》：http：//www.hngqt.cn/page.php？xuh＝14870。

东方市农村村务信息公开：http：//dfcwgk.hainan.gov.cn/dfxcgk/index.jhtml？departid＝270。

广坝农场介绍：http：//baike.baidu.com/view/4378783.htm？fr＝aladdin。

海南史志网：http：//www.hnszw.org.cn/data/news/2014/06/72261/。

海南史志网：http：//www.hnszw.org.cn/data/news/2014/07/72751/。

孔祥智、涂圣伟、史冰清：《中国农村改革 30 年：历程、经验和前景展望》，中国广播网 http：//www.cnr.cn/09zt/60zn/dgxj/200909/t20090909_505462640.html。

人民网：http：//politics.people.com.cn/n/2013/1028/c1001－23343502.html。

中国共产党历次全国代表大会数据库：http：//cpc.people.com.cn/GB/64162/64168/64568/65445/4526288.html。